銀座、祝祭と騒乱

銀座通りの近代史

野口孝一

平凡社

凡例

＊引用について

1　引用文中の旧字は、新字に改めた。

2　引用文中、句読点のないものは、適宜、著者の判断で挿入した。

3　引用文中、字句の解説は［　］で挿入した。

4　引用文中、今日の人権意識に照らして不適切と思われる表現があるが、原典の時代性を鑑み、原文のままとした。

装丁／中村香織

銀座、祝祭と騒乱

銀座通りの近代史

—目次—

第3部 大正期の銀座通り 151

第4部 関東大震災後の銀座通り

はじめに

東京銀座の街をほぼ焼き尽くした明治五年（一八七二）の大火は、銀座の歴史において大きな転換点となった。

明治五年は、明治政府が政権を掌握して新しい政策を打ち出そうとしていた時期である。すでに開港場横浜から新橋に至る鉄路が開通しようとしていた時でもある。新橋は、横浜の開港場から先進的な西欧の文化、文物が流入する東京の玄関口である。その新橋駅前にぽっかり空いた銀座一帯の地をどのように復興させるか、それは首府となった東京の構築との関連で、明治政府に突き付けられた大きな課題であった。その復興計画の策定の過程は必ずしも明らかでないが、政府は即決の形でここに洋風の煉瓦家屋の建設を決定した。ただちに被災民に立ち退きを迫り、区画整理をおこない、京橋際の銀座通りから建設に着手し、銀座通りの新橋までの一等煉瓦家屋を明治六年末から同七年初頭にかけて完成させた。

新築なった銀座通りの家屋をどのような人たちが所有したかは、東京都公文書館が所蔵する払下台帳により明治二十年代初頭までわかるが、そこにどのような人が住み、どのような営みをおこなっていたかについては、必ずしも明らかでない。本文で述べるように、旧住民は煉瓦家屋という新しい様式の住居に馴染めなかったこと、さらに煉瓦家屋の払下げ料金が高かったことなどから、銀座を去る者が多く、それに代わって新興都市に新天地を求め、一旗揚げようとするさまざまな人たちが全国から集まってきた。旧来の商店に混じって、洋品、洋服、洋酒・食料品、時計、眼鏡、貴金属、洋家具など舶来品を扱う商店が軒を連ねることとなり、洋風の商店街に定着しつつあったが、銀座での商売は甘いものではなく、明治十年代の松方財政のデフレ期には煉瓦家屋を手放す人が後を絶たなかった。

明治十年代前半は煉瓦家屋の払下げも進まず、空き家が多かったことで知られる。政府機関が集中する丸の内に近いこともあって、新聞社、通信社、印刷所が立地し、新政府が全国から集めた若手中堅官僚が多く二、三等煉瓦家屋に住み着くようになった。銀座通りや外濠沿いに見世物小屋ができて話題となったのもこの頃のことである。

明治二十年代に入り、明治二十二年に大日本帝国憲法が制定され、翌年帝国議会が発足する頃ともなると、銀座通りは東京における最も繁華な洋風商店街としての地位を築いた。以後、銀座は日清、日露、第一次世界大戦の好景気や、戦後の恐慌・不景気、関東大震災の惨害と復興景気、それに続く昭和恐慌、さらには戦時統制、そして空襲などの浮き沈みを経験しながら、発展を続けてきた。

東京のメインストリートとなった銀座通りは、さまざまな祝祭行事の場となり、また、民衆の示威の場ともなった。本書では、銀座通りの変遷をひとまずアジア・太平洋戦争終結までたどりながら、その銀座街頭で繰り広げられた祝祭行事と、その対極にある騒動・事件がどのように展開されたかを明らかにする。

銀座は、西欧文化・文物の流入口新橋に直結し、江戸・東京の経済・金融文化の中心であった日本橋に通じ、明治政府の行政機関が集中する丸の内に近く、さらに築地に開設された外国人居留地にも近いという地の利にも助けられて、各種行事開催の恰好の場となった。とくに明治八年に旧寛永寺跡地を中心に上野公園が整備されると、ここが規模の大きな各種集会・式典の唯一の会場となった。明治十二年に、天皇巡幸が地方各地でおこなわれているのに東京にはなかったので是非実現したいという東京市民の願いが聞き届けられて、天皇行幸が実現した。ちょうどその時、前アメリカ大統領グラントが来日していたのに合わせて、グラントの歓迎式典もおこなわれた。これが上野公園においておこなわれた皇室行事の最初であった。その際、天皇は新橋から銀座通りを通り、日本橋、須田町、上野公園へとパレードしている。天皇は皇居を出て、呉服橋から京橋、日本橋、上野という距離の短い順路もあったが、東京市民の要望に応え、かつ天皇の威光を示すためには新橋に出て銀座通りを巡幸する必要があった。

銀座に誕生した新聞・雑誌などのマスメディアは、銀座通りに煉瓦街ができたその時点から、銀座で起こるさまざまな事象をとりあげ、時を置かず全国に発信した。また、それを期待して、銀座通りはさまざまな行事の舞台となった。

平成二十八年（二〇一六）十月七日、リオデジャネイロ・オリンピック、パラリンピックで史上最多のメダルを獲得したメダリストたちの合同パレードが銀座八丁目から日本橋室町の三井不動産本社前まで、中央通り約二・五キロの間でおこなわれた。沿道で声援を送った人の数、八〇万人といわれたことは記憶に新しいだろう。平成二十四年八月二十日、ロンドン・オリンピックの時は銀座八丁に限られたが、銀座通りは五〇万人の人で埋まった。

また、平成二十五年三月二十七日、歌舞伎座新開場にあわせて俳優たちが京橋から銀座四丁目交差点を左折して歌舞伎座までパレードしたのは往時の劇場乗り込みの慣例にならったものであるが、歌舞伎ファンには忘れられないであろう。

それより前、昭和四十三年（一九六八）の明治百年の記念の年に、銀座では、銀座通聯合会（銀座通連合会になるのは昭和五十五年以降）が主催して大銀座祭がおこなわれた。還暦過ぎの人々にとって、夜の銀座を彩った「音と光のパレード」を見た人は忘れられない思い出として残っているだろう。十月十日、日本経済も右肩上がりの高度経済成長期を象徴するような大銀座祭のオープニング・パレードがおこなわれた。銀座通りから都電線路が撤去され、都電の御影石を歩道に敷き詰め、二六七本の柳を撤去し街路樹にシャリンバイを植えた銀座通りを新橋際から出発して、銀座一丁目の京橋際で左折して外堀通りに出て、銀座西八丁目までを巡り、銀座を一周した。

「光は銀座から」のプラカードを先頭にバトン隊、鼓笛隊、吹奏楽団、フォークダンス、世界の花自動車（フランス、メキシコ、オーストラリア、スペイン）、各地の郷土芸能、民謡、そして企業参加の花自動車約三〇台が延々と続いた。

この大銀座祭は、平成十一年（一九九九）まで三二回を数えた。銀座通りにおいてこのような大規模の、しかも華やかで豪華なイヴェントは後にも先にもない。

銀座街頭で繰り広げられた祝祭行事はさまざまである。新橋—横浜間の鉄道開業式、アメリカ前大統領グラント将軍歓迎、大日本帝国憲法発布、日露戦争勝利、紀元二千六百年記念などの国家的行事、明治天皇大婚二十五年祝典、大正天皇即位の御大典奉祝、昭和天皇即位大礼祝賀などの皇室行事のほかに、東京市主催の帝都復興祭、有力新聞社などの主催の東京開府三百年祭や柳まつり、地元銀座通聯合会（発足当時は京新聯合会といった）主催の銀座祭のほか、英国艦隊来航、米国大西洋艦隊の日本寄港の行事、ベーブ・ルースらアメリカ大リーグ選抜チームの歓迎パレードなどがおこなわれ、じつに多彩な行事が繰り広げられてきた。

昭和時代に入ると、満州事変が起こり、日中戦争が勃発すると一気に戦時色が強まり、戦意高揚のために軍楽隊、軍馬、戦車などの各種軍事パレードが銀座を中心に繰り広げられるようになった。明治憲法により天皇に統帥権が付与され、陸海軍の最高司令官となった。一月八日の陸軍始の日、三月十日の陸軍記念日、五月二十七日の海軍記念日には毎年天皇臨席のもと観兵式・観艦式がおこなわれてきたが、昭和二年に中国への進出の足掛かりを求めておこなわれた山東出兵後の陸軍記念日には式後、軍事パレードがおこなわれ、軍事パレードは恒例化した。さらに紀元節、天皇誕生日の天長節の日も軍事パレードがおこなわれるようになり、戦局が厳しくなるにつれ、国民の戦意を鼓舞するためこの種のパレードが増えていった。そのほとんどが銀座通りを通過した。

昭和十五年（一九四〇）の紀元二千六百年記念行事は戦時下最大のものとなった。

銀座通りは、華やかな祝祭行事が催された半面、民衆の不満が爆発する場ともなった。明治三十六年に日比谷公園が整備されると、各種集会に使用されることとなった。明治三十八年九月、日露戦争の講和条件に不満を持った講和問題同志連合会の呼び掛けで、日比谷公園において講和問題全国同志大会が当局の制止を振り切って強行された。ここに集まった民衆が大会後暴徒化し、銀座をはじめ市内各地で交番、キリスト教会、電車を焼打ちする事件が起こった。翌年の電車賃値上げ反対の暴動、大正二年の憲政擁護運動の国民新聞社襲撃事件、同七年の米騒動の時など、銀座は騒乱の巷と化した。しかし、このような反政府運動、メーデーなどの社会運動は、昭和十一年の二・二六事件の戒厳令施行以後、禁止され、厳しい取り締まりの対象となり、このような動きは銀座から消えた。

明治維新からアジア・太平洋戦争終結まで七八年間、銀座は激動の時代を潜《くぐ》り抜け、繁栄を築いてきた。企業・商店の中には時に好景気を謳歌し、時に不況に苦しみつつも、創業以来営業を続けている企業・商店もあれば、商戦において刀折れ矢尽きて撤退した多くの企業・商店がある。栄枯盛衰は世のならいであるが、それらの苦難・試練を乗り越え、現在の銀座がある。

第1部

江戸幕末の銀座

場末だった銀座

銀座の煉瓦街は、明治五年二月二十六日（一八七二年四月三日）のいわゆる銀座大火後、明治政府主導によって生まれた。それまで日本にまったくなかった洋風の街並みだった。大火以前の街並みは江戸時代のそれと変わらないものであったが、その情景について記された記録は少ない。その数少ない文献のひとつが野崎左文『私の見た明治文壇』（昭和二年、春陽堂）に収録された新聞記者の田島象二の遺稿「五十年前の東京」である。田島象二の没年が明治四十二年（一九〇九）であるので、それを起点とすると、五十年前は安政六年（一八五九）ということになるが、文中に明治四年（一八七一）まで新橋汐留町にあった船宿が、わが国最初の鉄道敷設にあたり、立ち退きを命ぜられて三十間堀沿いに移転してきていたことが書かれているので、明治五年二月のいわゆる銀座大火で焼失直前の銀座の佇まいを描いたものと思われる。田島は幕末・明治初年の銀座の情景、住人たちの生業について次のように伝えている。

五十年前の当時は如何、京橋は幅員稍く三間に過ぎざる木橋にして左右十箇の柱に銅製の擬宝珠を飾れり、之を度（ママ）れば銀座一丁目にして本通りの幅員は六間に過ぎざりき、其の家屋は橋手前なる南伝馬町に比すれば頗る見劣り、現在の日本火災保険会社の在る所は松田てふ縄暖簾式の料理屋なりき、此の松田より南五六間にして蠣殻の屋根を為したるは山東京伝の宅趾にして読書丸といふ薬を鬻《ひさ》ぎし処とす、二丁目は人相見本国堂及び一負担すれば無くならんとする古本屋、屋台店の天麩羅屋、凧屋（歌川国松の家）、八百屋、荒物屋といふ店附なれば銀座街頭の状態は推知するに足るべく、只だ当時出色の店舗なりしは恵比寿屋といへる呉服店にして、現在の東京日々新聞の建物は改

造後の同店なることを知らば、其の規模は白木大丸と覇を争ひし一大商店たりしや言を俟たず、

一丁目銀座通りの東側にあった山東京伝の家は「蠣殻の屋根」であったたし、二丁目には古本屋、八百屋、荒物屋などの小売店が軒を連ねていた。ただ五丁目角に呉服店恵比寿屋が一際目立って威容を誇っていた様子がわかる。田島は続けて述べているが、要約すると以下のようになる。

尾張町を経て新橋に進むにつれて一歩進むごとに場末の景状となり、新橋橋畔には草履、わらじを店頭に吊るした立場《たてば》の茶店のようなあばら家さえあった。しかも新橋は府の内外の境となる橋であるが、わずか二間の粗末な橋であった。その西方に土橋というのがあることを思えば、いかに場末の風光であるかを知ることができる。大通りでもこのようなあばら家が並んでいるので、いわんや左右の裏町にいたってはほとんど中流以下の淵叢にして、山下御門内の諸侯や築地の諸侯の中・下屋敷、または旗本などを相手にする小商人、労働者の住居である。八官町はもっとも狭隘《きょうあい》な陋街《ろうがい》であって、ことに土橋に接するところは、自身番が張り出していて、わずかに一間半の往還であるのを思えば、その前後に居住する商工者の地位がいかに低級であるかがわかり、時計商小林某（小林伝次郎）がはじめて屋上に大時計を掲げたのが、土地の一異彩として称揚されるほかは記すべきものもない。また、山城町より数寄屋橋外を経て比丘尼橋にいたる外濠沿いはきわめて寂しい街並みであって、日中でも人の往来も数えるほどである。

ただし、京橋・新橋間の横丁でもっとも繁昌する往来は東京日日新聞（恵比寿屋跡）の角より折れて山下門にいたる狭い一路（現・みゆき通り）にして、ここには古着屋、道具屋、割烹店、雑貨店、八百屋、魚屋などが軒を連ねている。これは各藩家中の日用の需要に応ずる重要な街区であるからである。さら

に三十間堀の河岸通りに出れば、商家では石炭商と汐留から移転してきた大村屋、兵庫屋の船宿だけで、ほかに何一つない状態であった。

これが田島の見た幕末・明治初年の銀座であった。

もうひとつ、大火以前の銀座の住人に関する記録が東京都公文書館の銀座煉瓦街関係文書のなかにある。竹川町、出雲町（現・銀座七、八丁目の一部）のうち表通り西側の住民四二名（竹川町三一名、出雲町一一名）が出した嘆願書である。竹川町、出雲町は、明治五年二月の大火の際、類焼を免れたものの、慶応三年五月八日（一八六七年六月十日）の惣十郎町（現・銀座七丁目）出火の火事と明治二年十二月二十七日（一八七〇年一月二十八日）の元数寄屋町（現・銀座五丁目）出火の火事で焼失した町であった。政府が第一期工事として京橋—新橋間の表通りの建設を始めるため、旧来の家屋の取り壊しを命じたのに対し、その延期を嘆願したのであった。

嘆願書には、住所、氏名、職業、居住開始年および罹災回数が記載されている。表通りに面した者が三一名、裏通りが一一名であった。表通り居住者の職業は質、古道具、豆腐、舶来物、ろうそく、人力車、古本、小切れ、小道具、水油、居酒屋、仕立、挽物、籐細工、手遊物、桝酒、鉄物、舂米《しょうべい》（米を臼でつく）、医師、通勤などであり、裏通り居住者の職業は芸妓屋、桝酒、寄席渡世、車持ち、手跡指南、医師、通勤などであった（「明治五年建築事務御用留」『東京市史稿』市街篇 第五十四）。そのほとんどが零細な商売であったことがわかる。当時の銀座は、いわば繁華の中心日本橋から見れば、場末の街であったといってよい。

このような銀座で慶応元年に世間を驚かす事件が起こった。

松田の刃傷沙汰　慶応元年九月三日

銀座一丁目東側角、京橋を渡るとその角には一、二軒の商家があって、その先に路地があり、路地角に料理茶屋松田（店主善兵衛）があった。田島の回想に出てくる「縄暖簾式の料理屋」である。新橋際の千歳とともに評判の料理屋であった。慶応元年（一八六五）九月三日、この日の午後四時過ぎ、ここで刃傷沙汰の騒動があった。織田兵部少輔家来「剣術修行」の伊藤（伊東）慎蔵（二十四歳）と鉄砲世話役「徒士《かち》」の中嶋一郎（三十二歳）の両名が「昼九ッ時」頃というから正午頃、連れだって松田の二階に上がり酒食をとっていたところへ、講武所剣術方桃井春蔵の弟子で細川若狭守家来上田馬之助、同家来小池徳之助方同居の刀剣研職望月義兵、松平因幡守家来武信久次郎ら三名が遅れて入ってきた。騒動が起こったのは午後四時過ぎというから伊藤らは相当酒が入り泥酔状態になっていたと思われる。『藤岡屋日記』（第十三巻）に上田らの上申書が書き写されている。上田によれば、二階に上がり、伊藤らの隣に着座、挨拶をしたところ、一郎はわざと仰向けに倒れたので、この泥酔状態では間違いが起こることをおそれ、場所を変えたところ穢《けが》らわしいなどと言われた。伊藤はそれほど酔っていなかった様子なので、上田は伊藤のところへ行き、言われる筋合いはないなどと挨拶をしたが、一向に返事がないので立ち去ろうとしたところ、伊藤が刀を抜き斬りかかろうとしたので、「一大事」と思い、咄嗟に胴から首筋にかけて斬りつけ即死させたという。中嶋も斬りかかって来たところを斬りかえし、八か所傷を負わせた。中嶋は夜九ッ頃すなわち午後十二時ごろ死亡したという。検死の詳細についても『藤岡屋日記』に記されている。

古老からの聞書集である篠田鉱造著『幕末百話』に「銀座評判松田の二人斬」としてこの事件が紹介されている。「頃は安政」と年代の記憶違いや、殺されたのが「織田の師範役中川俊造」と名前の違いがあるが、古老は野次馬としてこの事件を外でみている。銀座通りの道幅も狭く、松田は瓦葺きの粗末な二階屋で、料理も一朱と二百文か二朱もあればあがって食べられる庶民的な茶屋であった。ことの顚末は上申書と同じで、上田が因縁をつけられ、席を替えようとしたとき、伊藤が刀を抜いたところを上田が斬り伏せたという。斬られた場所は『幕末百話』によれば、上田が階段から伊藤を斬り、中嶋は階段下で斬り伏せた、となっている。『藤岡屋日記』にはこの記述はない。松田の店頭は黒山のような人だかり。女・子供連れの客は逃げまどい、二階から飛び降りる侍の客もあったという。

この事件は江戸市民の間で大きな話題となり、新富座立作者岡田新蔵によって「一刀流成田掛額」に仕上げられ、上演された。錦絵としても豊原国周によって描かれている。

その後の松田は、刃傷沙汰の影響で客足が減った。嫌気がさした善兵衛は店を手放し、京橋大根河岸の左官金五郎に譲った。金五郎は妾を置き、商売させたというが、新聞記者だった柳原緑風「銀座の変遷その二」（『銀座』昭和十四年五月号および八月号、銀座社）によると、松田の初代は、下総佐倉の浪人で大根河岸の左官の棟梁のもとで用心棒をしていた石川兼五郎といい、のちに棟梁の株を譲り受けて、三十間堀河岸に移り住み、二代目兼五郎の代に左官をやめて松田専業になったという。二代目は早世し、妻が店の切り盛りをしていたという。「金五郎」は兼五郎のことで、「妾」というのは妻であったようだ。明治維新後、煉瓦家屋が完成してからは繁昌した。客が一〇〇人入るごとに太鼓を打ち込み、一〇〇〇人目の客を胴上げして無料で御馳走したり、厠をガラス張りにしたりして評判を呼んだ。三代目は石川孝之助、明治三十九年三月に廃業している。

第2部

明治期の銀座通り

明治天皇東幸　明治元年十月十三日（一八六八年十一月二十六日）

明治天皇再東幸　明治二年三月二十八日（一八六九年五月九日）

本書のテーマの一つが銀座街頭で展開された祝祭の行事である。天皇東幸に際して天皇の東京入京を寿ぐ祝祭行事はなかったが、新政府にとっては新しい支配者のお披露目の場であり、かつ東京の住人にとっては新しい支配者の姿に接する場となった。東京の玄関口新橋から銀座通りを抜け、京橋、呉服橋に至る道筋は、物見高い東京市民で賑わった。天皇東幸は近代銀座にとって、祝祭的意味合いを持った最初の行事といってよいであろう。

第一五代将軍徳川慶喜が慶応三年十月に大政奉還を申し出る一方、討幕軍は王政復古の大号令を発し、将軍職の廃止を宣言した。同四年二月十二日（一八六八年三月五日）慶喜は江戸城を出て上野大慈院に入り謹慎、四月十一日（五月三日）に江戸城は開城された。上野で彰義隊の抵抗はあったが、七月十七日（九月三日）に江戸は東京とされ、九月八日（十月二十三日）に明治に改元された。こうして東京は明治新政府のもと、統治されることとなった。そして明治天皇は明治元年九月二十日に京都御所を出発、十月十三日に東京着、江戸城を皇居とし、東京城とした。天皇は十二月八日に東京を出発していったん京都に戻り、翌年三月二十八日再び東京に入り、以後東京が永住地となり、東京は事実上の首都となった。なお、皇后が東京に移ったのは十月二十四日であった。

東京が首都となるには曲折があった。最初、大久保利通が人心を一新するために大坂遷都論を唱えたが、京都で天皇に仕えていた公家たちの反対にあい立ち消えとなった。首都は日本の中心にあるべきであり、江戸城も健在であり、大名屋敷をはじめ武家地を政府機関に活用できるという理由から最終的に東京が首都となったのである。

王政復古と天皇親政を掲げる新政府として、天皇東幸は天皇の存在と権威を広く国民に知らしめる絶好の機会であった。それまで将軍のお成りといえば、町家の雨戸を閉め切らせた。嘉永五年（一八五二）に桜田門近くの沼津藩主水野忠良の家臣の家に生まれ、日本橋小伝馬町の太物問屋市田屋に嫁いだ老女の思い出話によると、「公方様がお通りになる御道筋は按摩と産婆は人の命にかゝはることだからとて通れましたが其の外のものは全然通れず又其の道筋の御屋敷では其の日お米を焚《た》く煙りも上げることが出来ず、表屋敷の窓などは閉《し》めた上メバリまでさせられるのです。（中略）それを今では、お天子様が御通りに成らるゝのにさへ道の両側に突《つ》ッ立つて居るなんてヽ、ほんとに世の中は変りましたよ」（奥居彦松『老母を囲んで』昭和十二年、白壽房）と語っているように、新政府は民衆が天皇を身近に感じられるように配慮した。沿道の各地では高齢者、孝子、節婦たちを褒賞し、生活困難者に施しをしている。また、東京では十一月六、七日（十二月十九、二十日）に東京一五七五か町の住民に二九一〇樽の祝い酒と、それを注ぐ瓶子を振舞う「天杯頂戴」がおこなわれた。酒は新川の酒問屋鹿島清兵衛、鹿島利右衛門、中井新右衛門の下り酒問屋と日本橋小網町の地回り酒問屋がそれぞれ七五〇樽を調達した。奈倉哲三氏の試算によると、六四〇二斗、一升瓶に換算して六万四〇二〇本になるという。その代金一万四〇三八両二分銀五匁は政府の財政逼迫のため東京府が一時立て替え、後日政府が支払った（奈倉哲三「東京都公文書館所蔵文書から探る天皇第一回東幸」『跡見学園女子大学文学部紀要』五二、平成二十九年）。

その一方で鳳輦《ほうれん》には簾をたらし、その神秘性を強調した。二度にわたる東幸は天皇親政を高らかに宣言し、祝祭行事として祝ったものではなく、いまだ庶民の間に知られていなかった天皇の権威を世間一般に知らしめる示威行動の色彩が強かった。

品川で行列を整え、いったん芝増上寺で休憩し、新橋、京橋を渡り、呉服橋を経て和田倉門から入場した。当時の銀座通りの道幅は八間（一四・四メートル）、京橋の幅員は三間（五・四メートル）、新橋は幅二間（三・六メートル）であったというから、見物人は天皇の鳳輦を手にとるような距離で見ることができたことになる。浮世絵師月岡芳年が天皇東幸の様子を描いている。新橋から京橋を渡り中橋（京橋二丁目）にいたる行列を三枚続き三連（九枚）で描いたものである。「東京府中橋通街之図」、「其二東京府京橋之図」、「其参東京府銀坐通之図」はどれほど正確に描いているかわからないが、歩道を埋めた民衆は柵で規制されていることがわかる。

当時の銀座通りは明治元年（一八六八）、明治五年の大火以前のたたずまいで、江戸時代そのままの街並みであったことは既に述べたところである。明治天皇はこのような街並みの銀座通りを通過したのである。

この行列を見た印象を記録していた外国人がいる。一人はイギリスの外交官アーネスト・サトウ、もう一人はスコットランド生まれのジャーナリスト、ジョン・レディー・

「其参東京府銀坐通之図」芳年筆・年景画　中央区立郷土天文館蔵

ブラックである。

アーネスト・サトウはパークス公使に従い、幕末の難しい日英交渉を長年にわたり支えた外交官である。

一八六八年十一月二十六日（訳注　明治元年十月十三日）、品川で一泊された天皇《ミカド》は、この日午前十時ごろ江戸へ入られた。ミットフォード、画家、リッカービィ、それに私は、以前ハリー・パークス卿の官邸に用いられ、今では外務省みたいな役所になっている屋敷の、新しい門の前に最近できた広場に立ちながら鹵簿《ろぼ》［天皇の行列］を眺めた。外見は必ずしも壮観とは言えなかった。いやに西洋をまねた服装と、だらしのない乱髪の兵隊のために、廷臣たちの服装から受ける東洋ふうの印象が台なしにされたのである。

天皇《ミカド》の黒漆塗の駕籠（鳳輦《ホーレン》）は、私たちには実際珍しかった。それが近づくにつれて、群集がしーんと静かになったのは、まことに感動的であった。鳳輦と、天皇《ミカド》が実際のっておられた有蓋の輿《こし》との間を、馬上ゆたかに進む伊達老侯は、親しみのある態度で私たちに会釈《えしゃく》した。

アーネスト・サトウ『一外交官の見た明治維新』下、坂田精一訳、岩波文庫、昭和三十五年

ジョン・レディー・ブラックは、横浜で『ジャパン・ガゼット』、『ファー・イースト』をあいついで発行し、明治五年築地で日本語新聞『日新真事誌』を発行し、六年七月に銀座四丁目角（和光のところ）に進出、銀座初の日刊紙発行者となった人物である。東幸の様子は彼が晩年に著わした回想録『ヤング・ジャパン』の中で触れられている。

日本当局は、天皇の行列が神奈川に近づいた時、外国人が見物する機会があるように、と配慮した。外国人にかっこうの地点が選ばれ、彼らを案内する役人も任命された。

行列は、以前には、こういう場面の特徴だったピカピカの色や各種の甲冑がなく、質素だったので、多くの人々を多少失望させた。全部でわずか千人の兵士で、その間に政府の役人と高級将校とが馬に乗って入り、部隊を分けていた。最大の部隊でも、わずか百八十人、最小部隊では四十人だった。錦旗は四本、鼓笛隊は八隊、これが一つの旋律を繰り返し、繰り返し、奏でていた。どんな旋律であったか、外国人はいまだに知ることが出来ない。（中略）

ミカドの行列で、ほんとうに興味があるのは、ミカドその人だった。ミカドは、すでに述べた簡素な白木造りの乗物に乗っていた。近づいてよく見ると、乗物の屋根は、金色の菊の紋のついた見事な黒うるし塗りだった。それを大勢の者がかつぎ、まわりを公卿が囲んで、歩いていた。

ミカドの通過する間、集まっていた群衆にみなぎっていた静けさは、まことに「何事か」を感じさせた。特に外国人は歓呼しないように、という要請があったので、彼らもこの魔力を破らなかった。確かにそれは、このうえなく印象的だった。

人々はみんな、ミカドが近づくにつれて、土下座したが、偉い人に対してこういうことをするのを、私が見たのは、これが最後だった。

その次に私がミカドの行列を見た時には、すべては一変していた。大名はもう思い出に過ぎなかった。陛下は洋服を着て、馬車に乗り、自由に見物人に眺められていた。

J・R・ブラック『ヤング・ジャパン』3、ねず・まさし他訳、東洋文庫一七六、昭和四十五年確かに「其参東京府銀坐通之図」（月岡芳年筆）には民衆は「正座」はしているが、多くの人は平伏はしていない。そして鼓笛隊が先導している様子を描写している。

英国王太子エディンバラ公の来日　明治二年七月二十二日（一八六九年八月二十九日）

明治二年四月にイギリス公使パークスから、イギリス皇帝ヴィクトリア女王の第二王子エディンバラ公がアジア歴訪の途次、日本を訪れるという情報がもたらされた。欧米からの賓客を迎えるのは初めてのことであった。王子の接遇の仕方をめぐって政府と英国公使パークスとの間で協議され、結局、国賓として対等の立場で迎えることとなったのである。

エディンバラ公の歓迎行事は銀座と直接関係はないが、明治時代に入って最初に迎える国賓であり、後に触れるように、エディンバラ公の宿舎となった浜離宮の延遼館は銀座の祝祭行事と関係深いので触れておこう。

浜離宮は、三代将軍家光の三男徳川綱重の下屋敷として造営されたが、六代将軍家宣の時代に将軍家に収公され、浜御殿となった。将軍家の庭園となった浜離宮は鷹狩りをはじめ饗応の場として利用されてきたが、黒船来航以降、幕府の海軍所となり、その庁舎の建築は石造として進められていた。明治維新後、所管が外国事務局、さらに東京府となるが、これを受けて急きょ石室を国賓接遇の施設に改造することとなり、できあがった施設が延遼館と命名されたのであった。外国貴賓の饗応の経験のない政府は、イギリス公使パークスに助言を要請し、パークスの指示により書記官のミットフォードが浜御殿に一か月間泊まり込んで改造の監督に当たったのであった。ミットフォードの回想録『英国外交官の見た幕末維新』（長岡祥三訳、昭和六十年、新人物往来社）にその経緯が綴られている。

一八六九年の夏、ヴィクトリア女王の第二王子エジンバラ公が軍艦ガラティア号で来日されるということが分かると、日本では、一騒動が持ち上がった。外国の王子が天皇《みかど》を訪問されるのは初めてであったから、日本政府の内部では、かなりの興奮を巻き起こしたが、結局、江戸において殿下の地位にふさわしい、また殿下を迎える君主にふさわしい歓迎会が行われることになった。海べりの美しい庭園である浜御殿が、殿下のご滞在中の宿舎として用意されることに決まった。そのための準備は金に糸目をつけずに行われた。家具や居心地をよくするのに必要なヨーロッパ式の備品は、香港《ホンコン》から輸入されたが、内部の装飾はすべて日本風の様式に従い、極めて美しく芸術的であった。（中略）

彼らは殿下のために、ヨーロッパ風の家を用意するのに一生懸命で、緑色の鎧戸《よろいど》のついた、あまり見かけのよくない、今にも壊れそうな木造の家が大急ぎで造られた。しかし、外観の醜さは内部の装飾によって十分償われていた。壁には多彩な色と金が取り混ぜて使ってあったが、もし下手な職人の手にかかったら、さぞけばけばしくなっただろう。しかし、調和しない色をうまく配合させる秘術を心得た芸術家の手によって、全体の効果は素晴らしく、驚きの連続であった。

エディンバラ公は七月二十二日に横浜に到着、二十五日に延遼館に入り、ここを宿所として歓迎行事に臨んだ。

ところで、新橋駅から延遼館までの道順はどこであったろうか。新橋駅から汐留川に沿って進み、汐留町一丁目と木挽町八丁目を結ぶ汐先橋を渡るとその先はもう浜離宮御門橋である。この橋が外国の貴賓や鉄道寮のお雇い外国人が利用する橋であった。明治九年、「汐先橋ノ儀ハ専ラ浜離宮へ通スルノ線路ニ架設有之《これある》儀ニテ他ノ市街ニ架スル橋梁」(「院省往復録・第一部」明治九年、東京都公文書館所蔵)と同一視しがたい事情もあり、橋の老朽化が進んで車馬の通行も危険となり、架け替えがおこなわれた。同一視できない事情とは外国貴賓が渡る橋ということであろう。金子千秋によれば、明治三十四年当時、橋の長さ一六間(約二八・八メートル)で、常磐橋、呉服橋、筋違橋、浅草橋で使用された合計一〇基の擬宝珠が再利用されていたが、その設置年代は不明であるという(「明治東京の石橋—常磐橋と日本橋」、野中和夫他編『明治がつくった東京』二〇一九年、同成社)。おそらく外国貴賓を迎えるにふさわしい橋として、明治九年の改架の際に擬宝珠が取り付けられたと考えられる。

エディンバラ公は二十八日には皇居に表敬訪問し、天皇と対面した。対面の場所は皇城内大広間の書院造りの上段の間において対等の立場でおこなわれた。その後、皇城内吹上庭に場所を移して二度目の会見がおこなわれた。その時、天皇は十七歳、エディンバラ公は二十五歳であった。

この際、閲兵式や歓迎の宴などはおこなわれず、江戸時代の接遇方式がとられ、ただ日本の君主である天皇との会見が中心であった。ミットフォードが云うように、「天皇とその宮廷全体は古い昔の時代から抜け出てきた生きた絵のようだった」のである。このエディンバラ公の来日を契機に、外国貴賓を迎える歓迎行事は西欧方式に変わっていく。儀仗兵や軍楽隊の制度ができるのは明治四年以降である。各種行事における奏楽の変容については、塚原康子『十九世紀の日本における西洋音楽の受容』(平成五年、多賀出版）に詳しい。

エディンバラ公は、東京滞在中に芝増上寺見物、和歌山藩邸で能・狂言鑑賞、延遼館において槍剣試合、大神楽、放鷹、軽業、相撲、花火、打毬、漁猟などを見物している。

そして八月三日に浜御殿の波止場から乗船し、品川沖で本艦に乗り換え横浜へ向かった。エディンバラ公の来日は、明治政府初の外国貴賓の饗応となった。

その後、国賓として来日した王族は、ロシア・皇子アレクセイ・アレクサンドロヴィチ（明治五年＝一八七二）、イタリア・皇甥トマーゾ・アルベルト・ヴィットーリオ（ジェノヴァ公、明治六年と同十二年）、ドイツ・皇孫アルベルト・ヴィルヘルム・ハインリヒ（明治十二年）、アメリカ・前大統領ユリシーズ・グラント（明治十二年）、ハワイ・国王カラカウア（明治十四年）、スウェーデン・皇子オスカー・カール・アウグスト（明治十七年）、ドイツ・皇族フリードリヒ・レオポルド（明治二十年）、ロシア・皇族アレクサンドル・ミハイロヴィチ（明治二十年）、シャム（現・タイ）・皇弟デヴァウォングセ（明治二十年）、オーストリア・皇族レオポルド・フェルディナント（明治二十一年）など、いずれも延遼館を宿所として使用している（東京都公文書館編『延遼館の時代』平成二十八年）。

「英国王子渡来」『東京繁華一覧』 中央区立京橋図書館蔵

銀座大火

エディンバラ公の来日から五か月後の十二月二十七日に、数寄屋橋に近い元数寄屋町から出火し、新橋を越えて芝に達する大火があった。焼失町三一町、焼失家屋三四〇二戸、死者二二名を出す大火であった。この大火から二年一か月後の明治五年（一八七二）一月十四日には日吉町・出雲町・南金六町（現・銀座八丁目）一七七戸を焼失させる火災があり、翌二月二十六日にいわゆる銀座大火といわれる大火災が発生した。

　二月二十六日は早朝から烈風が吹き荒れ、砂礫が舞い上がる天候であった。午後三時頃、東京城（旧江戸城）兵部省添屋敷（旧会津藩邸）から出火、烈風にあおられ、火は瞬く間に銀座方面に燃え広がり、銀座一丁目から同五丁目の幅で、

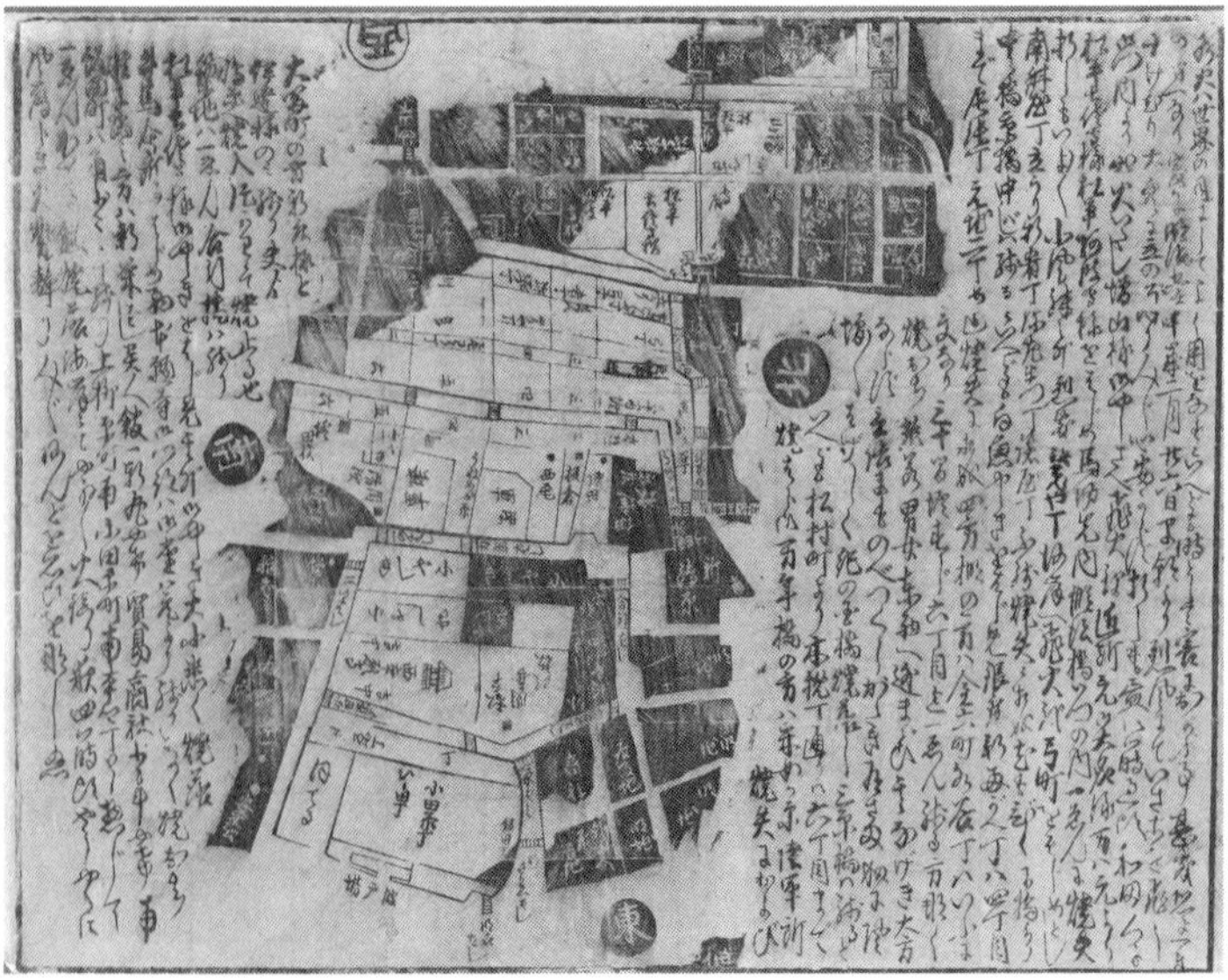

明治5年2月26日銀座大火瓦版　中央区立郷土天文館蔵

築地方面へ延焼し、隅田川まで達した。その被害は甚大であった。東京都公文書館所蔵の「壬申正院御用留」によると、被害は焼失町四一か町、焼失家屋は「市店」四八七九戸、官員その他邸宅三四か所、諸官省一三か所、諸藩邸跡六か所、寺院五八か寺であり、死者は八名（うち消防夫一名）で、罹災者はじつに一万九八七二名であった（東京府がイギリス公使パークスに宛てた手紙では、「市店」四七五三戸、官員その他邸宅二八七戸）。なお、この火災で築地ホテル館が焼失、外国人居留地の一部も罹災している。幕末にも数度の火災があり、銀座は数年ごとに火災に見舞われた勘定になる。明治政府にとって首府の中心部を不燃化することが緊急の課題であった。と同時に、不平等条約の解消のためにも西欧に追いつくことが求められていた。

明治五年の大火を目の当たりに見ていた外国人がいた。明治四年八月末、北海道開拓使顧問として来日したアメリカ人ケプロンは、北海道行きの準備をしていた時にこの火災を実見していた。

今日、三時三十分、全くの強風となり、火事の警鐘が町中に鳴り渡った。火事は宮城の第二の濠の内側で起こり、強風にあおられ、広い濠を二つ越えて広がり、消えた時には、町が一マイル半の幅で海岸まですっかり焼けてしまった。火が通った後は、類焼を免れた家は一軒もなく、残ったのは耐火造りの倉庫だけである。（中略）

私は、この光景を馬の上から眺めた。荒れ狂う火の移り行くままに、次から次へと馬を進めると、火は、ばりばり、轟々と音を立て、物凄い勢いで広がっていく。燃え移る先の混乱は、今にも火の手が迫る人はもちろん、野次馬《やじうま》にとっても全く大変なことである。

通りは文字どおりの雑踏である。どなったり叫んだりして、飛び込んで来る一団があるかと思えば、同じように密集した別の一団が、ありとあらゆる物を持って飛び出して行く。そうかと思えば、また別の一層大きな一団がいて、畳や襖《ふすま》を背中に載せている。（中略）うっかりしたりぼんやりしてその前に立とうものなら、とんでもないことになる。

次々と担架が通り、運ばれるのは怪我人や死にそうな人や、すでに死んだ人たちである。続いて四人運ばれ、火事は夜遅くまで続き、そして海岸まで幅広くすべての物が焼けてしまった。（中略）

しかし、万事この状態で、愚痴もこぼさず、涙や不満の声もなく、すべての人の顔にあるものは静かな諦めと、運命に対するまるで喜びともいえそうな服従である。ほんとうに驚くべき国民である。

『ケプロン日誌　蝦夷と江戸』西島照男訳、昭和六十年、北海道新聞社

もう一人、明治五年二月十六日に司法省の法律顧問として来日したフランス人ジョルジュ・ブスケは、来日十日目にこの火事を見ている。

陸軍省、長門ヤシキ（邸）、土佐ヤシキ（邸）、兵営に及び、一瞬のうちに一区画より他区画へと拡がった。すでに一平方キロメートルを上回る広さにわたって、焔があらゆる所から上り、煙が四月の太陽の光を暗くするのが見られた。（中略）

この光景を見下す城壁の上に集まった日本人たちは火事の激しさと進行とについて冗談を言いあい、消防夫の活動を眺めている。消防夫たちはこの上もない美しい絵のような光景を呈示してくれる。（中略）

火が近づいてくるとそれぞれの家庭が大急ぎで家の中の物を取りだし、畳、障子・襖をもちあげ、

籠の中に陶器、着物、商品やあらゆる日本の屋内で欠くべからざる携帯的な火桶である「シバチ」〔火鉢〕を積み重ねることである。ある者はその籠を長い竹にぶらさげて安全と思われる道路とか掘割によって全市中に入りこむ船の中にもちこむ。他の者はそれらを不燃性の「クラ」〔倉〕にしまいこむ。〔中略〕

〔火事も〕これほどの規模に達すると、どんな人間の力でもこれを制御することはできなかったのだ。風がやむか地面がなくなるかを待つだけで満足するよりほかなかった。火事は海の方向に向い、そこでやっと止まった。夜が更けてくると、災禍の面積は扇形に五平方キロメートルに広がっていたことが一層よく分った。この広い焼跡のあちこちに、いくつかのほかのものよりも高い形のもの、ヨーロッパ風の建物、寺、建物が浮び上って見え、それに向って焔が一層長い間しつこく攻めたてまたそこから焔が一層高い火花となってたち上るのが見えた、特に人工の丘の上に聳えているモンゼキ〔門跡〕と呼ばれるものは焔になめられ真赤な炭火となって北極のオーロラのような閃きを四里のかなたの横浜にまで投げかけながら突然崩れおちた。なんという見ものだろう。

『ブスケ　日本見聞記』1、野田良之他訳、昭和五十二年、みすず書房

ブスケの観察眼は鋭い。日本人はあらゆる国民のなかで火事をもっともよく受け止める国民であるとし、「混乱や避けがたい喧騒」は別として恐慌状態に陥ることもなく、焼け跡に小屋を建て、炊事を始めている姿を見ている。モンゼキ、すなわち築地本願寺が焼け落ちる光景も感動的に描写している。

煉瓦街の建設

明治五年（一八七二）の大火後、政府はただちにここに西洋風の街区を建設することを決め、道路の付け替え、拡幅など一部区画整理をおこなった。銀座通りを車馬道と歩道合わせて一五間（二七メートル）とし、横丁を八間（一四・四メートル）、裏通りを三間（五・四メートル）とし、中央通りを車馬道（八間、砂利敷き）と歩道（左右三間半、煉瓦敷き）に分け、京橋脇の銀座一丁目から煉瓦家屋の建設に着手し、新橋際までの銀座通りの一等煉瓦家屋二四二戸が完成したのは、明治七年半ばであった。そして車馬道に街路樹（松・桜・楓）を植え、歩道にガス灯（新橋―京橋間両側に八五基）を設置し、明治七年一月五日に車馬の通行を許した。並行して建設された二等煉瓦家屋六七六戸、三等煉瓦家屋五二四戸、合計一四四二戸が竣工するのは明治十年半ばであった（一等・二等・三等それぞれの「煉瓦家

完成当時の煉瓦街『明治大正建築写真』 中央区立京橋図書館蔵

屋払下台帳」、東京都公文書館所蔵）。

明治七年二月十三日の『郵便報知新聞』は銀座通り竣工の様子を次のように伝えている。

> 京橋以南新橋以北の間、煉化石屋□［一文字不明］甍駢列《いらかならび》し、戸々華品美物の粧飾《かざり》加ふるに花卉緑樹の櫛比《ならぶ》する、悉《みな》人目を楽ましむ。始めて此《この》市街に入る者は将《まさ》に異域の思ひを生ぜん。去る十一日紀元節にして毎戸国旗《はた》を掲げ祝賀を表す。其《その》景況殊に一層の美観を醸《かも》し中路は馬車馳《は》すること陸続として、左右の往来は人群集して歩むこと徐《しず》かなり。思ふに総て山間僻地の人々輦下《れんか》［天子の車のもと、みやこ］に来らば首として此所《ここ》に笻《つゑ》を曳き以て帰郷の第一談柄《だんぺい》［語り草］と為《な》さゞるを得ず。然して此両橋間銀坐一丁目より凡そ八町、此両側の石屋概略三百余戸あり。既に客歳［すでに過ぎ去った年］落成せしもの多しと雖ども、万軒密比道路平坦の善美を尽すに至るは全く近頃に功を竣《おは》りしものなり。依て些《いささ》か昨今の真景を図して四方遠里の夜話を補ふのみ。

すでに煉瓦家屋が完成していた紀元節の日（二月十一日）の銀座通りの様子を描写したものであるが、記者の眼には日本の中の外国として映った。銀座街頭に日の丸が掲げられた最初といってよいかもしれない。この記事から五か月後に刊行された服部誠一著『東京新繁昌記』は、明治維新後の急速に変貌を遂げつつあった東京の景観、風俗を描いたものであったが、叙述は変体漢文、木版刷りであった。この本は評判を呼び、増刷に次ぐ増刷で二万部は売れただろうといわれる。同じ頃の、福沢諭吉の『西洋事情』や『世界国尽』などの発行部数に匹敵するものだった。同書に「京橋煉化石」の項目をたて、完成されたばかりの煉瓦街の様子を次のように描写している。当時の識者が見る銀座煉瓦街といえるだろう。

大正十四年に原著の漢文を読み下した改訂版『東京新繁昌記』（聚芳閣）が出ているので、ここではこの読み下し文から紹介しよう。

二層の高楼、陸続巍峨《ぎが》として蒼空に聳ゆ、その高大なるや、専ら洋風の築造を摸擬し、巨万の煉石を積んで高さ数十尺に及び、四壁一木柱を用ゐず、亦た一塊の土を塗らず、積んで漸く巨室を為し、白堊を以て全面を塗る、板より坦《たいら》かにして石より堅し。或は鉄柱を樹つるものあり、或は石柱を挟むものあり、佳麗尽さざる無く、結構至らざるなし。（中略）一棟の長さ二十間、約《おおむ》ね七八肆店《してん》［みせ］を開く、室内戸主の造営に任せ、戸々各その店を異にす。（中略）街道の幅は広さ七間、両側に数種の樹木を栽え、春は則ち肆店を芳雲の間に開いて、芬香馥郁《ふんこうふくいく》［かんばしい香りがただよう］、他の羅紗袖を薫じ、商売は花蕊《かしん》とその繁華を競ふ。（中略）路上亦遍《あまね》く煉石を敷き、砥《といし》より平かに、席より清し、全街粲然《さんぜん》として、一点の塵無く、況んや犬屎をや。石室は則ち英京の倫動《ロンドン》を摸し、街道は則ち仏京の巴黎《パリ》に擬す、亦何ぞ万里の波濤を踰《こ》えてその国都に到るを用ゐん。

イギリスのロンドン、フランスのパリに真似て造ったと言われる銀座八丁は、「真に都中の都にして、繁華中の繁華と称すべき」であると絶賛している。このような評価の陰には、煉瓦街建設のために銀座を去らねばならなかった住民の怒りの声があった。『郵便報知新聞』への投書者は青山久保町に住む曲下木直貫。山下町新道通りの住人だったというから、二等あるいは三等煉瓦家屋が立つ地域の住民であったろう。

一昨七年十二月中、山下町新道通リ石室建築ノ御布告一片紙ヲ戴クヤ否ヤ鍋釜ト米櫃ハ古褌ニ縛シ、翁媼《おうおう》［おきなとおうな］赤児ハお三［女中］ノ背ニ載セ咄嗟ノ間ニ年来住ミ馴レシ我家ヲ後トニ見テ、寒天霜ヲ降シ朔風［北風］雪ヲ迸《とば》スノ朝《あし》夕手ヲ呵《か》シ［息を吹きかける］足ヲ縮テ四方ニ退転セリ、嗟《ああ》私有ノ土地ヲ持シテ私有ノ家屋ニ安居スルモ、一朝政府ノ厳命ヲ蒙ラハ厳霜積雪ヲモ厭ハス流離顛沛《てんぱい》［つまずき倒れる］シテ飢寒ヲ甘受スルモ、果シテ地頭ト啼児《なくこ》ノ意ニ逆フコト能ハサル可キ乎、御規則ノ本意ハ決シテ然ラサルヘシ、然レトモ我輩ノ愚騃《ぐがい》［おろか］、我輩ノ疑団《ぎだん》［疑いのかたまり］ヲ溶解スルニ足ラサルナリ

『郵便報知新聞』明治九年一月十六日

一片の布告で住み慣れた地を去らねばならない憤懣は痛烈である。

当時の日本のジャーナリズムは煉瓦街を文明開化の象徴として紹介したが、外国人の眼からは、西欧をつまみ食いした醜悪な街並みに見えた。ジョルジュ・ブスケは、焼け跡にできあがった煉瓦街を「煉瓦と漆喰ででき、アーケードと街灯が設けられ、確かに美しいが東洋的な趣きの全くないギンジャ（銀座）と言われる通りに立つとき、何という裏切られた気持になることだろうか」（『ブスケ　日本見聞記』1）と失望を隠さない。ブスケより二年遅れて来日した宣教医師ヘンリー・フォールズは、築地病院を設立し、医学生教育、盲人教育、指紋の科学的研究者として知られるが、明治十年ころの新橋について「駅はよくできた建物で、そのそばには焼石でつくられた立派な銀行がある。また、アーチ形の石橋があり、店舗が並び、また煉瓦をしっくいで固めた通りが東京の中心を走っている。（中略）この通りはかっては美しい街道であったが、平凡な赤レンガでできたみすぼらしい道路となってしまい、下駄を鳴

らせて通る人がよくつまずく」(Henry Faulds, "NINE YEARS IN NIPON" 1885) とその印象を語っている。

竣工当時、整然と整った銀座通りであったが、すでに明治七年(一八七四)五月二十八日の『郵便報知新聞』にこんな投書が出ている。

此頃府下京橋向ふに至るに家屋正整車馬人行各々路を異にし其景況実に盛昌佳麗にして其弁利も又大ひなりと謂《い》ふべし。然るに猶《なお》独り怪しむ可きは諸商店販売すへき荷物を積重ね、或は日除暖簾を張出し、少なきは二三尺より多く、甚しきに至りては往来の半に至る。実に雑沓の場所に至りては其《その》妨害少なからす。

銀座通りの煉瓦街は整然と並び、車馬道と歩道が分かれていて商売も繁昌しているが、荷物や暖簾・日除けが道路にはみ出し通行を妨害しているというのである。また、翌八年五月二十三日の『東京日日新聞』にもこのような記事がある。

煉化石造りの家屋に住む人が立派な円柱《まるばしら》の間に麁末《そまつ》な板囲ひをするやら見《みツ》とも無い庇を付けるやら、折角高く出来た入り口へをかしな壁を付けて低く拵らへ直し、古る雨戸や油障子を立る、甚しきは軒下に薪や明俵《あきたわら》を積み空樽を並べ、屋台店を引き付けなどするは只その見苦しきのみならず、火の用心も甚だ悪し。増して其《その》裏の方の汚穢《きたなき》は云ふまでも無し。(中略)日本の首府と云ふ東京の第一等の瓦屋に住む人の行なひが此通りにては多《たん》と他国《よそ》の事は云はれません。

煉瓦家屋が整然と並び、人道と車馬道が区別され、便利になったが、商店のなかには道路にはみ出し、日除け暖簾や荷物を積んで交通を妨害している様子がわかる。行政の指導もなんのそのといった具合である。

銀座の新住民

既に述べたように、煉瓦街建設以前の竹川町、出雲町（現・銀座七、八丁目）の住民はそのほとんどが零細な営業者であった。竹川町、出雲町の銀座通り西側に店を構えていた旧住民三一名の名前のうち、「一等煉瓦家屋払下台帳」に記載されているのは竹川町四番地の地主で水油商の吉村安之助と出雲町一番地の借地で桝酒を営む田野茂吉の二人だけである。家屋台帳は煉瓦家屋の所有者を示すものであって、かならずしも住人とは限らないが、恐らくそのほとんどが居住者とみてよいであろう。吉村と田野以外の二九名は旧地に戻ることはなかったと思われる。それではこの地の一等煉瓦家屋の新しい所有者はどのような人たちであったろうか。

先に嘆願書を出した住民が住む銀座通り西側の竹川町に十七戸、出雲町に八戸が完成した。払下げの状況をみると、竹川町では一七戸を一三名で所有、出雲町では八戸を四名で所有することとなった。これを族籍別にみると、竹川町では士族八人で一一戸、平民四人で五戸、族籍不明者は一人で一戸を、出雲町では士族はおらず、平民三名が三戸、不明者一名が五戸を所有することとなった。ここで注目されるのは士族の数の多さと、一人で五戸を所有するものがあらわれたことである。旧住民のなかには士族出身者はいなかった。銀座全体でみても明治五年調査の「東京府志料」によれば、士族はわずかに八名に過ぎなかった。士族の多くが竹川町、出雲町に限らず新しく建設された煉瓦街に全国から新しい場を求めて入り込んできたのであった。そして一人で多数の家屋の払下げを受ける人は出雲町に限らず他の区画でもみられた現象である。煉瓦街を新しい投機の対象とみる人物も現れたとみてよいが、先にも触れたように、新天地を求めて全国から銀座に集まり、新しい仕事に就いた人が多かったと考えられる。

表通りの一等煉瓦家屋は完成したところから順調に払い下げられ、明治七年半ばには払下げが完了している。竹川町、出雲町では明治六年九月から払下げが始まった。具体的にどのような人が払下げを受けたかみてみよう。

旧住民の水油商吉村安之助は同じ場所に二区画間口五間三尺奥行五間（一等煉瓦家屋の場合、奥行は五間で統一されていたので、以下略）の家を、桝酒商の田野茂吉も同じ場所に間口二間三尺の家を持つこととなった。その他の所有者については、わかる範囲で示す。

竹川町一番地は現在の銀座七丁目八番二、銀座御幸ビル・フェラガモのある角である。ここに南貞助が明治六年九月に間口五間の煉瓦家屋の払下げを受けている。南貞助については国際結婚第一号となった人物として知られる。南貞助は弘化四年（一八四七）に長州萩で南景助の三男として生まれた。十四歳の時（文久元年＝一八六一）、幕末の志士高杉晋作の父高杉丹治の養子となった。貞助の母は丹治の妹であった。晋作とは従兄弟であり、かつ義弟となった（のちに離縁）。貞助は慶応元年（一八六五）に洋行を決意し、ロンドンのユニヴァーシティ・カレッジに入学したが、同三年にいったん帰国し、明治政府の外国事務局御用掛となっている。貞助は明治三年にその語学力をかわれ、東伏見宮の英国留学の随従として再度渡英することとなり、滞英中に英国婦人ライザ・ピットマンと知り合い、明治五年九月二十日に英国式で結婚した。ちょうどそのときロンドンに滞在中の岩倉使節団の大弁務使寺島宗徳から外国人を娶る許可を受けた。明治六年はじめライザを伴い帰国、あらためて結婚届を外務省に提出している。六月三日に許可がおり、我が国最初の婚姻規則「太政官布告」第一〇三号（明治六年三月十四日）のもとでの結婚第一号となった（小山騰『国際結婚第一号　明治人たちの雑婚事始』平成七年、講談社）。

貞助が求めた洋風の一等煉瓦家屋は英国婦人と結婚した洋行帰りの二人にとってまたとない住居であり、事務所であったと考えられる。これを貞助は明治十三年一月に洋酒・食料品輸入商亀屋経営の杉本鶴次郎に譲り渡している。なお、二人の結婚は破局し、子供はいなかった。貞助は人種改良論者であり、これが結婚の重要な動機の一つであったが、子孫を残すことはかなわなかった。その後東京府役人、漢口領事などを歴任、内外用達会社設立にも関与している。

新橋寄りの九番地、間口四間の家屋は東京府士族太田時敏の所有である。太田時敏は新渡戸伝の四男として生まれ、盛岡藩士太田金五郎の養子となる。維新の際、朝敵となった盛岡藩主南部利恭《としゆき》が未成年であったため、身代わりとして家老が切腹を命ぜられ、時敏はその介錯を仰せつかった。友人として介錯するに忍びず出奔、東京へ出て、のちに新築なった銀座の竹川町で洋品店時敏堂《じびんどう》を営んだのである。兄に新渡戸十次郎がおり、その子に農政学者・教育者で『武士道』の著者として名高い新渡戸稲造がいる。時敏は十次郎が早世したために稲造を養子に迎え、東京に呼び寄せ教育を施した。時敏が煉瓦家屋を所有していた期間は明治七年一月から同九年三月までである。稲造がここで生活したかどうかは定かではないが、武士の商法、三年たらずで店を閉じている。稲造は、明治十年十六歳で札幌農学校に入学するまで時敏の世話になった。稲造は時敏について「極めて元気な人、正直な人、公共の考への篤い人、大きな問題に興味を持つて居る人であつた。貧乏はして居ても嘗つてくよ〳〵せず、好んで国家の事を談ずる人であった」（「予が最も多くの薫陶を受けたる恩人の追想」井上泰岳編『我半生の奮闘』明治四十二年、博文館）と評している。稲造は『武士道』に「予に教ふるに往時を敬重し武士の徳行を欣慕することを以てしたる我が愛する叔父太田時敏君に献ずるに此鄙著を以てす」と献辞を載せているところから、恩義を感じ敬愛していたことがわかる。その後、時敏は警視庁勤務、茨城県・岩手県の郡長を歴任し、晩年は南部伯爵家の家令を務めた（花巻新渡戸記念館「太田時敏展図録」平成二十四年十二月）。

出雲町一番地には資生堂創立者の福原有信が間口五間の煉瓦家屋を所有し、そこで調剤薬局を開いている。しかし経営につまずき同九年五月には手放しているが、のちに買い戻して一流企業に成長したのは周知のとおりである。

新しく手に入れたものの、煉瓦家屋を長く所有することができずに短期間で譲り替えするものが多かった。これまで見てきた竹川町・出雲町の範囲で、新しく譲り替えを受けた新所有者の動向が何軒かわかる。煩雑になるのでここでは人物の紹介だけにとどめる。

加納久宣　竹川町二番地、明治九年八月取得。筑後三池藩主立花種道の三男として生まれる。上総一宮藩主加納久恒の急死にともない藩主となる。維新後、大学南校（東京大学の前身）に学び、のち岩手県師範学校・新潟学校校長、大審院検事、鹿児島県知事などを歴任した。子爵を授けられ、貴族院議員を務めた。

小原重哉　竹川町四番地、明治十年三月取得。岡山藩士、尊王攘夷運動に身を投じ、明治政府の刑法官、後元老院技官、貴族院議員。

塩田満寿吉　竹川町四番地、明治八年一月取得。裁判所勤務。

川又茁《めぐむ》　竹川町六番地、明治九年五月取得。文久元年生まれ、芝愛宕下町の勧学義塾で英人ランベルトに英学を学び、その後東京大学で法学を学び、明治十五年に彼の住まいの真向かいにあった自由出版社からマッケンジー著『欧米十九世紀政事沿革史』の翻訳本を出している。教育者。

蜷川式胤《のりたね》　竹川町六番地、明治七年十月取得。文部省博物局、内務省博物館に勤務。正倉院の調査をおこなう。丸の内道三町の自宅に印刷所「楽工舎」をつくり、収集した陶器の解説書『観古図説』などを印刷し、竹川町で販売した。博物館開設の提言やハインリヒ・フォン・シーボルトやエドワード・モースらと交流したことで知られる（蜷川第一編『蜷川式胤追慕録』昭和八年、五段田園）。

津田仙　竹川町七番地、明治十三年三月取得。天保八年（一八三七）に下総佐野藩士小島良親の三男として生まれ、のち津田初子と結婚して津田姓を名乗る。明治六年（一八七三）には、ウィーン万国博覧会に副総裁として出席する佐野常民（日本赤十字社の創設者）の書記官として随行し、農学を修め、帰国後明治九年に麻布に農産物の栽培・販売・輸入、農産に関する書籍、『農業雑誌』の出版などを事業とする学農社を設立した。銀座の煉瓦家屋はその事務所として使われたとおもわれる。女子英学塾（のちの津田塾大学）の創設者津田梅子は仙の次女。

以上のように銀座通りに面した煉瓦家屋を所有した人たちは商人とは限らなかった。商人たちに混じってさまざまな職業の人たちが意外に多いことに驚く。そのような観点から煉瓦家屋を最初に購入した人たちについて銀座通り全体でみると、意外な人物が浮かび上がってくる。

たとえば板垣退助、古沢滋（迂郎《うろう》）、竹内綱、森有礼らである。

銀座三丁目一二番地の一等煉瓦家屋（間口六間三尺）は、竹内綱が明治十四年十二月、最初の所有者原胤昭（与力出身、クリスチャン、十字屋の創設者の一人）の一族から譲り受けたが、一年後に名義が板垣退助に変わっている。
　板垣退助は土佐藩出身、討幕運動に参加し、会津戦争では大隊指令、総督府参謀として勝利に導き、のちに参議となった人物であるが、明治六年征韓論に敗れて下野、翌年一月愛国公党を組織し、後藤象二郎、江藤新平らと民撰議院設立建白書を政府に提出して世論に訴えた。古沢滋も土佐藩士、イギリス留学の経験をかわれ、民撰議院設立建白書の起草に携わった。竹内綱も土佐藩士、板垣が設立した愛国公党の再建に努めた。

　下野した板垣らは薩摩・長州の「有司の専制」に対して「公議輿論」をおこして民撰議院を設立するという政治的な手段に訴えることにし、民撰議院設立の建白書を作成すると同時に、政党を結成して世論を喚起することを決めた。明治七年一月十二日、副島種臣邸において人民の権利を主張し、「自主自由」、「独立不羈」の人民をそだてることを盛り込んだ「愛国公党本誓」の本誓式をおこなった。署名したのは、副島、板垣、後藤、江藤、古沢、由利公正、小室信夫ら九名であった。そして十七日に建白書は正院に提出された。なお、建白書は、翌日、銀座四丁目角、現在の和光の所にあったイギリス人ブラックが経営する『日新真事誌』に全文が掲載され、自由民権運動が全国規模に発展する一助となった。

　翌二月に、古沢は銀座三丁目二～三番地の一等煉瓦家屋四戸分（間口一一間）を市村巳之助他三名から譲り受けて、ここに「幸福安全社」なる団体を置き、同志の集会の場所とした。『自由党史』（明治四十三年）に「一方に民撰議院の建白を為すと倶《とも》に、一方に一大政党を興して民間の輿論を喚起せんと欲し、先づ同志集会の場を設けんが為め、京橋区銀座三丁目に一の倶楽部を創立せり、称して幸福安全社と云ふ」と記している。愛国公党は結成後まもなく江藤が佐賀の乱で刑死し、設立の中心人物板垣は土佐に帰って立志社の設立に奔走したために、自然解消したが、幸福安全社はその後も集会場として存続している。幸福安全社についてはここを利用したキリスト教牧師田村直臣の回想録『信仰五十年史』（大正十三年、警醒社書店）に出てくる。

我等十八名の者が、第一長老教会を去つて、独立教会の設立式を挙行したる場所は、銀座三丁目幸福安全社の階上広場であつた。（幸福安全社は後に岩谷松平氏が使つて居た建物である）。幸福安全社は、自由党の人々が、民選議院開設の準備の為、仮に国会の組織を作り、其の下稽古をした場所であつた。講壇はある、一人掛けの腰掛は幾脚もある。さうして、場所は広く明く、今日の如く電車の響はなく、大通りではあつたが、比較的閑静な場所であつた。

八年六月にはここに愛国社の本部ができ、全国から集まる同志の溜り場となり、田村の叙述にもある通り模擬国会のようなこともおこなわれるなど、政府と対抗した初期自由民権運動の活動の拠点となった。いつまで存続したか明らかでないが、古沢の所有は明治九年七月までである。

竹内綱はすでに述べたように、板垣と関係が深く、愛国社がいったん自然解消したあと、竹内らの尽力で明治十一年九月、大阪で愛国社再興大会を開き、十三年三月の第四回大会では二府二二県からの代表一一四名を集め、国会開設請願運動を起こすことを決議し、名称を「国会期成同盟」と改め、本部を鎗屋町九番地（銀座四丁目）に置き、ここを拠点に内閣に請願運動を展開した。翌十四年十月、国会期成同盟を解消して自由党となり、板垣が総理（党首）になった。鎗屋町九番地の家が自由党本部となり、大看板を掲げたが、ただちに撤去させられた。請願運動が高揚するなか、政府は明治十四年の政変で参議大隈重信一派を政府内から追放し、合わせて明治二十三年を期して国会を開くことの詔勅を出した。翌十五年、板垣は政府の支出で外遊の話が持ち上がり、板垣の変節が話題となったが、結局十一月十一日板垣は後藤象二郎を伴い渡欧した。その直前の十一月七日に銀座三丁目の家を手に入れている。なんのための購入であったのだろうか。

もう一人、森有礼が竹川町一二番地（銀座通り東側）の一等煉瓦家屋を三戸（間口五間奥行五間一戸、間口三間奥行五間二戸）買っている。森有礼は薩摩藩出身、藩命でイギリス、ついでアメリカに留学し、明治元年に帰国し、官途につき、同三年アメリカ少弁務使として渡米、明治六年七月に帰国した。森はアメリカ滞在中に図書館の重要性を知り、書籍を購入し、帰国後日本に図書館を設立することを考えていた。細谷新治『商業教育の曙』上巻（如水会学園史刊行委員会編、平成二年、如水会）によれば、ここに私設の図書館を開いたか、あるいは開こうとして、煉瓦家屋の払下げを受けたのではないかという。東京で最も開明的な場所として銀座を選んだのではないか。図書館は取りやめとなったが、家屋は少なくとも明治二十二年に国粋主義者に暗殺される時まで森名義となっていた。

もう一人紹介しておきたいのが竹内綱に煉瓦家屋を譲った原胤昭である。与力出身、維新後築地居留地にあった宣教師クリストファー・カロザースのもとで学び、クリスチャンとなる。田村直臣、戸田欽堂、鈴木舎定らと外国のミッションから独立した独立長老教会を原の持ち家で開いている。そして原が中心となってキリスト教宣伝、布教のために銀座三丁目一六番地（のちに二番地に地番変更）の戸田欽堂所有の家屋に耶蘇教書肆十字屋を設立した。のちにそこで番頭として働いていた倉田繁太郎に譲り、楽器店となった。ここで発明、販売された紙腔琴《しこうきん》は当時評判を呼んだ。

このように煉瓦街建設以後の住人たちのなかには、商人に混じって多彩な人たちの活動があったのである。

見世物興行大流行

完成当初、湿気が凄い、雨漏りはするというような評判もたち、また、日本人になじみの薄い煉瓦家屋であったことや払下げ価格が高かったこともあって、裏通りの二・三等煉瓦家屋に買い手がつかず空き家が目立った。そこに一時見世物が流行ったことが知られている。銀座四丁目には明治八年五月二日に小寺金作なる人物が貝細工の見世物を出し、十二時から夕方までに一七〇〇人の観客があったという し、六月には銀座一丁目の料理店松田の隣に高宮浅吉なる人物が紙細工の見世物を出している。神社仏閣や六尺あまりの大灯籠を展示し、小寺とともに評判となった（『郵便報知新聞』明治八年五月三日、六月十八日）。また、生人形の見世物が銀座に四か所も出ていると同年五月十五日の『朝野新聞』が報じている。明治九年三月三十日の『読売新聞』は四月一日から、銀座四丁目角の麦わら貝細工の見世物場でイタリア渡来の多数の鳥獣標本を展示すると報じている。「実に綺麗な小博覧会」のようだったという。

『報知新聞』（明治二十七年に『郵便報知新聞』を改題）の記者だった篠田鉱造が明治末年に、明治初年の市井に伝わる話が失われるのを気遣って採集してまとめたのが『明治百話』（昭和六年）である。その中に「興行物で賑う煉瓦通」という項目があって、話し手は次のように語っている。

尾張町の裏通りは今でもバアーカッフェーの怪しい魔窟みたいであるが、昔もソノ通りで、ちょっと一杯の呑屋があって、風紀上は面白くなかったが、土地繁昌策として、煉瓦通りの振興上、政府はそれを見て見ぬふりをしていた、全くいかがわしい家が、軒を並べていて「お寄りなさいよゥ、ちょっと飲んでいらっしゃい」と、白首が呼び込んだものです。浅草や神明前、湯島、郡代の矢場同様、呼び込みでしたから愕く、馴染になると、チョット寄って、ちょっと一杯呑んでいったものです。

興行物はとても諸種類が集まっていて、招魂社の御祭礼みたいでした。あの頃流行ったのが、貝細工の人形で、（中略）日本武尊のウワバミ退治なんかが大人形で出来ていました。次が猿芝居で大供子供を喜ばしていた。今日は見懸けないが、猿の熊谷次郎直実が、黒犬に跨って、一ノ谷の芝居を演《や》るんだがよく覚え込んでいたものでした。ろくろッ首なんか忌なものだが、よくある奴で、盛んに見世物が、声を嗄《から》して、千客万来を誘っていたものです。

篠田鉱造『明治百話』（下）平成八年、岩波文庫

明治九年（一八七六）三月十三日の『東京日日新聞』にこんな記事が載っている。

一昨十一日の夜は敝社の近辺へ地獄狩が廻《まはッ》て来ました。先づ銀座三丁目と四丁目の西の横町なる鎗屋町四番地の田村おゑい方にて同人娘おくら十六戈〔才〕、是は香粉地獄中にての品別にて枕金一分二朱なり。夫からお菊が二十二、おふさは三十九、是は女郎の揚《あが》りなり。又隣家の川上おきん方にても同人娘おかつ二十戈、是も枕金一分一朱の上玉なり。抱へ女のおかつも二十戈、是は中等なり。夫から新肴町三番地の桃井おとう方の抱女おはま十九戈、おつま三十六戈、是は下等にて枕

金二朱なれば寓主《やど》と折半《たゝきわけ》にして一朱の品と知るべし。同町四番地の汁粉屋おいと方にて抱へ女おやす二十一、おせん二十、おたま十七戈、此外に引手のおたよ婆々が一人と、鎗屋《やりや》町のおゑい方へ遊びに来て居たる客で尾張町一丁目七番地の林銀蔵と云ふ男と前に記したる評論新聞の宮本某が一所に捕まり、警視第一方面の第二署へ引て行かれました

「地獄」とは春をひさぐ女性の事をいう。まさに魔窟である。にわかに信じられないような話ではあるが、翌十年六月五日の『東京日日新聞』にも「一昨三日の夜は新橋より京橋の間の辻々に出没する地獄も手引きも大分強引に成りました」とあり、明治十年前後の銀座は一時期このような状況であったのである。

明治十一年八月十三日の『東京日日新聞』にこんな記事が載っている。

京橋以南の煉瓦家《れんぐわや》は一昨年の夏《なつ》ごろまでは見世物興行《みせものかうぎやう》を許《ゆる》され甚だ喧《やか》ましき事なりしが、間《ま》も無く禁止《きんし》せられしに依り新聞屋などは殊《こと》に有り難き仕合せと悦びしが、又たは御詮議《ごせんぎ》の廉《かど》ありて比《び》丘尼橋《くにばし》より土橋《どばし》までの間《あい》だ堀端《ほりばた》の煉瓦家屋にて明家《あきや》の分に限り今様《いまやう》白拍子《しらべうし》吾妻狂言《あづまきやうげん》の類は願人あらば差許すも苦しからずと昨日其筋より区務所へ内達ありたるよし嘸《さぞ》かし賑かで御座《ござ》ろう

明治十一年八月に警視庁は「堀端通リ街衢《がいく》之如キハ即今空屋多ニシテ自然道路掃除モ不行届《ゆきとどかず》、且常住之者無之《これなく》為ニ各地主之難儀亦不尠《すくなからず》、就《つい》テハ自今右堀端通リニ限リ白拍子舞又ハ東狂言等興行差許候

ハ、随《したがっ》テ土地繁勢之一端」（「煉化街興行物許可」『東京市史稿』市街篇第六十一）ともなるであろうという理由で許可を出したのである。

ブスケやフォールズより一〇年遅れて、明治十八年に来日したフランスの海軍士官ピエール・ロチは、『秋の日本』（村上菊一郎他訳、『世界教養全集』七、昭和三十六年、平凡社）の中で、「ここでまたびっくりする。わたしたちはロンドンか、メルボルンか、それともニューヨークにでも到着したのだろうか？　停車場の周囲には、煉瓦建ての高楼が、アメリカふうの醜悪さでそびえている」と酷評するのももっともなことと思われる。

さらにもうひとり、アメリカの女性旅行作家シッドモアの観察を紹介しよう。

横浜を初めて見る旅行者が、がっかりするのと同じように、東京風景の第一印象は失望そのものだ。銀座は目抜きの大通りで、〔新橋〕駅の向こう側にある橋から、真っすぐ日本橋まで続く。（中略）道路に沿って建ち並ぶ家屋は、ほとんどが外国風のありふれたもので、縁石《ふちいし》と緑陰樹を伴っている。その一方では、鉄道馬車〔明治十五年五月開業〕が警笛を鳴らして走り、バシャ、つまり軽便乗合馬車がガタガタと往来し、景色全体としての不釣り合いを際立たせている。一体ここはどこなのだろう。人が夢に描く江戸の町でもなければ、西洋の都市でもない。漆喰塗りの壁、木製の円柱、けばけばしい陳列窓、それに、見かけ倒しの模倣という雰囲気があり、人々の気を滅入らせてしまう。

エライザ・ルアマー・シッドモア『日本・人力車旅情』恩地光夫訳、昭和六十一年、有隣新書

新橋停車場　『銀座』（資生堂、大正10年）より

来日した外国人は、江戸の伝統的な街並みに期待していたのであるが、日本で最初に見る街並みは、外国人から見れば、西欧模倣の張りぼて式の街並みと映ったのである。

煉瓦街建設初期の銀座は混沌としたエネルギーに満ちみちた街であったといってよいであろう。

新橋—横浜間鉄道開業式　明治五年九月十二日（一八七二年十月十四日）

横浜の開港場と首府東京を結ぶ鉄道の建設は、国家事業であった。それまで神奈川（横浜）—江戸（東京）間の交通は徒歩あるいは馬車か、舟運によるしかなかった。難所は六郷の渡しであった。

慶長五年（一六〇〇）七月、多摩川に六郷大橋が架られ、その後何度かにわたり破損流失と架け替えを繰り返したが、貞享五年（一六八八）の流失を機に渡船通行となり、明治にいたった。洪水時には川止めとなり、不便であった。明治七年（一八七四）鈴木佐内が有料の佐内橋をかけるが、二年後には流失、その後しばらく渡しによる通行がおこなわれるという状況が続き、明治十六年に地元の有志により六郷架橋組合が結成され、有料の六郷橋が架橋されたのである。天皇東幸の時ももちろん橋はなく、川舟を横にぎっしり並べ、その上に板を敷き詰め渡御した。

南伝馬町二丁目（現・京橋二丁目）に時計店を開いた竹内治右衛門（のちに銀座一丁目に移転）は、開港場横浜で時計を仕入れていた。「二か月に一回位外国船横浜に入港の報をえて、金を懐中にいれ、朝は未明に出立し徒歩にて横浜にいたり、輸入商より時計を仕入れ、夜八時頃帰宅するという不自由さであった。しかも途中は鈴が森あり、白刃を手にせる追剝ぎ出没するなど誠に物騒である」（野口孝一編「竹内重蔵回顧録二」『銀座文化研究』第五号）という状況であった。竹内重蔵は治右衛門の長男である。

政府は終着駅を新橋と定め、大名屋敷を公収し、明治四年三月、芝口新町および汐留三角屋敷の住民に鉄道用地とするので立ち退くよう通告した。この一帯には汐留川に接し船宿とそれに関連した料理屋、鮨屋、米屋、桝酒屋、魚屋、髪結い、車屋のほか、大工、左官、桶屋などの職人たちが居住していた。立ち退く住民には代替え地や引越料に上乗せした額の補償はしたものの、強制的な退去であった。

政府は時を移さず新橋駅の駅舎の建設を始めた。その建設工事中の明治五年二月二十六日（一八七二年四月三日）に銀座大火があった。銀座一帯をほぼ焼き尽くす大火であったが、新橋駅周辺は幸いにも類焼を免れた。明治五年五月七日（六月十二日）に鉄路は品川まで完成し、営業を開始していたが、同年九月十二日（十月十四日）に新橋駅の竣工をまって天皇の臨幸を仰いで横浜と新橋の両駅頭において開業式がおこなわれた。銀座大火の半年後のことで、煉瓦街建設の真っ最中であった。横浜駅と新橋駅に式場が設けられ、皇族、政府高官を始め、諸外国の駐日各国公使列席のもと式典が挙行された。午前十時に新橋駅を発車、横浜鉄道館において天皇の勅語があり、外国公使の祝辞と答辞があり、一連の行事を終えて午後一時に新橋駅帰着。新橋鉄道館において同様の式典がおこなわれた。

式典に際して陸軍軍楽隊の演奏があったが、これが祝祭行事における最初の演奏であった。式後、皇族、外交官、政府高官らは浜離宮の延遼館に席を移し、祝杯を挙げた。浜離宮では花火、軽気球が上げられ、庭園では芸人たちによる演芸が演じられた。この夜は特別に開業式を見物していた人々も浜離宮への立ち入りが許された。新橋駅前は紅提灯で飾られた。淡島寒月によると、その時の提灯にはすべて舶来のろうそくを使用したという（三須裕編『銀座』大正十年、資生堂）。

開業式式典に臨む天皇行幸の道筋は、皇居から桜田門を出て、練兵場に沿い、幸橋を渡り左折して新橋駅にいたるもので、銀座通りを通るものではなかったが、やがて新橋駅前商店街として発展する銀座にとって記念すべき日であった（『郵便報知新聞』第十八号附録、明治五年九月）。

河原崎座開業俳優の乗込み　明治七年七月十日

河原崎座開業俳優の乗込みは、中央通りの一等煉瓦家屋の完成直後のことで、背後の二・三等煉瓦家屋は建設の真っ最中で、そこここに槌音が響くなかでおこなわれた。どこから行列が仕立てられたかわからないが、芝新堀町の河原崎座の開場にあわせて俳優の乗込みがおこなわれた。

木挽町にあった河原崎座は天保十四年（一八四三）に浅草猿若町に移転を命ぜられ、三〇年間にわたり櫓をあげていたが、新政府のもとその禁が解かれ、七世権之助（九世市川団十郎）が芝新堀町一番地に伸展をはかり、明治七年（一八七四）に河原崎座として新設、義弟の八世権之助名義で開場した。七月十日の舞台開きにあわせて、俳優たちは、日本橋魚河岸、四日市、小網町、小舟町、築地、大根河岸などの贔屓筋と連れだって、日本橋から新橋へ抜ける道筋を通って新劇場に乗り込んだ。三代目歌川広重作の錦絵「河原崎座開業諸俳優乗込図」は、銀座表通りがすでに一等煉瓦家屋が完成している様子を描いている。錦絵には贔屓筋の人々に囲まれて市川団十郎、市川左団次、河原崎国太郎、市川海老蔵、市川門之助ら俳優たちの名が見える。

「はじめに」で述べたように、平成二十五年三月二十七日、歌舞伎座新開場にあわせて俳優たちが京橋から歌舞伎座までパレードしたのはこのような劇場乗込みの慣例にならったものである。明治になってこのような賑々しい行列は銀座通りの煉瓦街完成以来はじめてのことであったろう。もっとも新橋寄りの南金六町辺りはいまだ入居者が決まらず、無人の家屋がちらほらある状態であったが。

なお、河原崎座は経営不振で明治八年九月から新堀座と改称。その後河原崎座に復名したが続かず、十年四月に休座している。

この劇場乗込みがあった時期に銀座近辺には、元新島原遊郭跡に明治五年九月、守田勘彌が開いた守田座（後に新富座と改称）があるのみで、歌舞伎座はそれから遅れること一七年後の明治二十二年十一月、現在地に開場した。

台湾出兵凱旋　明治七年十二月二十七日

台湾出兵は、台湾に漂着した琉球島民五四人が殺害された事件の処理を巡って対立した清国政府に対して、明治七年に明治政府がおこなった台湾への軍事出兵である。近代日本がおこなった最初の海

「河原崎座開業諸俳優乗込図」三代歌川広重
中央区立郷土天文館蔵

外派兵である。西郷隆盛の弟、陸軍中将西郷従道を総司令官にあたる台湾都督に任命し、指揮にあたらせた。清国との外交交渉は大久保利通を中心に進められた。大久保は交渉のため八月六日東京を発ち、九月十日北京に着き交渉を始めたが、交渉は難航のすえ十月三十一日、「日清両国間互換条款」が調印された。その結果、日本は明治七年（一八七四）十二月二十日までに軍を撤退させることに合意し、その結果琉球民は日本人として認められ、琉球の日本帰属が国際的に承認されるかたちとなった。大久保は帰途台湾に寄り、西郷都督と会い撤兵を決定し、十一月二十六日に帰国した。

なお、銀座の住人で、銀座二丁目東側に社屋を構えた日報社（東京日日新聞）の記者をしていた岸田吟香はこのとき台湾へ特派されて現地の戦況を送り、紙面を飾った。従軍記者第一号とされる。

西郷が率いる都督隊は帰国の途につき、長崎、神戸を経て、十二月二十七日に横浜港着、その日の午後新橋駅に着いた。その歓迎の様子は『郵便報知新聞』（十二月二十八日）の記事によると、つぎのようなものであった。駅構内では鎮台兵が左右に並び、新橋より銀座三丁目あたりまで西側に配列させ、そこから京橋まで

「大久保公帰朝図」三代歌川広重　明治7年　がす資料館蔵

工兵、砲兵、騎兵が並び、京橋から鍛冶橋まで近衛兵が整列し、その先は近衛兵、砲兵、騎兵の三兵が迎えた。先頭の馬車に三条実美太政大臣と西郷従道都督とが並び、大隈重信参議が対座し、関係者の馬車がその後に続いた。街路には「旭章」(旭日旗=軍旗)が掲げられた。当日は生憎の雨天で、兵士たちは満身に雨を受けながら、ラッパを鳴らし、「捧銃《ささげつつ》」で迎えた。近代初の対外戦争に勝利した将兵の凱旋パレードであった。西郷従道都督の凱旋パレードは、新装なった煉瓦街頭における最初の軍事パレードとなった。夜の歓迎行事があったかどうかはわからないが、この日の直前の十二月十八日には銀座街頭にガス灯が点灯している。歓迎行事に花を添えたことはまちがいない。

ガス灯は銀座通りの初めての街路灯であり、それ以前は人家から灯火(行灯《あんどん》)や石油ランプの淡い赤味の光が漏れ出る程度にすぎなかったが、いままでにない青白い色彩のガス灯の出現で銀座は新しい夜の世界が広がった。ようやく銀座通りも居住者で埋まり、さまざまな思いで商売を始めた人々の希望の光でもあった。商店は夜間も営業ができ、やがて夜の来街者も増えた。点灯夫が夕暮れ時にガス灯一つ一つに点火してゆく姿が銀座の風物詩となった。なお、ガス管は埋設されたが、京橋のところは川底に埋設され、日本橋のところは橋の側面に管を渡している(『朝野新聞』明治八年三月九日)。

表通りの一等煉瓦家屋に続いて背後の二、三等煉瓦家屋の建設がすべて完成するのは明治十年半ばであった。煉瓦街の建設は鉄道開業とともに国をあげての国家的プロジェクトであり、鉄道の開通式はすでにみたように盛大に挙行された。

銀座煉瓦街竣工にあわせて「竣工式」がおこなわれてもおかしくないが、そのような行事はなかった。当時は政府が強引に建設した事情もあって住民からの不評もあり、空き家も多く、また住民の絆も希薄であったうえに、西南戦争の真っ最中であり、またコレラが猛威を振るった時期でもあった。とても祝う雰囲気ではなかったのだろう。

軽気球試揚行幸　明治十年十一月七日

明治天皇が初めて銀座通りを通過したのは、明治元年の天皇東幸の際であったが、明治十年(一八七七)十一月七日、築地の海軍兵学校へ軽気球の試揚見学のため行幸した際、銀座通りを通過している。当時の兵学校は現在の国立がん研究センター中央病院があるところである。大手門から馬場先門に出て八重洲町通りを鍛冶橋門にいたり、京橋、銀座通りを通り新橋を渡って左に折れ蓬萊橋を渡り、木挽町一〇丁目と九丁目を右に折れて海軍兵学校に入っている。帰りの道順は銀座四丁目までは往路と同じで、銀座四丁目で左折して数寄屋橋を渡り、皇居へ還

幸している。意識して人通りの多い銀座を選んだのか、異例の順路のように思える。

　軽気球の試揚は同年三月すでに同じ海軍兵学校においておこなわれていたが、この時は失敗している。この日、注入するガスは水素と石炭ガスを用意し、水素ガスを詰めた気球は一四〇メートルほど上がったところで切り離し、空高く消えていった。石炭ガスの気球は少し上がったところで風のため気球に亀裂がはいり、失敗に終わった（『東京日日新聞』明治十年十一月八日）。この様子はいくつか錦絵に描かれている。

「築地海軍省於繰練場風船御試之図」安藤徳兵衛　中央区立郷土天文館蔵

前米国大統領グラント将軍の来日　明治十二年七月三日

　明治十年半ばには、銀座地区すべてに煉瓦街が完成していた。しかし銀座通りの一等煉瓦家屋の所有者は決まっていたものの、背後の二・三等煉瓦家屋に空き家が点在していた。煉瓦家屋の所有者が必ずしも居住者とは限らないが、その居住者は「煉瓦家屋払下台帳」でみるかぎり、大火以前の旧住民の復帰は少なく、その多くの住民が東京を含め全国から新天地を求め銀座にやってきたものと思われることについてはすでに述べたところである。

旧住民が住みなれない西欧風の煉瓦家屋を嫌ったこともあるが、煉瓦家屋の払下げ価格が高かったことも旧住民の少ない要因であった。明治十二年（一八七九）という年は煉瓦家屋に初めて住民が住み始めて六年目に当たる。煉瓦街建設当初、雨漏りはする、湿気が多いとの風評が広がり、一時見世物小屋や大道芸がでるなどの時期があったものの、明治十年を過ぎるころから商店街のかたちを整えつつあった。このような時に前アメリカ合衆国大統領グラントが世界漫遊の途次来日したのである。政府は最初の条約締結国の前大統領、条約改正と欧米文化・技術を視察するために派遣された岩倉使節団を米国で迎えた前大統領を国賓として迎えた。

グラントは一八二二年、オハイオ州生まれ、軍人となり、南北戦争に北軍大佐として従軍し赫々たる戦功をあげて、北軍総司令官となり、南軍のリー将軍を降伏させ、北軍を勝利に導いた。一八六八年、合衆国の大統領に選ばれ、二期八年間大統領をつとめた。

まず六月十八日、長崎港に寄港、長崎市民の歓迎を受け、二十六日長崎港を離れ、二十九日に神戸港に着いたが、コレラが流行していて上陸を断念し、堺、奈良をめぐり、清水港に寄り、横浜へ向かった。七月三日、横浜港では午前十一時半、一行は本艦リッチモンド号を降り小船に乗り換えて横浜波止場に向かう時刻にあわせて、祝砲二一発を放ち歓迎に意を表した。岩倉太政大臣を始め伊藤博文参議ら政府高官が出迎え、横浜市民を代表して貿易商原善三郎が「横浜商民ノ代理人タル私共謹テ閣下ノ好来ヲ迎賀ス」と歓迎の祝辞を述べた。これは市民の国アメリカの習わしに従ったもので、おそらくわが国最初の市民による歓迎演説であったろう。

その日のうちに汽車で入京、新橋駅では皇族、大臣、参議、居留外国人代表、府知事、府会議長、諸会社接待委員など多数の歓迎を受けた。ここでも府民を代表して渋沢栄一が歓迎の言葉を述べ、福地源一郎が通訳した。芝口一丁目角と蓬萊橋のたもとに巨大な緑門を設け、アジサイでＵＳＧ（Ulysses, S. Grant）の文字をかたどり、左右には星条旗の星を、中央には日米両国の国旗を交差して飾った。芝口二丁目の入口にも緑門を設け、新橋駅に近い町々は戸ごとに旭旗（旭日旗か）と米国の国旗を掲げ、「光彩相映じて美麗いわん方なし」という。当時南金六町に住んでいた太政官権大書記官の建野郷三がグラントの接伴掛を務めた。沿道の警備、護衛には乃木希典《まれすけ》中佐の指揮の下、東京鎮台第一聯隊が当たった。この日、東京府民の老若男女は「朝より停車場の前後より蓬萊橋の南北に充満し、暑気を物ともせず来着を待ちうけ、綺羅幕を成し汗雨扇影に飛びて蝙蝠傘の重畳せしはあたかも画にかける青海波のごとく、その数幾万人と云うを知らざりき」（「東京日日新聞」明治十二年七月四日、『明治ニュース事典』Ⅱ）という状況の中、蓬萊橋を渡り、宿舎に当てられた浜離宮の延遼館に入った。

翌四日、グラントは仮皇居に参内し、その夜、上野の精養軒で東京・横浜在留のアメリカ人主催のアメリカ独立祭祝宴に招かれている。グラントの宿舎延遼館には政府高官その他が引きもきらずに訪れ、これに対してグラントは五日には三条、岩倉両大臣の屋敷を訪れ、帰途、銀座商店街を遊歩したという。新橋から日本橋まで球灯を掲げ、清らかな青竹で飾った。歓迎の行事がつづき、六日には日本橋駿河町の三井銀行、七日には日比谷操練所において「陸軍飾隊式（パレード）」に明治天皇とともに出席するなど、歓迎行事はつづいた。

グラントは八日に岩倉邸に赴き、能楽鑑賞をおこなっている。岩倉とは明治五年一月二十五日（一八七二年三月四日）、岩倉を全権大使とする遣欧使節団一行がグラント大統領に引見し、国書を奉呈した時に会っている。その時の宴席で能楽が話題となり、大統領夫妻の関心を惹いたという事情があって、今回夫妻の懇望により実現したのであった。この時、宝生九郎が「望月」を演じた。能楽は江戸幕府の庇護を受けて安泰であったが、幕府崩壊後、庇護者を失って衰退していた。銀座二丁目（弓町）にあった観世流の能舞台を持つ観世屋敷（約一七〇〇平方メートル）はのち大隈重信邸となり、さらに万朝報社屋に変わった。これより三年前の明治九年四月、岩倉具視は邸宅に明治天皇一行の行幸を仰いだ際に、梅若実・宝生九郎らによる能を催してもてなしているなど、能楽復活に力を入れていた。グラントも日本の能楽復活に一役かっていたのである（谷邨一佐『奎普龍将軍』昭和十二年）。

九日には横浜市民の歓迎夜会にのぞみ、十日は東京帝国大学の学位授与式と東京女子師範学校の授業参観、上野の文部省教育博物館にのぞむというハードスケジュールだった。日本側の警備がきびしく、グラントが苦情をいう場面もあったようだ。上野の山内は樹木に綱を張りわたして多数の酸漿《ほおずき》提灯をつるし、闇夜を照らした。公私の集会や祝典に提灯をつるすことがこの頃から盛んになったという。

十二日は蜂須賀茂韶（阿波徳島藩の最後の藩主、当時外務省御用掛）の招待で日本橋浜町の広壮な蜂須賀邸で両国川開きの花火を見物、川を埋め尽くした大小の船の賑わいと鍵屋、玉屋の花火師の技を競った仕掛け花火や打ち上げ花火を堪能したが、午後十一時頃突然大雨となり、水上は大混乱となるハプニングがあった。十四日には一月に開場したばかりの麹町区永楽町二丁目の勧工場（辰の口勧工場）に赴いて花瓶と扇子を買い求めている。

十六日夜、東京市民がわざわざグラントのために用意した歌舞伎を新富座で観劇している。出し物は河竹黙阿弥作「八幡太郎奥州軍記」。所作事に「和歌三神」、「月の玉川」、「三ツ面」を出し、大詰めは「紅葉の橋」の芸妓総踊りとなった。柳橋一六名、新橋二〇名、芳町二一名、新富町八名の芸者六五名が、白地に赤く星を横段に染め抜いた単衣に、黒繻子の帯、浅黄地へ白く星を染め抜いた襦袢というアメリカの国旗をデザインした衣装で、一様に片肌脱いで両花道から踊りだすという趣向を凝らした（振り付けは初代花柳寿輔）。「紅葉の橋」の「紅葉の橋のたもとから、袖を垣根のことづけに、ちよつと耳をば鵲《かささぎ》の、霜のいつしか白々と、つもる程なほ深くなる、雪をめくらす舞の手や」という歌詞をグラントに訳して聞かせたかどうかはわからない（菊池武徳『名士と名妓』昭和十二年、ダイヤモンド社）。市川団十郎は燕尾服姿で舞台から謝辞を述べている。

八月十日、天皇は浜離宮に行幸、中島の茶屋で会見している。

ところで、八月二十五日に上野公園へ天皇巡幸があり、そこにグラントも招待され、記念植樹をおこなっている。天皇巡幸は日本国君主としての存在を広く国民に知らしめるため全国を巡ったものである。明治五年五月二十三日から七月十二日まで五〇日間にわたり近畿、中国、九州を巡ったのを最初とし、九年には東北、函館、明治十一年には北陸、東海道と続いた。明治十二年七月二十一日、東京府会議員、区議会正・副議長、商法会議所委員が集まり、天皇の上野巡幸を願い出ることを協議して、「聖上には先年来諸道を巡幸あらせられ、沿道の人民は有難き事にも天顔に咫尺《しせき》［間近に拝謁する］し奉るを得しが東京市民は輦轂《れんこく》の下［天皇の車の下、おひざもと］にありながら却《かえっ》て斯《かか》ることのなきは実以て遺憾の至りなれば不日《ふじつ》［近いうちに］上野公園内に於て聖上の臨幸を請ひ奉り」（『郵便報知新聞』七月二十二日）と議決した。これを受けて府知事のもとで請願書を作成した。請願書には、東北巡幸の際には騎射の天覧があった、長岡では花火の天覧があった、金沢では銅器会社に臨幸があったと具体的に例を挙げ、東京ではいまだそれがないので、上野公園に臨幸をあおぎ、「弓馬槍剣ノ武伎及ビ狼烟烟火」を天覧に供したいと記している（『東京市史稿』市街篇第六十二）。

この願い、八月十二日が予定されたが、折からのコレラの流行と炎暑のため延期され、二十五日に実現した。そしてここにグラントが招待されたのである。

この日、天皇は午後二時半に皇居を出て、新橋から京橋、日本橋、須田町を経て、三時半ごろ上野公園の祝賀会場に到着。上野広小路前には「大なる緑門を二重に作り、之に白き花英を以て聖駕奉迎の四大字を表はし、紅き球灯を夥敷《おびただしく》飾り附けたるは目覚しくも亦《また》花やかなり。又黒門の入口には数竿の国旗を叉にし石階［石の階段］の登り口には一旒の大ひなる国旗を飄し、其外千条の線《いと》を樹間に張り、之れに万点の球灯を懸けた」。銀座では、「新橋の南には大なる緑門を作り、球灯飾旗形の如く殊に其辺の商家は恰《あたか》も昔時のお祭りの如く其業を休みて金屏風を店先きに建て回し、小僧よりお三どん［飯たき女］迄作り立てゝ千歳一遇の盛事を祝し」た。日本橋では、「室町の三井銀行幷に呉服店は取分け立派な球灯其外を飾り、其外本町三丁目の亀の尾といふ待合茶屋には日本橋地主総代人詰所と大書したる札を掛けて威風凜々と扣《ひか》へた」という（『郵便報知新聞』明治十二年八月二十六日）。

上野公園内のグラント記念碑　撮影＝著者

天皇が銀座通りを通るのは、明治二年の東幸および明治十年軽気球試揚以来であるし、新橋から上野までのメイン通りをパレードするのは初めてのことであった。明治七年の台湾出兵凱旋に際して銀座通りに旭日旗を掲げることはあったが、このようにいろいろと趣向を凝らし飾りつけをおこない奉祝するのは明治始まって以来のことであった。その後に続く奉祝行事の原型になったといってよい。

当日、グラントが上野公園に植樹した記念樹（ヒノキと泰山木）を後世に伝えるために、昭和四年（一九二九）に建てられたかなり大きな記念碑が動物園入口近くの植え込みにいまもある。記念碑近くには、植えてから一四〇余年経つヒノキが、いまにも枯れなんとする余命を保っている。

グラントは滞在中に日光、箱根を訪れ、日本観光を楽しみ、日本滞在は二か月に及んだ。九月三日、延遼館を出て、新橋駅において盛大な見送りをうけて、帰国の途についた。グラント前大統領に対する歓迎行事は、市民をも巻き込み、維新以来、外国貴賓に対する最大のものとなった（『横浜毎日新聞』、『郵便報知新聞』、『東京日日新聞』、『明治ニュース事典』Ⅱ、『グラント将軍との御対話筆記』昭和十二年、国民精神文化研究所）。

ところで、天皇東幸について述べたところで、将軍の御成りの際は沿道の店はすべて戸を閉じ、土下座して迎えたのに対し、天皇行幸については沿道に規制の柵を設けたものの、民衆の見物は自由であった。政府は明治六年三月、行幸の際、道路通行の者は車馬から降り、被り物を取って立礼すべきと規制を強めている（布告九十六号）。しかし下座せよとは規定していなかった。この布告の発布から約四か月後の八月三日、明治天皇は避暑のため箱根宮ノ下に行幸し、約一か月滞在、三十一日に還幸した（『明治天皇紀』第三、昭和四十四年）。

翌九月四日の『郵便報知新聞』にこんな投書が載っている。

行幸《みゆき》の節其《その》御道筋通行の者旗章《みはた》を見受候はゝ車馬を下り笠幷帽《かむりもの》等を脱し総て路傍に立礼致す可く旨本年第九十六号を以て御布告相成した、如何の事にや、去三十一日相州宮の下より還幸の節は新橋前通りにて番人ども漫《みだ》りに路傍の拝人をして下に居れとて厳しく呵《しか》り付け、一同に下坐せしむ、甚《はなはだ》御布告に悖《もと》り且以て不都合の事なり、依て之を貴社に投して江湖［世間］諸君に問ひ賢評を望む

天皇を正座して迎えるということに違和感を感じた住民の抗議の投書であった。なお、明治天皇は数多くの巡幸、行幸をおこなっているが、休養のための避暑、避寒のための行幸は在位期間中にこの箱根宮ノ下の一回だけであったという。

それから一三年後の十九年四月二十四日、政府の布告を受けて、東京府知事は「行幸啓ノ節人民心得方」を改めて出している。

近来　御通行ニ当リ歩行ヲ止メス冠リ物ヲ脱カス、或ハ襟巻ヲ取ラス或ハ背面シテ立チ或ハ言笑私語スル等不敬失礼ノ挙動間々有之《これあり》、警察官吏見受次第制止スルハ勿論ノ事ニ候得共《そうらえども》、制止ニ遇ヒ始テ戒懼《かいく》［用心し恐れる］スルハ畢竟《ひっきょう》其身平生ノ心得不宜《よろしからず》ヨリ致ス所ニテ、当時ノ風習目前ノ礼式ニ拘ハルハ開明ノ人ニ非サルナド、却テ一種見解ヲ抱ク者モ可有之哉《これあるべきや》、以テノ外ノ事ニ候。（中略）御通行ノ際、拝観人ハ勿論往来通行ノ者、又ハ沿道ニ店舗ヲ開キ、或ハ御旗御行列ヲ見受ケタル者マテ其場所場所ニ応シ相当ノ敬礼ヲ尽シ、各々臣民ノ分ヲ守リ都府ノ体面ヲ汚サヽル様致スヘシ。
右訓諭ス。

『東京市史稿』市街篇、第七十

江戸時代に将軍御成りの節は平身低頭して迎えていたのが、文明開化の時代となってその必要はなくなったと思う市民が結構いたことを示している。明治時代中頃はまだこんな時代であった。

明治最後の仇討　臼井六郎　明治十三年十二月十七日

京橋区三十間堀三丁目一〇番地（現・銀座六丁目一二番）の元筑前国（福岡県）秋月藩主黒田長徳の屋敷において同藩士族臼井六郎が父参政臼井亘理を殺害した同藩士族の東京城東裁判所詰め判事一瀬直久を討ち、仇討を成し遂げた。仇討は明治新政府により明治六年（一八七三）二月七日に太政官布告第三七号をもって既に禁止されていた。仇討が過去のものになりかけた時期の事件だけに世間をあっと言わせた。しかも、仇討の現場が文明開化の象徴である銀座の出来事であったため、新聞も大きく採り上げ、国民は裁判の行方に注目した。

ことの発端は藩政改革をめぐり西洋流を採用する立場の臼井亘理らとこれに反対する尊王派（干城隊の藩士）との対立からであった。新政府成立にあたり臼井は京都にいた藩主に従っていたが、明治元年四月に藩主黒田は上京を命ぜられ、その時臼井は国元へ帰ることを命ぜられ、五月二十三日に帰藩した。その夜親戚、知人らと酒宴をもち、一同が退散して寝につき、二十四日午前一時頃、熟睡していたところを襲われ、臼井亘理とその妻が殺害され、娘つゆ（三歳）も傷を負わされた。長男六郎は別室にいて助かった。そのとき六郎は十歳であった。なぜ父母が殺されたのか、叔父（養父）の説明では、父には罪はない、父を殺し母をも殺したのは干城隊であるということであった。手を下したのは誰か、その年の九月ごろ、一瀬直久の弟が学友に臼井亘理を殺したのは、わが兄直久で、その時家伝の名刀の刃が欠けた、と話しているのを聞いた。養父にそのことを話し、父母の無念を晴らしたいと語ったところ、養父は、復讐は国家の大禁である、それでも復讐しようとおもうなら、まず文武を研究し、そのうえで決めたらよかろうと諭したという。

暗殺に加わった干城隊の青年たち（一瀬直久は十九歳）は、藩庁に申し出もなく決行したことは軽率の誹りを免れないが、国家を重んずる忠誠心より出たるものということで赦された。六郎は関わりのない母を殺し、三歳の妹まで傷つけた一瀬らを赦せなかった。六郎は一瀬の身辺を探り、復讐の機会をうかがっていたが、明治十三年十二月十七日、京橋区三十間堀三丁目一〇番地の元筑前国秋月藩主黒田長徳の屋敷（家扶は鵜沼不見人）に入るのを突き止め、仇討ちを成就した。六郎は自首し、裁きを受けた。

判決は、明治十四年九月二十一日、東京裁判所において「禁獄終身」に処せられたが、明治二十二年十一月、憲法発布の恩典をもって減刑となり、北海道から石川島監獄署に移送され、「目下陶器工に従事し居るが非常に勤励にて上等職工も及ばざる腕前に至りたりと云ふ。又同人は赦免の後は陶工とならんと絵画をも学び居るよし」（『郵便報知新聞』明治二十三年二月二十三日）という。翌明治二十三年大日本憲法施行の際の大赦により仮出獄し、その後陶工になったかどうかはわからないが、大正六年（一九一七）九月に死亡している（『郵便報知新聞』、『横浜毎日新聞』）。

黒田長徳は翌年暮れ、刃傷沙汰のあったこの家を元老院権大書記官の早川勇に売却したが、明治三十年代には報知新聞社になっている。

銀座の柳

グラントが銀座見物をしたときの銀座通りの佇まいはどうであったろうか。まず、街路樹が気になるところである。

中央通りの車馬道の脇に街路樹として松、桜、楓が植えられたことについてはすでに述べた。松は主に四辻に、その間に桜と楓が植えられていた。植樹当初は形も揃い、錦絵にみるように、華やかな景観を示していたが、間もなく松、楓が枯れ、桜も枯れるようになった。枯れた跡に柳を植えたところ、これが根付いた。これが大方の見方である。また、柳に植え替えられた時期についても諸説あって、どれが事実かわからない状況である。

銀座には柳並木の由来に関する石碑が二か所にある。銀座一丁目に設置された石碑は銀座通聯合会のもので、碑面には「銀座の柳は明

銀座の柳　明治38年頃　中央区立京橋図書館蔵

治二十年（一八八七）ごろ銀座通りに植えられて以来、大正九年（一九二〇）撤去、昭和六年復活の変転を経ながら数多くの詩歌にうたわれ人々に親しまれてきた。銀座のシンボルとなった柳も（中略）昭和四十三年歩道の大改修に当り移植の止むなきに至った」とある。もう一つの石碑は数寄屋橋公園にある西銀座通会会長柳澤政一設置の「銀座の象徴　柳並木」碑である。碑文に「銀座の柳は明治十年頃銀座に植えられ銀座の象徴とされたが三度の変遷を経て昭和四十三年（一九六八）銀座通りの改修と共に姿を消した」（平成十一年＝一九九九設置）とある。

銀座通りは国道一五号線で国土交通省東京国道事務所の管轄である。平成十七年四月に東京国道事務所が発行した『銀座の柳』（年表）によると、明治十年の項に「初代柳誕生」として「明治十年、桜、松が枯れたため柳に植えかえられる」とある。街路樹が柳にそろう年代が数寄屋橋の碑と東京国道事務所では明治十年とし、銀座通聯合会は明治二十年としていて一〇年の開きがある。

銀座煉瓦街の基本文献とされる『銀座煉瓦街の建設』（都史紀要三、東京都、昭和三十年）には、「この三種の街路樹は馬車の砂塵などの影響をうけて間もなく枯れて了い、柳がその代りに試みに植えられ、案外枯れずにあつたので、次第に柳に代り、結局枯れた所と柳が植えられて、明治二十年前後に全部柳になつて了つた」とある。また、動植物に関する著書のある伊藤隼は、『東京の植物を語る』（昭和十年、文啓社書房）に「銀座の柳」という一項を設け、「明治十七年頃からは全部柳にかへられ」たと述べている。

年代についてはしばらく措くとして、松、楓、桜が枯れた跡に柳を植えていって最後にすべて柳となったということである。

なぜ柳かという疑問に答えてくれるのが、朝日新聞記者で都市美研究、都市の景観論に詳しい栃内吉胤である。

この柳の樹を街路樹として採用したそもそもの始まりは、明治十一年東京のお濠端に植ゑられたのが始まりで、これと殆んど同時に銀座通りに植ゑられてあつた松と桜の並樹（明治四年頃植ゑられたもの）中の枯損したものゝ替え木として二本三本と補植していつた（勿論この柳を選んだのは近代の街路樹科学の基準に拠つたものではなく松や桜の間に配して綺麗であらう……といふ単純な考からであつた）ものが、松と桜がだん／＼凋落してゆくに反して柳が案外よく根づいて終には柳が松や桜を駆逐して柳一式となるに至つたものである。何せ我都市で街路樹といふものを本格的に市役所の仕事として考へるやうになつたのは、明治八年に開かれたオーストリアのウイーンの博覧会の際偶々欧洲都市の美しい並樹路を見て帰つた人々の進言を用ゐてからのことで、当時先づ櫰《いぬ》槐《えんじゅ》や神樹《しんじゅ》を輸入試植したが、その植栽並に管理の方法が拙かつたので不成績に終つた。柳だけはお濠端でも銀座でもよくついたが、何しろこの樹の寿命は二十年乃至三十年ぐらゐしかないので、お濠端の柳にしろ銀座の柳（大正十年撤去さるゝまでの）にしろ、明治初年植ゑたそのまゝの柳ではなく一代二代と代易りとなつてをるものである。

栃内吉胤「銀座の柳」『科学雑誌』昭和七年三月

答えは明快である。たまたま植えた柳が煉瓦の街並みによく調和したことと、銀座の地によく根付いたためであった。

銀座通りが柳並木になった年代は、明治十年、明治十七年、明治二十年と諸説あるが、明治十年に一斉に柳に植え替えられたのであれば、新聞記事にもなり、巷間の話題にもなったであろう。そのような話題が伝わっていないので、明治十年説には無理がある。

二本、三本と植え替えていくうちに、残り少なくなった時点で一斉に植え替えられたことは充分に考えられる。それが明治十七年頃というのも納得がいく。あえて明治十七年説に与《くみ》しないが、明治二十年を待たずに大部分が柳に変わっていたと考えたい。

ところが、明治二十六年（一八九三）四月十六日の『郵便報知新聞』に「銀座通りの立木」という記事が載っており、「十丈の紅塵（道路の土ぼこり）に包まれて兀然《こつぜん》と立てる樹木の数総て百六十八株あり。其《その》内の百五十六株は嫩葉《どんよう》（若葉）蒼々たる柳にして、其外に松四株、楓《かえで》三株、ネブタ［合歓《ねむ》の木か］三株は弱柳《じやくりゆう》［若い柳］の間に介し、銀杏《いてふ》一株と唐桐一株が友欲し気に孤立せり」とある。これで見ると、最初に植えられた松、楓も健在で、なんとのちに柳にとって代わる銀杏も植わっていた。一斉に柳に植え替えられることはなかったことをうかがわせる。

ところで、歩道に明治七年十二月十八日にガス灯が初めて設置されたことについてはすでに述べた。青白い光が街路を照らした。それまでは灯火（行灯）や石油ランプの淡い赤味の光が街路に漏れ出ていたのが、いままでにない色彩のガス灯の出現で銀座には新しい夜の世界が広がった。ようやく銀座通りも居住者で埋まり、さまざまな思いで商売を始めた人々の希望の光でもあった。商店は夜間も営業ができ、やがて夜の来街者も増えた。

ガス灯に映える柳が人々の情趣をさそい、さまざまの人々の記憶に刻まれたことは、多くの思い出話に出てくる。

露店（夜店）

柳並木と言えば露店（夜店）である。銀座通りにいつから露店が現れたのであろうか。新装なった銀座通りに露店が軒を連ねるようになったのは明治七年（一八七四）七月以後である。『警視庁史稿』によれば、「従前往還筋ニ於テ諸品相鬻《ひさぎ》、別シテ暑候ノ節ハ夜商ヲ専トシ」とあるように、「従前」から露店が出ていたことがわかる。二月に道路脇に「小店」を設け、あるいは筵を敷いて商いをすることを禁じていたが、露店商人から苦情が出て調査したところ、夜間においては歩道に露店を設けてもとくに支障はないという結論がでて、七月三日、「夜間ハ衆庶ノ往来自《おのずか》ラ少ク、且細民ニ至テハ夜商ヲ専ラトスル者多ク、若シ之ヲ禁止セバ、其《その》困苦ニ堪ユ可ラザルヲ以テ」、今後地主と協議のうえ、下水より三尺以内、幅九尺を限り、夜間のみの露店を許可した。

明治十年代は松方財政のデフレ時代で、まだ銀座の発展が定まらず、商人も大変であったが、細民たちが露店に活路を見出し、多くの露店がでていたようだ。

時代は降るが、明治十八年（一八八五）十二月六日の『朝野新聞』にこんな記事が出ている。

毎夜銀坐通りへ出る露店は去月二十六日より同三十日迄を平均するに毎夜六百十二軒三分の割合なりしに、本月一日より四日迄の平均は五百四十一軒七分に当れり。斯く俄かに六十軒余減じたる原因を聞くに、最初銀坐通は諸物品とも売れる〳〵と評判すれば不景気にて商人一同困難のときゆゑ、我勝ちに出店せしに出て見れば評判の割には売れぬと云ふので追々出店せざるもあり、店に因りては油代の損になるもあり、又何の店に拘はらず一夜か二夜位にては到底利益を見る能はず、少なくも十日間も毎夜出店して見ねば分らずとて、猶堪《なお》へ居る者もありといふ、何れにしても出さぬにはましといふ位のものなるべし。

五〇〇、六〇〇という数字はにわかに信じがたい数字ではあるが、ほの暗いガス灯の光のもとに銀座通りを埋め尽くす情景はいかにも壮観であったろう。

馬車鉄道の開通

明治十年代において銀座通りに大きな変化をもたらしたのは、明治十五年(一八八二)の馬車鉄道の開通である。それ以前の交通機関といえば、人力車、馬車、乗合馬車などであった。レールの上を馬車が走る、これは当時としては画期的なことだった。いわば大量輸送のはしりであった。

明治四年、岩倉具視特命全権大使一行

「東京銀坐通煉化石造真図」井上探景　明治21年　中央区郷土天文館蔵

の米欧視察の際、アメリカでも、ヨーロッパでもレールの上を走る馬車を実見している。早くも明治五年、林和一なる人物が「馬車轍路敷設願」を出した。大蔵省は急きょ「馬車轍路規則」を制定している。林の計画は資金力不足から撤退、後を引き継いだのが高島嘉右衛門であった。ところが内務卿の大久保利通らから東京の市街地の道路の幅員が狭いという理由で高島嘉右衛門の申請は却下された。それから五年後の明治十三年二月、薩摩閥の重鎮五代友厚を後ろ盾とする薩摩出身の種田誠一ほか三名から東京府知事宛に「東京府下市街馬車鉄道建築願」が提出された。同十一月に認可がおり、工事に着手。新橋停車場敷地を借りて本社社屋を建設し、線路は新橋駅前を始点とし、銀座、京橋、日本橋、本町三丁目、昌平橋、上野、浅草を経て、浅草橋、本町三

丁目、日本橋、京橋、新橋を巡るものだった。新橋―日本橋間の工事が明治十五年六月二十二日に竣工し、翌日に試運転をし、二十五日に日本橋まで二・五キロメートルの部分開業となった。日本橋までの所要時間は一二分、定時発車と汽車の到着時間に合わせて発車させた。赤いランプを点けているのは上野行、青いランプを点けているのは浅草行であった（東京都公文書館編『東京馬車鉄道』都史紀要三三、平成元年、東京都）。

鉄路が竣工し、全線が開通したのは十一月三十日であった。明けて十二月二日、開業式がおこなわれた。十二月三日の『東京横浜毎日新聞』は開業式の様子を次のように伝えている。

鉄道馬車線路の全く出来上りたるに付、昨日は其の開業式を執行《とりおこな》はれたり。当日招きに応じて来会せしは朝野の紳士等都《すべ》て四百有余名なりしが、新橋なる同会社にては午後一時頃ろ賓客の揃ひたるを見て海軍楽隊の奏楽あり。夫より総馬車を仕立て、悉《ことごと》く之れに賓客を打乗せ三十二輛の車を列ねて上野広小路迄到り、同所にても奏楽あり。同四時三十分再び馬車を列ねて新橋の本社に帰り、此所にても又々楽隊楽を奏し終りて立食の饗応あり。各散会したるは午後七時頃にてありしと。

当時同社の所有車輛は三一輛であった。三一輛の車輛を連ねての走行はさぞ壮観であったろう。営業は順調に進んだが、問題もあった。

雨の降る日に二条の鉄路の中央のひどい泥濘の流れを蹴たててペンキ塗の函車を引いて行く二頭の痩馬のあはれな姿や、それが時々爆発的に糞をする様子などを想出すことは出来る。鉄路が悪かつたのか、車台の安定が悪かつたのか、車は前後におじぎをするやうに揺れながら進行する。

吉村冬彦（寺田寅彦）「銀座アルプス」『蒸発皿』昭和八年、岩波書店

鉄路のレールは凹型のいわゆる溝型のレールであり、これがよく脱線した。馭者と車掌だけでは力足らず、乗客までが手伝って車輛をレールに戻す光景がよく見られたという。馬は所嫌わず糞尿を撒き散らかした。とくに強風の日などは風に乗って糞が路上に舞い上った。馬車の後から糞を拾う人夫がいた。馬は酷使され痩せ馬が多かった。

馬車鉄道の開通と同じ頃、銀座二丁目の大倉組本店に東京電灯会社が仮事務所を置き、同店前で電気灯の試点灯をおこない評判を呼んだ。十一月一日夜七時半、米国電気灯会社の代理人の立ち会いのもと、点灯が開始された。その装置は「摩擦電気灯にして第五号の機械タ（ダ）イナモを運転する為め同店内へ五馬力の蒸気機関を据へたり。灯柱の高さは凡そ五丈にして、火力は洋蠟四千挺のものなるが、最初は艶消硝子の火屋を用ゐて光線を四方に散せす、柱下を照す様に為し、第二は磨き火屋を用ゐて四方に光線を発射せしめ、第三は赤色火屋を用ゐて桃色の光線を発射せしめたり」（『郵便報知新聞』明治十五年十一月二日）というものであった。試点灯は十時頃まで続いた。当日、芳川府知事、樺山警視総監ら朝野の紳士数十人が招待された。一般の見物人も多数押しかけ、夜を昼と見紛う明るさに驚きの喚声を上げた。試点灯は成功し、七日まで毎日点灯した。

明治十年代は内政外交両面において激動の時代であった。政府は、最大の士族の反乱となった西南戦争を鎮圧することに成功したが、土佐をはじめとして全国各地に澎湃として巻き起こった自由民権運動

に直面していた。自由民権運動は憲法制定、国会開設を要求する請願運動のかたちをとって盛り上がりを見せ、請願のため全国から活動家たちが東京へ集まってきた。とりわけ政府機関が集中する丸の内に近く、また新橋駅に近いため旅館が多く立地する銀座がその中心となった。銀座通りに民権運動家の集会所「幸福安全社」ができ、国会期成同盟本部や自由党本部が設けられたことについてはすでに述べたところである。明治十四年には国会開設の時期をめぐって、政府内部で漸進論の伊藤博文、井上馨と急進論の大隈重信が対立、このころ北海道官有物払下げ事件がもちあがり、民権派の政府攻撃が激しくなると、右大臣岩倉具視は伊藤博文、井上馨とはかり、大隈を政府から追放する（明治十四年の政変）と同時に、国会開設の時期を明治二十三年とする詔勅を出した。下野した大隈は立憲改進党を創設して自由民権運動に参加し、同じころ結成された自由党とは距離を置きながら政府批判を強めた。いっぽう自由党の影響下にあった各地の活動家は政府の弾圧のもとで先鋭化し、明治十五年の福島事件以後、群馬事件、加波山事件、秩父事件などの武力抗争にいたる激化事件が頻発した。

国内経済では、明治十四年の政変後、大蔵卿となった松方正義は、紙幣整理、日本銀行の創設、金本位制の導入などの財政政策を断行し、日本の資本主義発展の基礎を築いたが、煙草税、酒造税の増税をするいっぽう、軍事費を除く政府予算の削減など緊縮財政を断行したため、デフレ状態となり、庶民の生活を圧迫した。自由民権運動が激化する要因のひとつにもなったが、銀座煉瓦街にあらたに住み着いた住人をも直撃した。東京都公文書館所蔵の「煉瓦家屋払下台帳」をみると、明治十年代に家屋の譲り替えの事例が非常に多い。銀座に新天地を求めて大金をはたいて煉瓦家屋を購入してはみたものの、持ちこたえられなくて煉瓦家屋を手放す事例がじつに多いのである。

銀座はいわば新開の街、全国からの寄り合い世帯で連帯感の乏しい街であったといってよいであろう。

対外的には明治十七年に朝鮮において日本の武力を背景とした親日派のクーデター事件である甲申事変がおきている。このように明治十年代は内外ともに多端の時期であり、激動の時代であった。そのためこの時期、銀座通りにおいてこれといった祝い事はなかった。

大日本帝国憲法の発布　明治二十二年二月十一日

いろいろの曲折があったが、大日本帝国憲法の発布は自由民権運動のひとつの帰結として生まれたといってよい。政府は憲法発布の日に合わせて賊徒であった西郷隆盛に正三位を、吉田松陰には正四位を贈り名誉回復をおこなうと同時に、特赦令を出し、国事犯として石川島監獄署に収監されていた大井憲太郎、河野広中、星亨、片岡健吉や、出版条例、集会条例で入獄中の人々を釈放した。また、保安条例によって東京から追放された人々もその禁が解かれた。国民の大多数が憲法発布を祝う雰囲気が醸成されたといってよいであろう。

明治二十二年（一八八九）二月十一日、紀元節の日、前日は大雪に見舞われたが、午前九時頃、晴れ模様となり、午前十時、皇居正殿で大日本帝国憲法発布式を挙行、午後一時より青山練兵場で近衛師団、第一師団、海軍水兵らの観閲式がおこなわれた。

　全都到る処一様一列に国旗軒灯籠を掲け連ね、或は屋根より屋根へ綱を引て、之れに無数の球灯又は各国の旗章を掲け連ね、踊屋台、囃子台、山車にては頻りに面白く賑かに囃子し立て、飾り物の為しある所には万灯又は球灯を点し、其の他花瓦斯、電気灯を仕掛くるなと何れも夜景を添ゆることに注意せし故、町々の賑ひ一方ならす、取り別け新橋より銀座大通り、京橋、日本橋、万世橋、御成道、本町、浅草等の大通り筋は一層の賑ひにて、見物人の群集雑踏実に非常にて足腰の弱きものは容易に近寄ること能はさる程なり。先つ銀座通り大通り本町通り辺の大店向きは店先き又は楼上にて祝宴を張り、余興には手踊り又は素人茶番なとの催ふしあり

『郵便報知新聞』明治二十二年二月十二日、夕版

東京中が奉祝ムードに包まれた。

東京の中心・日本橋は青葉で鉄橋の形に仕立て、橋詰に大鯛の屋台を設け、奉祝ムードを盛り上げた。紅白の絹地を巻き付けた大弓形門が今川橋、通四丁目、両国橋、永代橋、浅草橋、新大橋、千歳座前などに設けられた。江戸橋際の倉庫は三本マストの大蒸気船に仕立てられ、踊屋台が室町、本船町、本小田原町、長浜町、按針町、魚河岸（ともに日本橋界隈）に設けられた。隅田川沿いの中洲では花火

大日本帝国憲法の発布の際に設けられた大緑門（アーチ）左上：銀座通り、右上：新橋、左下：日本橋四丁目、右下：京橋通『郵便報知新聞』（明治22年2月13日）より

が打ち上げられた。

銀座通りには四か所に大緑門《アーチ》が設けられた。緑門とは杉の葉で覆った楼門である。新橋は鉄道馬車会社提供の杉葉の鳥居門、銀座四丁目交差点には活版印刷業組合のアーチ形門と、東京電灯会社提供で傘つきの電球を二列に十数個ぶら下げて点灯された。いまから考えるといたって幼稚なものであったが、ようやく電灯が普及し始めた時期であったので評判を呼んだ（久保佐四郎「分銅を掘り出した石屋の留さん」『銀座』大正十年、資生堂）。さらに銀座三丁目の東京電灯会社前には股木門が設けられ、その左右の柱に「帝国万々歳」、「東京電灯会社」の幟が掲げられた。そして京橋の南詰めには京橋区民が設けた大緑門、北詰めには東京朝日新聞社提供の大緑門が設けられた。日本橋には巨大な鳥居門が設けられたのをはじめ市内主要な橋詰には緑門が建てられ、店頭には軒提灯や国旗が掲げられた。

市内各区では趣向を凝らした飾り付けをし、各町単位で山車を出した。その数、麴町区一二本、神田区一二本、日本橋区一五本、京橋区一六本など一〇〇本ほど。銀座をかかえる京橋区では、日吉町（現・銀座八丁目）は剣に水車、八官町（現・銀座八丁目）は鈿女命《うずめのみこと》、鎗屋町《やりやちょう》（現・銀座三、四丁目）は日の出に二見浦など一六か町の山車が町々を練り歩いた。

南金六町（現・銀座八丁目）の田中商店（田中重久・東芝の前身）では、屋上に大きな富士越えの竜の造物を作り、両眼に電球を入れ、夜は燦然と輝いた。これを手掛けたのが測量器の製造で有名だった銀座の住人藤島常興であった。また、凮月堂では「国家宝《ごかほう》」、「憲法おこし」と称する台菓子を発売、これを当日数輛の馬車に積み売り出した。このお祭り騒ぎで祝祭用の物品は品切れ状態となり、かつ高騰した。提灯屋は未曽有の繁昌を極め、国旗の注文が大丸、越後屋、白木屋などに殺到し、出入りの染め物屋は総がかりで夜を日に継いで染め付けるという有様だった。国旗の値段は通常の六、七倍、旗竿も一本二、三銭のところ一五〜二〇銭に高騰したという（『郵便報知新聞』二月十日）。

夜の銀座通りには官立学校生徒数百人が「憲法」と大書した高さ一間ほどの巻き物の車や金紙を貼った大砲の車を引き、「憲法万歳」、「自由万歳」と大書した旗を掲げて練り歩いた。京橋より日本橋までの歩道は群衆の混雑さらに激しく、夜半まで続いた。

この大掛かりなお祭り騒ぎを見たお雇い外国人医師のベルツは、二月九日の日記に「東京全市は、十一日の憲法発布をひかえてその準備のため、言語に絶した騒ぎを演じている。到るところ、奉祝門、照明《イルミネーション》、行列の計画。だが、滑稽なことには、誰も憲法の内容をご存じないのだ」と皮肉って記している。国民にはこの日まで憲法の中身について知らされておらず、当日の新聞でそれを知ったのである。

翌十二日の天皇の上野への行幸は、神田区民の請願により実現した。もとより政府は天皇行幸が国民に憲法発布を知らしめる絶好の機会と捉えて、受け入れたのであった。また、この機を期して養老金が下賜された。全国の八十歳以上のものに金五〇銭、九十歳以上のものに金一円、百歳以上のものに金一円五〇銭の下賜金が配られた。

行幸は皇居正門を出て、桜田門、虎ノ門を経て久保町より新橋を渡り、銀座通りを北へ進み、京橋、日本橋、万世橋を渡って上野の華族会館にいたる行程であった。還幸は上野広小路より天神下通りを経て万世橋、淡路町、錦町、神田橋を通って和田倉門にいたる順路であった。

当日の銀座街頭はどうであっただろうか。明治二十二年二月十二日の『郵便報知新聞』および『朝野新聞』の記事からみてみよう。要約すると以下の通りである。

新橋から京橋にいたる間は、拝観人で立錐の余地がなく、銀座四丁目から京橋間では京橋に向かい右側に泰明小学校、宝田小学校などの区立の小学校、左側に鍋町小学校、銀座小学校など私立小学校の生徒が整列し、天皇を迎えた。各商店は店頭に金屏風を立て毛氈を敷いて、家族・親戚らは衣服を改めて拝観したという。銀座四丁目角、現在の和光のところにあった朝野新聞社では、緑門を作り、六五〇個の球灯を点じ、五〇本の国旗を立て祝意を表した。十一日にはみかん数十箱を撒いた。さらに憲法条文と発布式の石版画を刷り込んだ号外を発行して配布したが、群がる群衆のため路上や二階から撒く騒ぎとなった。日本橋では魚河岸に乙姫の山車が飾られ、問屋、仲買人一同羽織袴姿にて紅ばらを襟に挿み、祝意を表した。三越前では常盤小学校の生徒が整列し、三井銀行の三層楼上には長三洲筆の「君民同慶」の幟を立てたという。

英文学者の戸川秋骨は、このとき二十歳、銀座街頭でこの行列を見ている。「私は例に依つて銀座通りをうろ付いて歩いて居ると、高貴の御通過でその後には高位高官の人々が馬車を列ねて行つた。その中で馬車の上から此の読売新聞社に対して帽子を取つた人があつた。此の人は誰あらう大隈八太郎［重信の幼名］さんであつた。社の前には高田博士などが列んで居られた」というのだ。高田博士とは高田早苗、大隈とともに立憲改進党、ついで東京専門学校の創設に加わり、当時『読売新聞』の主筆を務めていた。戸川は天皇の行列をわざわざ見るために銀座へ出てきたわけではなく、たまたま「銀座通りをうろ付いて」いてこの行列を見たのであった（戸川秋骨「銀座通り」『そのまゝの記』大正二年、籾山書店）。

帰路は、上野広小路より右へ男坂を通り、天神下から万世橋を渡り、淡路町、錦町を経て神田橋より和田倉門に出て皇居に達した。

経済界も奉祝景気に沸いた。国旗、提灯は品切れ、洋服屋、呉服屋、貸し馬車屋も大繁昌、料理屋も満員札止め、芸者も払底、祝い酒で酒も品薄になったという。ベルツが云うように、ほとんどの国民が憲法の内容を知らなかったが、東京市民にとって晴れがましい一日であった。市民が街頭に出て乱舞する姿は、それまで山王祭や神田明神などの祭り以外にはないことだった。明治始まって以来、銀座が「はれ」の舞台として登場する最大のイヴェントとなった。この奉祝騒ぎは、首府東京にとどまらず全国に及んだ。

この種の祝祭行事に小学校生徒をはじめ、学生たちが動員されるのは、この時が最初であろう。以後、国家的行事、皇室行事などに国民教化の一環として学生、生徒が動員されるようになる。帝国憲法発布の国をあげての奉祝行事は、奉祝門、軒提灯、行列など、その後の奉祝行事の原型と位置付けてよいのではなかろうか。

翌二十三年七月、第一回衆議院総選挙がおこなわれ、十月に「教育ニ関スル勅語」(「教育勅語」)を発布、十一月に帝国憲法が施行され、帝国議会が発足した。銀座二丁目の谷沢鞄店では、抱え鞄がよく売れ、品物が間に合わないくらい売れた。初当選の議員たちが買ったのだという。なお、それより前、明治十年に第一回内国勧業博覧会が上野で開かれた時に売れ残った品物を陳列・販売したのが勧工場のはじまりであるが、谷沢鞄店でも出品し、その時、「提嚢」ではわかりにくいので、「革包」にしようとなったが、いっそ一字にして「鞄」にして売り出したという。「鞄」という漢字は造語だったのである

(三田村鳶魚編『伸び行く銀座』昭和十二年、銀座二丁目町会)。

東京開府三百年祭 明治二十二年八月二十六日

大日本帝国憲法発布から半年、明治二十二年八月二十六日に東京開府三百年祭が行われた。八月二十六日というのは旧暦では八月一日、八朔にあたり、徳川家康が天正十八年（一五九〇）八月一日に江戸入りを果たしたとされる日である。幕臣だった有志が集まり、八朔会と称して榎本武揚、川村伝衛、澤簡徳、喜谷市郎右衛門、鳥山貞利を世話人とし、一五〇余名が木挽町の厚生館（前身は明治会堂、当時建設中の歌舞伎座の裏）に集まり、徳川家康入府三〇〇年を記念する式典の相談をおこなった。八朔会を改め、「東京三百年祭会」とし、祭の準備の割り振りをおこなった。式典の会場は上野の競馬場馬見所（競馬の観覧所）、明宮《はるのみや》（大正天皇の幼名）をはじめ土方宮内大臣、徳川慶喜、家達らの臨席のもとおこなわれた（大槻修二編『東京開市三百年祭記事』明治二十三年）。

徳川慶喜は、明治三十五年（一九〇二）に公爵に叙せられ、名実ともに名誉回復したのであるが、朝敵であった慶喜がひたすら恭順の意をつくし、それに対して明治政府は明治五年、すでに官位従四位を与えている。徳川幕府が倒れて二〇年、憲法が制定され、帝国議会が発足し、政権が安定したこのころになると江戸を懐古する気運が出てきたのである。旧幕臣たちは、江戸時代の江戸が当時のヨーロッパの都市をもしのぐ繁栄を誇っていたという自負があり、明治の繁栄もその基礎の上にあると考えていた。江戸開府三〇〇年に合わせて江戸を回顧する一大イベントをおこなったのである。

三百年祭の主会場は上野公園の競馬場（共同競馬会社）の馬見所であった。入場券は事前の申し込み制であった。

当日、会場の上野に向かう市民たちで上野周辺は雑踏を極めた。午後二時頃には道幅広い広小路も一歩も歩けぬ有様で、朝から吹き続く風に砂塵が舞い、埃まみれになるなか、新橋から繰り出した源頼朝の山車を先頭に獅子頭、ついで消防組の木遣り、その後ろに新橋芸妓三〇名ばかりが「白地に水浅黄の紋形を染抜きし帷子肌脱きにて彼の彫り物を書きたる肉襦袢を現はし例の腹掛タツ付けにて警護に立ち」、上野へ繰り込んで行った。その姿はすこぶる見事であったという。

会場の馬見所正面に設けられた舞台では中村勘三郎の手踊りがあり、ついで賞金付きの幌引き競馬がおこなわれ、不忍池では打上げ花火七〇本、仕掛け花火一二本が上野の山を照らした。しかし、市内の景況は、「各市街は軒提灯の光りナカ〳〵見事なりしか恰《あたかも》度《(ママ)》祭礼を持込みし町々の外は唯た軒提灯たけに止り別に見るへき程の事もなかりし」（『郵便報知新聞』明治二十二年八月二十七日）という状況であった。

明治二十年代の銀座通り

ここでさまざまな祝祭行事が繰り返された当時の銀座通りの景観を見ておこう。物好きな人がいて新橋と日本橋間の通りの新しい変化を観察している記事が明治二十六年（一八九三）四月一日の『郵便報知新聞』に載っている。銀座通りに限定したものでないのが残念だが、「此大通りに最も多きものは唐物屋なり、其店数総て九十六戸あり、近頃西洋風に店へ硝子戸を嵌めたる商店多く見ゆるが此大道に八十四軒あり、勧工場六ヶ所あり、時計店三十六戸あり、銀座街頭蜘蛛の巣の行列の如き電線は実に百七十一線」あるという。ここに掲げられた数字の七、八割は銀座通りにあったと見てよいのではなかろうか。唐物屋は舶来品を扱う店をいう。勧工場については後に触れる。ガラス戸は当時ひどかった砂塵を防ぎ、かつ店内の採光をよくする効果があり、店によってはショーウィンドーに模様替えしたところもあったろう。この時期、洋風の店舗が増えてきた状況がわかる。電線の数は電信線や電灯の引き込み線のことであろうか。

また、同日同紙の別の箇所で「電気灯の隣に行灯《あんどん》あり」という見出しで、「光明の進歩を言へば行灯より洋灯《らんぷ》となり洋灯より瓦斯となり、而て瓦斯より遂に電気灯となれるなり、此進歩の諸階級は銀座街道を逍遥して一目の下に見るを得べし。乃《すなわ》ち新橋と日本橋の間洋灯を用ゆる家は数限り無く、瓦斯灯を用ゆる家百六十四戸、電気灯を用ゆる家百十三戸、外に大電灯を店前《みせさき》に設けたるもの三戸あり、其中に唯一戸は今も尚ほ種油の光を用ゆる家あり」と報じている。明治二十年以降に電気が一般に供給されてから数年というところだが、電気灯の普及については銀座が一歩進んでいた様子がわかる。とはいえ、いまだランプが主流で、銀座通りの夜は淡い炎の光に包まれていた。当時、街路灯はいまだガス灯のままだった。

この頃、銀座通りのところどころに井戸があったという。柳とガス灯と井戸の風情が大正十年の道路改修の前まで見られ、銀座の名物であった。

明治二十年代は、帝国憲法も制定され、近代国家の基礎が定まり、銀座は東京随一の繁華街としての形を整えつつある時期であった。銀座通りでひときわ目立つ存在としては銀座三丁目東側、現在の松屋のところにあった岩谷松平の天狗煙草であろう。岩谷松平は嘉永二年（一八四九）六月に薩摩国薩摩郡（現・鹿児島県薩摩川内市）で郷士岩谷卯之助・梅の次男として生まれた。松平は郷里で商売をしていたが、明治十年の西南戦争の時、戦火で家を失ったのを機に、意を決して上京し、銀座において薩摩の物産を販売する商売を始めた。銀座三丁目に借家をし、薩摩屋と号して呉服太物店を開いた。郷里の鹿児島から薩摩絣を取り寄せて売るようになってから、商売は順調になったという。明治十三年には間口五間の店を構えるほどになっていた。明治十七年ごろ口付紙巻煙草「天狗煙草」を売り出し、新聞に広告を出して宣伝に努めた結果、売り上げをのばした。松平みずから赤服・赤足袋、赤の宣伝馬車に乗って東京中を駆け巡り、店頭でも赤服で口上を述べていたという。日清戦争の際には宮内庁から「恩賜煙草」の製造を受けていた。日清戦争祝捷会における松平の振舞いにはこのような背景があった（『広告の親玉赤天狗参上──明治のたばこ王　岩谷松平』平成十八年、たばこと塩の博物館）。

規模の大きい煙草店は岩谷天狗のほかに一丁目西側に牡丹印菊世界の松葉屋（千葉松兵衛）があり、出雲町（現・銀座八丁目）東側に米国煙草輸入商の江副組（江副廉蔵）があった。千葉は岩谷のような派手さはないが、明治十八年に銀座において日本製紙巻煙草牡丹を製造して財を築いた（松下長重『東洋成功軌範』明治四十四年、中央教育社）。江副は佐賀藩士、長崎致遠館でフルベッキから英語を学ぶ。明治九年アメリカ建国百周年記念のフィラデルフィア博覧会に有田の香蘭社の通訳として渡米、明治十一年には再渡米し三井物産社員として活躍。帰国後明治十八年にアメリカ煙草の輸入販売（「ピンヘッド」）をおこない、成功を収めた（末岡暁美『改訂増補　大隈重信と江副廉蔵』平成二十三年、洋学堂書店）。このほかにも何軒かあり、明治二十年代から明治三十七年七月に煙草専売法が施行されるまで民営煙草全盛時代であった。

このほか銀座で話題となったのが銀座二丁目東側にあった楽善堂精錡水本舗の岸田吟香である。岸田吟香は天保四年（一八三三）美作国久米北条郡（現・岡山県久米郡美咲町）の酒造業岸田秀治郎の長男として生まれた。十七歳の時、江戸に出て林図書頭の塾に入ったが、病気で帰国、安政三年（一八五六）再び江戸に出て、儒学者で勤皇家の藤森弘庵の門に入ったが、藤森が安政の大獄で捕えられると、岸田は身の危険を感じ、一時江戸深川の妓楼に身を隠した。このころ「銀公」と呼ばれていたことが彼の号「吟香」となったといわれる。元治元年（一八六四）に吟香は眼病を患い、彼の師箕作秋坪の紹介で横浜の宣教医師ヘボンの診察を受けたことが機縁で、ヘボンの我が国初の和英辞書『和英語林集成』の編集を手伝い、同書の印刷のため中国上海へ渡っている。吟香は横浜時代にヘボン宅で漂流中にアメリカ人に助けられアメリカ生活を送って帰国したジョセフ・彦と会い、元治元年に日本最初の民間新聞『海外新聞』を発行し、ついでアメリカ人ヴァン・リードと共同で新聞『横浜新報もしほ草』を刊行している。明治六年（一八七三）九月『東京日日新聞』主筆に迎えられ、翌七年四月、征台の役に従軍記者として戦況を報じて、我が国最初の従軍記者となった。また、吟香はヘボンから目薬の製法を伝授され、明治八年十月、銀座通りの銀座二丁目東側へ楽善堂精錡水本舗を構え、「精錡水」と称して薬品の販売と漢籍の販売を始めた（明治九年現在、間口九間の煉瓦家屋を取得）。宣伝の巧みさが当たって評判となり、売り上げを伸ばした。隣国清国（中国）にも盛んに輸出している。吟香はほかに横浜—東京航路に参入したり、日本最初の盲学校「築地訓盲院」の設立にかかわるなど多彩な活躍をした人物であった。銀座の名物男、銀座の「奇人」として知られる（杉浦正『岸田吟香　資料から見たその一生』平成八年、汲古書院）。

この二人は新聞、雑誌の媒体を使って派手な宣伝をおこなった人物としても共通している。このほかにも篆刻を主とした印房屋から身をおこし、明治二十四年に貴金属を扱うことになった尾張町二丁目（現・銀座六丁目）東側の天賞堂の江沢金五郎や、銀座一丁目東側で和洋小間物と売薬を業としたつやふきん本舗佐々木玄兵衛も宣伝の達人といってよかった。資生堂もこのころから新聞広告に力を入れ始める。

岸田吟香の楽善堂の隣に吟香が主筆をつとめた『東京日日新聞』の日報社があったが、明治九年に尾張町一丁目西側（現在のイグジットメルサのところ）に移転している。銀座に新聞社が集中していたことはよく知られていたが、このころ銀座通りには読売新聞社（明治十〜大正十二年、銀座一丁目西側角、京橋際）、朝野新聞社（日新真事誌→朝野新聞、明治六〜二十七年、銀座四丁目八番地、和光のところ）、中央新聞社（東京曙新聞→絵入朝野新聞→江戸新聞→東京中新聞→中央新聞、明治九〜三十八年、銀座四丁目九番地、三越のところ）、毎日新聞社（明治十九〜四十三年、銀座プレイスのところ）、自由新聞社（明治二十五〜二十七年、三愛ビルのところ）が社屋を構えていた。明治二十五〜二十七年の僅か二年間であるが、銀座四丁目交差点（当時は尾張町交差点とよんでいた）を朝野新聞社、中央新聞社、毎日新聞社と自由新聞社の四社で占めていた。服部時計店が明治二十八年に朝野新聞社屋を買収し、当時の銀座のランドマークとなった時計塔のある店舗を構えたのである。明治十年代は銀座に新聞・雑誌が集中した全盛時代であったが、二十年代はより政府機関に近い丸の内方面に拡散していく過渡期であった。

勧工場は雑多な商品を扱う商人たちがテナントとして入る商業施設であったが、その起源は、明治十年第一回内国勧業博覧会が開かれた折、売れ残った品を売りさばくために、明治十一年に麴町区永楽町二丁目に設けられた東京府勧工場（辰の口勧工場）であった。先に述べたように、グラントが立ち寄っているし、開場早々評判を呼び、来場者も増え売り上げも伸びていた。銀座通りに初めて設けられたのは、明治十五年三月、銀座一丁目東側に開場した京橋勧業場であった。以後開場が相次ぎ、明治二十五年現在では京橋勧業場のほかに、京橋勧工場（銀座二丁目）、商盛社（銀座二丁目）、開盛社（尾張町三丁目＝尾張町には三丁目はなく、尾張町一丁目か）、共立商社（尾張町二丁目）、商盛社（竹川町）の六店であった（松本徳太郎編『明治宝鑑』明治二十五年）。

時計は文明開化の新商品である。当時の銀座通りには、一丁目東側に竹内時計店（竹内治右衛門）、二丁目西側に近江屋（新居常七、測量機械も扱う）、三丁目東側に玉屋（宮田藤左衛門、測量機械・眼鏡なども扱う）、銀座四丁目東側に京屋時計店支店（水野伊和造、時計塔を持つ）、同じく西側に服部時計店（服部金太郎）と伊勢屋（清水惣太郎）、さらに尾張町二丁目東側に前記天賞堂と七店もあった。

この他にも毛糸・子供服の三枝、輸入食料品の亀屋、人力車の秋葉、楽器の十字屋、牛乳・氷・洋酒の函館屋、パンの木村屋など話題となり、活気ある洋風の商店街としての形を整えた。

明治天皇大婚二十五年祝典　明治二十七年三月九日

明治天皇が結婚されて二五年、イギリス王家に倣って明治二十七年（一八九四）三月九日に銀婚式にあたる大婚二十五年祝典が宮中中心におこなわれた。式典についで青山練兵場における観兵式（将兵一万一〇〇〇余名）がおこなわれた。大日本帝国憲法で天皇が統帥権を持つと定められ、陸海軍の最高指揮官となった天皇が大元帥として観兵式に臨み祝意を受けたのである（最初の観兵式は青山練兵場ができた明治十九年一月八日の陸軍始の日であった）。その後、晩餐会、舞楽上覧と続いたが、民間にあっては、後の時代に見られるような提灯行列や芸妓の手古舞などは見られなかった。政府は八日から十日までの三日間、市中の家々に軒提灯と国旗を掲げて祝意を示すように通達を出している。『風俗画報』（明治二十七年七月十日）の記事によると、「市中は日本橋区通り一丁目左右両側一様に紅白の幕を張り、銀色の挿花に軒提灯を掲げ、同二丁目三丁目は各戸古風の高張提灯にて」飾ったという。その他の各町もそれぞれ趣向を凝らして飾り、「君が代の万歳を祝ふ心は同じく銀座通りは更なり」として銀座についでは詳しい記述はないが、銀座の軒提灯には分銅に日の丸の紋を入れて、金春通りには見事な舞獅子二頭が飾ってあったという。

また、内務大臣井上馨は各府県の地方長官に対して九日の祝典に参列するよう命令してる。天皇東幸の際には沿道の各地では高齢者、孝子、節婦たちを褒賞し、生活困難者に施しをし、また、東京では住民に祝い酒を振舞う「天杯頂戴」がおこなわれたが、今回も府下の八十歳以上の高齢者に対し養老金の下賜をおこなっている。さらに大婚式に携わった官員、巡査にも酒餞料を下賜している。市民からの献納品も多く、八日正午までに七二〇余点を数えたという。

この日、一輛の鉄道馬車を青葉で飾り、両面に菊の紋章を付け、上に銀紙に「奉祝銀婚」の文字を埋め、音楽を奏しながら新橋—浅草間を終日運行させた。

明治二十七年六月の地震

この祝典の日から三か月後の六月二十日午後二時四分、東京から横浜にかけて東京湾北部を震源とする強い地震が襲った。江戸が東京となってからの最大の地震であったが、案外知られていない。地震の規模はマグニチュード七・〇、死者は三一人、負傷者一五七人を数えた。今日から見れば大災害である。煉瓦造りの煙突に被害が大きく、市内の煉瓦積み煙突はほとんど倒壊したところから「煙突地震」の異名がある。築地あたりの揺れがひどく、築地外国人居留地内にあった立教中学校の校舎が倒壊し、職員一人が即死し、八丁堀の湯屋では煙突が折れ二名が即死している。銀座においては煉瓦家屋建設から約二〇年が経過していたが、家屋の倒壊はほとんどなく、屋根や壁面の崩れだけですんだ。

地震発生二日後の『ベルツの日記』第一部上（菅沼竜太郎訳、昭和二十七年、岩波文庫）に「午後二時頃、ひどい地震。もう一揺れで、東京全市の半ばが廃墟となるところだった。さほど堅固に建てられてはいなかった石造やれんが造りの家屋のみがやられ、奇妙にも、特に公使館が全部やられた。自宅では、幸いにも、無事だった。日本式と半洋式の木骨家屋は最も被害の少なかったことが判った。これは住宅建築上、一つの教訓になることと思う」と記されている。また、日本橋蛎殻町に住んでいた谷崎潤一郎は、この時の体験を『幼少時代』（昭和三十二年、文藝春秋新社）に書いている。ちょうど学校から帰って台所の板の間で氷あずきを食べている時だった。「無我夢中で一丁目と二丁目の境界の大通りへ出、活版所の方へ曲る広い四つ角の中央に立つた。と、前から私と一緒だつたのか、その時私に追ひ着いたのか、私は始めて、母が私をぎゆつと抱きしめてゐるのに心づいた。最初の急激な上下動は既に止んでゐたけれども、地面は大きくゆるやかに揺れつゝあつた。私たちが抱き合つて立つてゐる地点から、一丁程先の突き当りにある人形町の大通りが、高く上つたり低く沈んだりするやうに見えた」とその状況を語っている。かなり大きな地震であったことがうかがえる。

この時の新橋花柳街の様子を六月二十二日の『都新聞』が伝えている。

一昨日《おとゝひ》の地震時分が丁度髪を結て居るやら湯に這入て居るやら、お疲れ筋で昼寝して居るやらいろ〳〵であツたが、真昼間の事とてソレ地震だといふが否や表へ飛び出したから大騒ぎの割には怪我もなく誠に結構だツたが、誰が言ひ出したともなく、今夜二時五分（即ち昨暁二時五分を指す）までには復た大地震があるといふので、日吉町、丸屋町、八官町、宗十郎町辺の拍子は十二時頃に皆御神灯及び軒のランプを消し、いづれも身支度厳重に家内打揃ツて丸屋町の河岸へ出て腰掛呉座其他敷物など列ね老若男女打群て円陣を作り万歳〳〵と泣声出して地震の御入来を待ちつゞけしが、二時が鳴ても音沙汰なく三時が鳴ても報知《しらせ》がないのでアラ馬鹿らしい地《ぢッ》ちやんは素通りを極めたのだよとブツ〳〵呟《こぼ》し〳〵四時頃漸く家へ逆戻りしたが、此の野陣を当込みに出た茶飯屋おでん燗酒大福餅屋などは二時から三時までの間に残らず売切れといふ景気に毎晩こんな事があれば能いといツて居た。

第一回日清戦争祝捷会　明治二十七年十二月九日

日清戦争は、明治八年（一八七五）の江華島事件以来、朝鮮に勢力を扶植してきた日本と清国が朝鮮の支配権をめぐり、争った戦争である。明治二十七年五月、朝鮮に東学党の乱が起こり、勢力を拡大したために、朝鮮政府は清国に出兵を要請した。六月、その情報を入手した日本政府は、清国の派兵に対抗して日本も公使館・領事館ならびに在留日本人の保護を名目として派兵することを決定した。その後、ロシア、イギリスの調停が入ったが、七月二十五日に豊島沖において清国軍艦に先制攻撃をかけて、ここに日清戦争が始まった。清国に対して宣戦を布告したのはこれより遅れて八月一日であった。作戦本部である大本営は六月五日東京の参謀本部に設けられたが、九月十三日に広島に移され、同日、明治天皇は戦争指揮のため東京を発ち、十五日に広島大本営に入った。

日本軍が平壌を陥落させたのは九月十五日、旅順口を占領したのは十一月二十一日であった。平城の戦いでは原田重吉という一兵卒が平城の城門玄武門に一番乗りで飛び込んで内から城門を開いて勝利を導いたという武勇伝が誇張され、話題となった。十一月二日には大本営のある広島基町の西練兵場仮議事堂において天皇臨席のもと「戦捷大祝賀会」が開かれている。

東京においては旅順口の占領を目安に祝勝会の開催が企てられた。十月二十九日に東京商工相談会の評議員会が銀座の料亭花月楼で開かれ、「第一回日清戦争祝捷兼示威大運動会」の開催を議決した。

明治二十七年十一月十八日の新聞各紙に広告を出し、「戦捷大会ヲ発企スルノ趣意」を発表している。「東京市民有志合意ノ大集会ヲ以テ、我皇軍ノ大捷ヲ祝セント望ム」として、祝捷大会規定を載せ、会員は満十五歳以上の男子とし、会費五〇銭を納入した者に限り上野公園への入場を許すとして会員を募った。仮事務所は帝国ホテルに置いた。二十三日日本橋倶楽部で発起人会を開き、会長に東京商業会議所副会頭奥三郎兵衛（深川の米穀肥料商）を選び、会長の指名で委員長に東京市長三浦安を、そして委員に園田孝吉（発起人総代・横浜正金銀行頭取）、大倉喜八郎（大倉財閥の創設者）、中野武営（東京株式取引所副頭取）、田中平八（帝国貯蓄銀行頭取）、渡辺治右衛門（貴族院多額納税者議員）、大江卓（東京商工相談会総代）、横山孫一郎（帝国ホテル支配人）、喜谷市郎右衛門（実母散本舗店主）、今村清之助（今村銀行頭取）、佐久間貞一（秀英舎社長）、仁杉英（衆議院議員）ら有力者二〇名であった。政財界挙げての祝賀会は「第一回日清戦争祝捷会」と銘打って、十二月九日、上野公園において開催することとした（『郵便報知新聞』明治二十七年十一月十八日、土田政次郎『東京市祝捷大会』明治二十八年）。

二十五日、慶應義塾の学生二〇〇〇余名が大旗を掲げ、万灯を立て提灯を各自で掲げ、二重橋前で万歳を唱えて後、日本橋通りに出て京橋を渡り、各新聞社前で万歳を唱え、塾へ戻り運動場で祝杯を挙げている。

会場入り口となる旧黒門跡に高さ七間、奥行三間半、幅六間半の玄武門を設け、突撃の模擬をおこなった。不忍池には長さ二〇間、幅四間と長さ一〇間、幅二間の模型の清国軍艦二隻を浮かべ、当日夕刻、爆破し沈没させる趣向であった。会場は競馬場の馬見所であった。

会員はいったん日比谷ヶ原（日比谷公園として仮開園したのは明治三十六年六月）に集合し、勢揃いして隊伍を整え上野公園へ繰り込むことにした。

一団の人数は真先に「京橋振武舘」と記したる大旗を立てたり、是れ当日の先登第一と見受けら る、此一隊は銀杏樹の下に備へを立て各々衣服を換へて撃剣道具の扮装《いでたち》と変わりけり、之に続て同じく東の方より一本の大旗原頭に顕はれたるは京橋区と記し其旗の下に京橋区の有志者数百名洋服又は袴羽織にて押出しぬ、中に最も目立しは例の国益の親玉岩谷松平氏が緋の軍服に水色のヅボンを穿《うがち》て白縮緬に海陸の軍旗を交叉して染出したる手旗を持ちシルクハットを左右に振立て隊長然として人より先に陣地を占めたり

（『郵便報知新聞』明治二十七年十二月十日）

七時半、打上げ花火を合図に音楽隊を先頭に、桜田門から二重橋前に出てここで万歳を三唱し、和田倉門から常盤橋を渡り、日本橋、万世橋を経て上野へと向かい、銀座通りの通過はなかった。行列は、岩谷松平の天狗煙草を先頭に製紙会社、米穀取引所、築地有志会、榊原の門人、毎日新聞、郵便報知新聞、自由新聞、国民新聞、都新聞、石工一七組、日本橋・赤坂・牛込有志者など思い思いの意匠を凝らし、大旗を翻えして行進した。数寄屋橋の方からは数百輌の人力車が二列になって砂塵を巻き上げ上野

の会場へ乗り込む。

岩谷松平のように一商店が祭事に便乗して宣伝に乗り出したのはおそらくこれが最初であろう。岩谷松平についてはすでに述べた。赤い馬車に乗り、市中を宣伝して回るという名物男であった。天狗を売り物に天狗煙草を売った。彼は戦勝記念を好機と捉え、天狗行列を出したのである。この日、上野の山は戦勝気分に包まれた。

十時四十分、皇太子はじめ皇族の入場があり、式が始まった。発起人を代表して園田孝吉が趣意書を朗読し、ついで来賓の祝辞が続いた。その後に飛び入りで「登壇したるは銀座の岸田吟香氏なり。祝詞演説を試み終りの「おめでたうござります」の一語は確かに記者も聞き取りたるが、岸田氏手巾《てぶくろ》を襟に巻付けながら気付かずに演説し居たるを、此日は緋の紋メリンズの上着に藤色の紋メリンズのズボンを新調し軍服めける金モールを着けたるを着たる例の銀座の岩谷松平氏が壇下より注意して之を取りはづさしめたるは愛嬌〳〵」といったちょっとしたハプニングがあった。「愛嬌と云へば其松平氏も式後壇上に飛び登り得意の大声にて頻りに楽隊を督促号令し居る様なりき」とひと際突出した行動にでている。

当日の鉄道馬車の乗客数が六万六〇四七人というから銀座もかなりの賑わいであったろう（『風俗画報』明治二十八年一月十日）。この祝捷大会の様子は木下直之『戦争という見世物　日清戦争祝捷大会潜入記』（平成二十五年、ミネルヴァ書房）に詳しい。

奠都三十年祝賀会　明治三十一年四月十日

この日、奠都三〇年の祝賀会が皇居二重橋前でおこなわれた。

慶応四年（明治元）四月十一日（一八六八年五月三日）、第一五代将軍徳川慶喜が江戸城を去り、天皇の東幸、再東幸があって、東京が首府となった経緯についてはすでに述べた。

最初の東幸から三〇年、明治三十年に奠都三十年祭をおこなう予定であったが、孝明天皇の女御、英照皇太后がこの年の一月十一日に没して喪に服するために挙行されず、翌年にずれ込んだ。新肴町（現・銀座三丁目）の料亭開花亭に主要新聞社、雑誌社が集まり、協議の結果、四月十日に祝賀祭を開くことを決め、あらためて発起人会を発足させ、日吉町（現・銀座八丁目）の九州倶楽部に事務所を置いた。祝賀式場は、二重橋の外、濠を背にして破風造りの高閣を設け、檜皮《ひわだ》葺きの屋根に杉葉で飾った鴟尾《しび》をのせた。その幅三四間半（六二、一メートル）、奥行一〇間に及んだ。桜田門、馬場先門、和田倉門前にはそれぞれ大緑門《アーチ》を設け、「聖徳無窮」、「聖寿万歳」の扁額を掲げた。とくに和田倉門は余興の出入り口になったため、混雑を極めた。

四月十日、二重橋前の式場に天皇の行幸を仰ぎ、祝賀式がおこなわれた。市民の祝賀を受けるのはグラント将軍来遊の際と帝国憲法発布の日についで三回目であった。それに続いて会場その他で余興がおこなわれた。大名行列、奥女中行列（以上本会主催）、武士行列（牛込矢来町染物会社）、鬼が島征伐の踊り（三遊亭派の落語家）、舌切り雀の踊り（柳派の落語家）、日本武尊の山車（川島儀三郎）に続いて天狗行列（岩谷煙草商会）、亀鶴の山車（都新聞）、海軍行列（洋服裁縫組合）などが式場前に集結してデモンストレーションし、その後午後一時ごろより順次繰り出し、行列は桜田門を出て左折し、濠沿いに帝国ホテル前を通り山下門を経て銀座通りに出て、京橋、日本橋、万世橋から上野に到る道筋を練り歩いた。途中銀座三丁目の岩谷商会前、日本橋通一丁目の白木屋前、神田淡路町の万世橋クラブ前に休憩所が設けられた。

岩谷商会の天狗行列は日清戦争祝捷会についでの出し物だった。大天狗が羽団扇を持って馬に乗り、それに従い緋金巾のそろいに天狗の鼻をつけ、背中に丸十のしるしを書き入れた大きな巻き煙草を背負った人々が続いた。岩谷松平一流の演出であった。

銀座一丁目から四丁目までの通りの両側には紅白の幕を張り、球灯を吊って飾った。尾張町から新橋までの両側まで球灯をかけ連ね、戸毎に国旗をたて、尾張町一丁目、二丁目には大国旗を交差して掲げた。銀座通りの雑踏は激しく、車道まではみ出し、馬車などは通行不能に陥った。

発起人会の事務所があった日吉町では神楽堂を設けて当日三五座の神楽を奏した。「忠愛社〔『明治日報』の発行所、現・銀座八丁目〕の連中は異装を為して大道を練り行く有様誠に景気よろしく、殊に新橋烏森の芸妓百五十余名が手古舞は花を欺く容顔サスガに天下の尤物《ゆうぶつ》〔美人〕を集めたり」（『日本』明治三十一年四月十一日）という。

新橋五業組合では、天の岩戸の花車《だし》を出し、煉瓦地、烏森の芸妓たちは「薄鼠地へ紺にて大一の字繋ぎを背より肩へ掛け紺にて丸くしん橋と染め抜し着附けにて袖口は浅黄、紫、緋の三色の鹿の子絞りを五枚重ねの仕立白茶繻子お納戸三筋の裁付袴《たっつけ》、紺の腹掛柿色算盤絞りの三尺を締め、紺足袋草鞋を穿き若衆髷に結ひ火の用心の煙草入を提《ひっ》さげ、五業組合連中は黒紋付麻上下《かみしも》にて山車の先に木遣《きや》りにて立ち並び、次に消防夫数十名次に芸者世話人及び揚筥幇間《あげはこほうかん》連中は水浅黄に紺にて背中にしん橋と染抜し半天を着し」（『風俗画報』明治三十一年四月二十五日）という出で立ちであった。前祝いに前日の九日よりも組、め組、す組の消防夫が露払いをなし町内に繰り出した。

当日、新橋芸者たちは手古舞天覧のため、和田倉門内に勢ぞろいして馬場先門に繰り出したところ、祝賀会委員のために制止され、式場へ繰り込めないというハプニングが起きた。その理由は、式場に入るべき手続きをしていなかったというのだが、芸妓なる故だとして身分差別の声があがった。芸妓たちは憤激して、「米の銭にさへ気を揉む」なかから工面して揃いの衣装を調えたのに式場へ繰り込めないような山車は壊してしまえと、よってたかって叩き壊してしまった。責任の所在も曖昧なままに終わり、銀座にとって後味の悪い奠都三十年祭となった。

京橋袂の大根河岸の青物市場では、とくに催し物はせずに、献金をして南紺屋町、西紺屋町の「細民二百余戸」へ施しをしたという（『風俗画報』明治三十一年四月五日）。南紺屋町、西紺屋町といえば、京橋川と外濠に沿った町筋であるが、その路地裏には借家住まいの「細民」（その多くは職人）たちが住んでいたのである。

日本橋の景況は日本橋に安芸の宮島の鳥居を模した高さ一二メートルほどの緑門を設け、各商店では軒提灯を掲げ店頭を飾ったが、銀座の方はなかば西洋風であったのに対して日本橋方面は純然たる徳川時代祭日の模様を伝えた趣があったという。当時、日本橋通りは銀座通りに比べて道幅が狭かったため、その混雑は大変であった。芳町の芸妓連は左近の桜、右近の橘の花車を引き出し各町を練り歩いた。各町ではそれぞれ趣向を凝らした催事を行っている。日本橋各町あげてのお祭り騒ぎであったのにたいして、銀座は銀座通りと日吉町あたりの催事が中心であった。

明治三十年前後の街頭風景

この頃の銀座通りの日常の佇まいを描写した貴重な文章がある。『半七捕物帳』で知られる小説家、劇作家の岡本綺堂は、中央新聞社に勤めていたころ三十間堀一丁目三番地（現・銀座四丁目）に住んでいた。『思ひ出草』（昭和十二年、相模書房）に、約四〇年前を回顧して、銀座の歳末年始の様子を書いている。約四〇年前というと、明治三十年（一八九七）前後のことである。得がたい文章なので、長いが引用する。

銀座の大通りに夜店の出るのは、夏の七月、八月、冬の十二月、この三月間に限られてゐて、その以外の月には夜店を出さないのが其当時の習はしであつたから、初秋の夜風が氷屋の暖簾に訪づれる頃になると、さすがの大通りも宵から寂寥、勿論そゞろ歩きの人影は見えず、所用ある人々が足早に通り過ぎるに過ぎない。商店は電灯をつけてはゐたが、今から思へば夜と昼との相違で、名物の柳の木蔭などは薄暗かつた。裏通りは殆どみな住宅で、どこの家でもランプを用ゐてゐたから、往来は一層暗かつた。

その薄暗い銀座も十二月に入ると、急に明るくなる。大通りの東側は勿論、西側にも露店が一杯に列ぶこと、今日の歳末と同様である。尾張町の角や、京橋の際には、歳の市商人の小屋も掛けられ、その他の角々にも紙鳶《しえん》［たこ］や羽子板などを売る店も出た。この一ケ月間は実に繁昌で、いはゆる押すな押すなの混雑である。二十日過ぎからはいよ〳〵混雑で、二十七八日頃からは夜の十時、十一時頃まで露店の灯が消えない。大晦日は十二時過ぎるまで賑はつてゐた。

但しその賑ひは大晦日かぎりで、一夜明ければ元の寂寥に復る。さすがに新年早々はどこの店でも門松を立て、国旗をかけ、回礼者の往来もしげく、鉄道馬車は満員の客を乗せて走る。いかにも春の銀座らしい風景ではあるが、その銀座の歩道で、追ひ羽根をしてゐる娘達がある。小さい紙鳶をあげてゐる子供がある。（中略）大通りでさへ其の通りであるから、裏通りや河岸通りは追ひ羽根と紙鳶の遊び場所で、そのあひだを万歳や獅子舞がしば／＼通る。その当時の銀座界隈には、まだ江戸の春のおもかげが残つてゐた。

　新年の賑ひは昼間だけのことで、日が暮れると寂しくなる。露店も元日以後は一軒も出ない。商店も早く戸を閉める。年始帰りの酔つ払ひがふら／＼迷ひ歩いてゐる位のもので、午後七八時を過ぎると、大通りは暗い町になつて、その暗いなかに鉄道馬車の音が響くだけである。

この頃、まだ年賀はがきの挨拶の習慣がなかったので、街は年始回りの人で賑わった。それも十日過ぎまでで、昼の賑わいとは打ってかわって、夜は静寂な闇に包まれた。

正月が過ぎ、二月が過ぎ、三月が過ぎても、柳が日ごとの青みを増す四月になっても、「銀座の町の灯は依然として生暖かい靄の底に沈んで」いて、夜のそぞろ歩きの人もいなかった。ただ賑わうのは毎月三回開かれる出世地蔵の縁日の宵だけだったという。

明治中期の銀座の街の様子はこのようなものであった。静かな下町の佇まいが浮かんでくる。

「出世地蔵縁日の図」『風俗画報』（明治31年2月）より
中央区郷土天文館蔵

ここに明治三十二年二月の深夜の歩行者と屋台を調査した記録がある。調査したのは下層社会の人々に同情し、数々のルポを書いたジャーナリスト横山源之助。労働組合期成会の機関紙『労働世界』第三四号（同年四月十五日）に天涯茫々生の名で「深更の東京が営める商業」を寄せている。夜の十二時に家を出て、万世橋から新橋まで歩いて出会った歩行者の数は、万世橋から今川橋まで一九人、今川橋から日本橋まで二〇人、日本橋から京橋まで二八人、京橋から新橋まで二四人の合計九一人であった。人力車は万世橋から今川橋まで一八台（内空車一二）、今川橋から日本橋まで（記載なし）、日本橋から京橋まで三三台（内空車二三）、京橋から新橋まで三五台（内空車二〇）の合計八六台（内空車五五）であった。屋台店は万世橋から今川橋まで八店、今川橋から日本橋まで一六店、日本橋から京橋まで一三店、京橋から新橋まで一一店の合計四八店であり、大福餅屋とおでん屋がもっとも多く、ついですし、てんぷら、菓子などの店がそれに続いたという。

この年の師走の人通りは、「一夜銀座街頭に佇立《ちょりつ》［たたずむ］して、一時間内に往来する人馬車の数を点検せし閑人あり。恰《あたか》も天曇りて露店すら稀れなる寂しき夜なりしかど、歩行三千七百六十二人、鉄道馬車百八十二輛、人力車百三十六輛、荷車十八輛、荷馬車三輛、自転車十一輛、西洋人六人、犬十二頭を認めしとぞ。げに老人往き、少年来たり、紳士去り、乞食来たる。街頭こそは浮世の覗きからくりなれ」（『東京朝日新聞』明治三十二年十二月三十日）という状況で、時間帯の記述はないが、往く年を送る人で賑わった。普段の銀座と祝祭日の銀座との落差はこのように大きかったのである。

新橋開橋式　明治三十二年五月四日

新橋の呼称は江戸時代初期、新橋といっていたが、宝永七年（一七一〇）に芝口御門が造られて芝口橋と改称され、享保九年（一七二四）に芝口御門が廃止されるとふたたび新橋の旧に戻った。

旅人が東海道の長旅を終えて江戸に入る場合、まず品川宿で旅装を整え、市中に入る重要な橋であった。明治時代になると横浜―新橋間が鉄路で結ばれ、西欧文化の流入口ともなった。新橋は江戸時代以来何度かにわたり橋の架け替えがあったが、旧橋は明治四年（一八七一）に鉄橋に改架され、欄干も鉄製であった。しかし老朽化が進み、明治三十年二月、改架に着手し、同三十二年五月四日に開橋式を迎えた。橋の長さ一二間半（二二・五メートル）、幅一〇間（一八メートル）、両脇に歩道を設けた。橋台下の地質は強固な粘土質で、基礎は結成石を用い、橋の表面に鉄板を敷き詰めその上に結成石を敷き、さらに車馬道には御影石を、歩道には相州堅石を敷き詰めたものだった。

新橋の南北橋詰入り口には左右に大国旗を立て、幟杭には桜形の花ガスとアーク灯を点し、橋上には波形に各国の国旗を張り巡らし両側の鉄欄干には三尺（約九〇センチメートル）ごとに小国旗を交差して飾った。式には東京府知事千家尊福、東京市長松田秀雄らが望み、南詰に設けた天幕内で祝杯をあげた。その間、音楽隊の吹奏があり、花火も間断なく打ち上げられた。また、芝口一丁目河岸地には七間幅の芝居見立ての掲示がなされたり、手踊りがあったりと、芝口の住民は賑々しく開橋式を祝った。銀座側では、商店有志が人道に沿い仮小屋を設け、盆栽八個、盆景二二個、生け花四一個を陳列した。また、菓子商青柳が菓子一五〇折、南金六町の旅館西沢半助が二〇樽の酒を、出雲町の洋酒店安藤又吉はビール三〇〇〇本を通行人に振舞った。出雲町の江副煙草店では小五〇、大一〇個の軽気球を飛ばし、それを拾ったものにサイクルとゴールデンライトの巻き煙草を配布、その他、当日配った煙草五〇〇〇箱であったという。芝口一〜三丁目の鎮守、日比谷神社の祭礼を繰り上げて、式にあわせて神輿の渡御がおこなわれた。橋畔は終日賑わい、不夜城を現出したという（『風俗画報』明治三十二年六月一日）。地元住民にとっていかに重要な橋であったかがわかる。

新橋は、行政の立場からいうと、芝区に属し、開橋式は芝区中心でおこなわれたが、何といっても新橋駅をひかえ、東京の南の玄関口として銀座にとってきわめて重要な橋であった。なお新橋の幅が銀座通りと同じ一五間（歩道各二間半、車道一〇間）となるのは大正十四年（一九二五）四月のことである。

京橋開橋式　明治三十四年十二月二十一日

新橋についで京橋も架け替えられた。明治八年（一八七五）にそれまでの木橋が石橋に架け替えられたが、橋の老朽化が進み、かつ市街電車の開通に備えるための改架であった。明治三十三年（一九〇〇）六月着工、一年半かけての工事であった。長さ一〇間（一八メートル）、幅一〇間で中央に六間半の車馬道、左右に人道を設け、橋面には鉄板を敷き、その上に厚さ六寸（一八・一八センチメートル）の結成石を敷き、側面は鋳鉄で竜の模様を施し、橋台は煉瓦にて築造した。

開橋式当日、橋の上には数十旒《りゅう》の彩旗（美しく彩った旗）を満艦飾のごとく翻し、橋の両側に大きな国旗を交差して立て、さらに数百の球灯で飾った。南詰に楽隊の奏楽場を設け、南北両側に馬鹿囃子があり、南は銀座四丁目、北は南伝馬町まで各戸ごとに国旗を掲げて軒提灯を吊るして開橋を祝った。式は市土木部長の工事報告に始まり、市長、府知事代理、京橋区長の祝辞があり、万歳三唱のあと、南側より渡り初めをおこない、北側から小舟に乗って橋下を巡覧し終わってから一般の通行を許した。渡り初めには神奈川県橘樹郡川崎下町の中西重兵衛が選ばれた。中西は八十八歳、元新富座の開祖守田勘彌の番頭を務め、勘彌の死後、俳優事務所の会計として働き、京橋区に貢献した人物で、老後を川崎下町の娘のもとで暮らしていた。当日の服装は赤地に菊の模様のある緞子の羽織に、八十八歳の祝いに団十郎、菊五郎、左団次らから贈られた八八切れの寄せ切れの上着に七七切れの寄せ切れの下着を着て、黒頭巾をかぶり、緋金巾《ひかなきん》張りの洋傘をかざして渡った。老翁がいて老媼がいなければということで、たまたま橋際で見物していた銀座三丁目の宮内省官吏浅地久道母ヒサ子（八十歳）が俄かに選ばれて中西に続くというハプニングがあった。この日は好天とあって数万人の人波で警察は規制線を引くなど警備にあたったが、それを無視する混乱振りだった。来賓者の遅刻があって式の開始がおくれたのもその原因の一つであった（『読売新聞』明治三十四年十二月二十二日）。

市電の開通

新しく改架された橋に市電が通ることになった。

馬車鉄道は当時としては画期的な交通手段であったが、交通量の増大に対して輸送量に限界があったこと、動物愛護の精神に乏しい会社が利益を優先し、痩せ馬が車をけん引する姿が日常化していたことに加えて、馬は生き物、排泄する糞尿の始末が大変なことなど問題が多かった。明治十五年（一八八二）に馬車鉄道が開通してから五年、市街電気鉄道敷設の動きがあったが、許可されなかった。同二十三年、

第三回内国勧業博覧会に東京電気会社がスプレーグ式電車を会場の上野公園に走らせて評判となった。これを契機に電気鉄道敷設の動きが活発になり、二十八年京都電気鉄道株式会社が我が国初の市街電気鉄道として営業を開始した。東京では、二十六年十月雨宮敬次郎らによる東京電気鉄道が、十一月には藤岡市助らの東京電車鉄道と、立川勇次郎らの東京電動鉄道があいついで出願した。馬車鉄道を経営する東京馬車鉄道会社も社名を東京電車鉄道会社と変更して電気鉄道への切り替えを申請した。しかし長い間、この申請に許可が下りなかった。上記四社の他にも多数の申請がなされ、利害関係が錯綜し、特定のグループに絞れなかったことに加えて、市会において市営論、民営論入り乱れ、決着がつかなかったためである。

明治三十二年十月の市会において民営派が勝を制し、明治三十六年八月、東京馬車鉄道会社が衣替えした東京電車鉄道会社（東鉄線）の電車が東京で始めて品川―新橋間を走った。ついで同年十一月に新橋―上野間、翌三十七年二月に日本橋本銀町―小伝馬町―浅草橋―浅草雷門間、同三月に雷門―上野間が開通した。この時点で馬車鉄道は姿を消し、電気鉄道の時代に入った。ついで東京電車鉄道会社にわずかに遅れて、九月に東京市街鉄道会社（街鉄線）の電車が数寄屋橋―神田間に開通し、翌十月に日比谷―半蔵門間、十一月に半蔵門―新

「新橋より銀座通りを望む」
絵はがき 明治36年頃
中央区立京橋図書館蔵

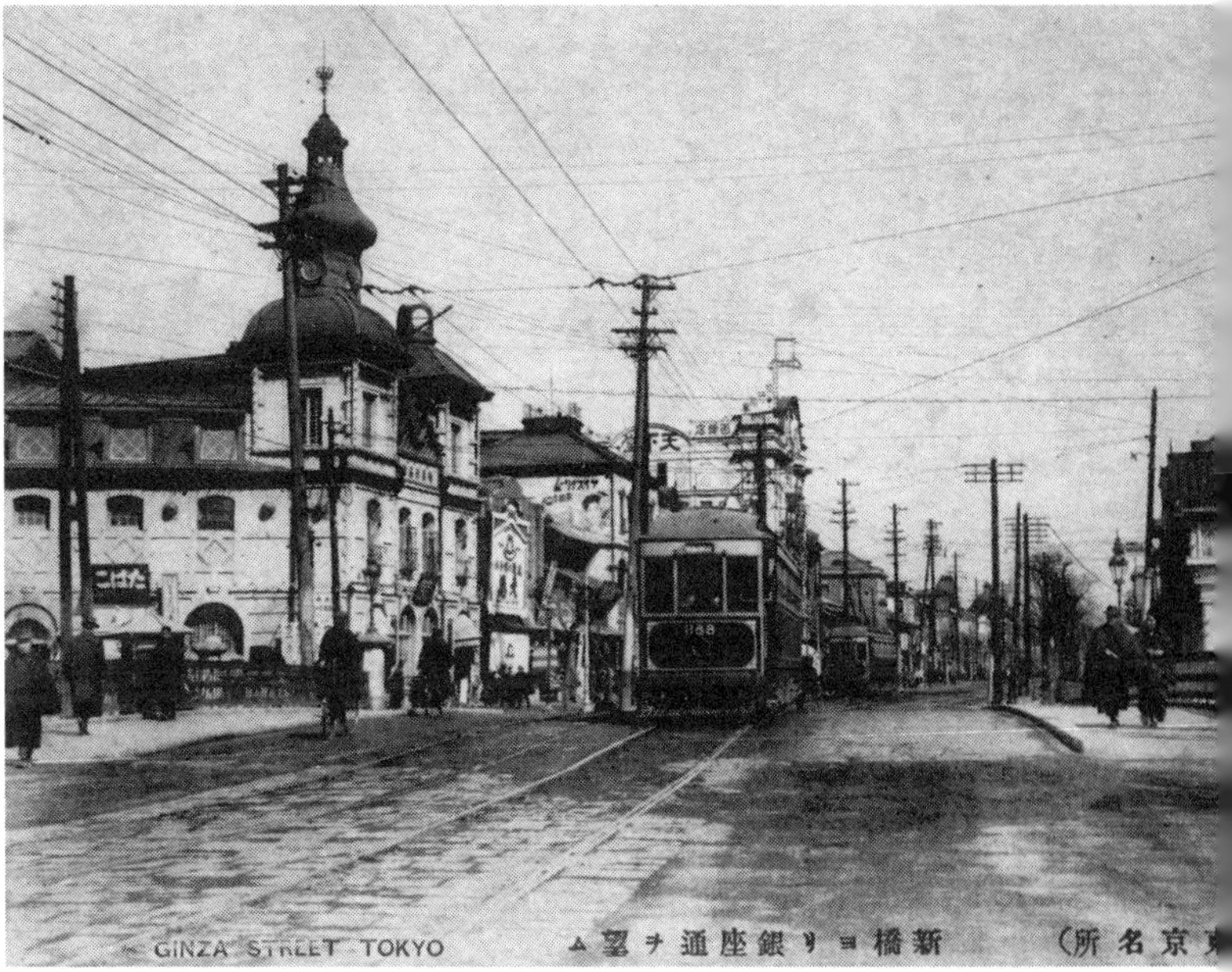

橋間、神田橋―両國間が開通。さらに明治三十八年四月に東京電気鉄道会社（外濠線）の電車が土橋―虎ノ門間、お茶の水―本郷間がそれぞれ開通する運びとなった。この相次ぐ新会社の設立により東京の山の手、下町、郊外から銀座へのアクセスは一段と便利になった。銀座に人は集まり、銀座のさらなる発展を約束するものとなった。

三社分立の状態がしばらく続くなか、各社の軌道延長、客の奪い合いが激しくなり、弊害があらわれたので、内務省主導で三社合併の話し合いが進められたが、とりあえず三社の話し合いの結果、三社共通の五銭均一乗車賃制を採用することとなり、明治三十九年三月に内務省に認可申請の手続きをとった。

この申請は運賃値上げを内容とする

もので、戦後恐慌のあおりをくって生活苦にあえぐ市民の反対運動が起こった。反対運動の経過と九月五日の騒擾事件については項を改めて述べる（市電運賃値上げ反対騒擾事件）。内務省は三社の値上げ申請を却下するに及び、かつ市会において会社市有の決議もあり、三社は合併をして新会社を設立して、四銭均一、学生・労働者の朝の二銭割引を内容とする申請を内務省に提出して同年八月認められた。この認可は九月五日の騒擾事件をひき起こすことになる。

東京電車鉄道会社、東京市街鉄道会社、東京電気鉄道会社の三社が合併して東京鉄道会社が設立されたのは、騒擾事件直後の九月十一日であった。

そして、明治四十一年にいたり、東京市長と東京鉄道会社との間で市営移管の話が進められ、明治四十四年七月に買収契約が結ばれ、市街電車は市営となり、以後東京市民に市電の名で親しまれた。

明治三十五年の銀座通り商店街

明治中期の銀座の街並みはどのような店で構成されていたのであろうか。

明治三十五年七月に発行された『東京京橋区銀座附近戸別一覧図』（中央区立郷土天文館）は現在の住宅地図に相当し、銀座在住の企業、個人がわかる詳細なものである。銀座通りに市街電車が通るほぼ一年半前の地図で、この一枚で当時の銀座の様子が手に取るようにわかる。京橋区入船町の石版印刷所勇美堂の店主平田勇太郎が調査・発行したものであるが、よくぞここまで調べたものかと思う。町名、番地、職種、店名、氏名、電話番号、電信略号、郵便函、巡査派出所、井戸、共同便所まで詳細に記載されている。しかも地形もわかり、路地の詳細までわかる。よほどの執念がなければこれほどのものはできない。いま銀座通りの商店について戸別に紹介することはできないので、詳細は　図および「変遷一覧」を見ていただくことにして、どのような業種で成り立っていたかを数値で示そう。

銀座通りの総店舗数は二六一店で空き地が三か所、合わせて二六四区画である。東側に一二六店、西側に一三五店と空き地三か所であった。職種別でみると、次のとおりである。

衣類店（呉服・毛織物）一九、洋品店 一一、身廻り品・付属品店（帯、半襟、足袋、西洋小間物、ボタン、糸、針）一一、履物（下駄・靴）五、貴金属店（貴金属・宝石・鼈甲・時計・眼鏡）二〇、鞄・洋傘・袋物店 一七、文具類（和洋紙・筆墨・書籍・錦絵・学校用品・玩具）二二、美術店 三、楽器店 三、写真店 一、家具店 五、ガラス店 五、金属機械類 一八、陶器・漆器店 七、売薬店 六、煙草店 九、水油店 二、食料品店（茶・菓子・缶詰・漬物・鯛味噌・果物）三九、飲食店（牛・豚・鶏、天麩羅・蕎麦・お茶漬け・麺類・しるこ・ビヤホール・西洋料理）一九、裁縫業 五、勧工場 七、新聞社・広告会社 六、印刷店 一、運送店 一、銀行・保険八、旅館 二、射的場 一、キリスト教教会 一、不明 七、空き地 三

この頃の特徴は、洋式、洋風の店が増え、来街者が増えたこともあり、飲食店の増加が著しいことである。この時期、銀座は、日清・日露の戦争景気を受けて東京随一の商店街として不動の位置を築いたのである。

銀座通り商店街の変遷一覧1

明治三十五年現在（『東京京橋区銀座附近戸別一覧図』より）

銀座一丁目

東側◆砂糖商 大文字屋、針商本家 美す屋、針商本家 みす屋、広告問屋装飾請負 広目屋、料理業 松田、洋品商、牛肉飲食業 吉川、第二○吉勧工場、牛豚鶏飲食業 今広、中外売薬化粧用品問屋 つやふきん本舗、室内射的、眼鏡商、時計商 伊勢伊商店、嚢物商 武田屋、洋式帳簿商 中屋、鞄商 谷沢鞄店支店、瓦煎餅商 紀文堂、料理天麩羅大新、洋灯硝子器商 肥前屋、時計測量金銀付属品宝石商 竹内時計店

西側◆読売新聞発行所 日就社、㊉京橋勧工場、陶器商、下駄商 上州屋、茶商、鞄商 谷沢商店、牡丹印菊世界紙巻烟草和洋烟草問屋 松葉屋、薬種売薬商、洋品商 田屋、ボタン問屋 尾張屋、睦屋商店、毛織物商、松

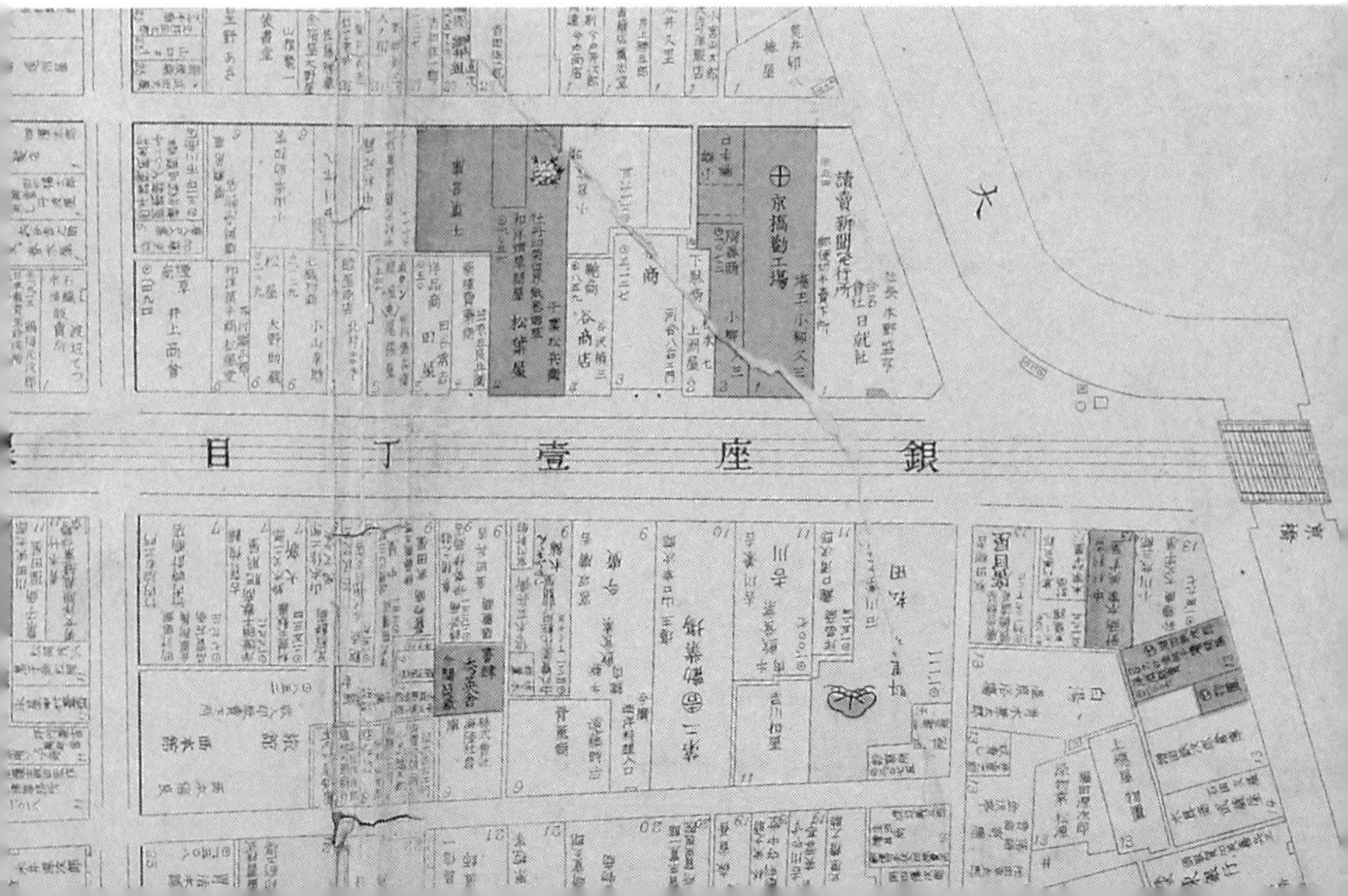

屋、和洋菓子商 松風堂、煙草商 井上商会

銀座二丁目

東側◆男女洋服裁縫業 伊勢幸、菓子商 福田屋、呉服太物商 栄屋、精錡水本舗 楽善堂薬房、第二南谷勧工場、鉄物機械商 田島商店、写真二見館、毛織物商 青山商店、缶詰製造業株式会社 海陸社、帯商大国屋、志やも飲食業 大黒屋、そば商 月勝、書籍出版業 大蔵書店分店、和洋食料缶詰商改良食塩製造元 菊屋

西側◆石蠟水油販売所、日本教育生命保険株式会社出張所、筆墨舗 英章堂、洋品問屋 尾張屋、諸機械販売店、酒類両替、呉服太物商 越後屋商店、舶来織物卸小売、足袋商 海老屋、諸活版販売活版印刷所 広明堂、諸写真、宮内省御用達キリンビール本店 明治屋、袋物商 亀甲屋 高橋商店、洋傘商 甲斐絹屋、人力車自転車販売 宮城商店、陶

東京府京橋区銀座附近戸別一覧図（部分） 中央区立郷土天文館蔵

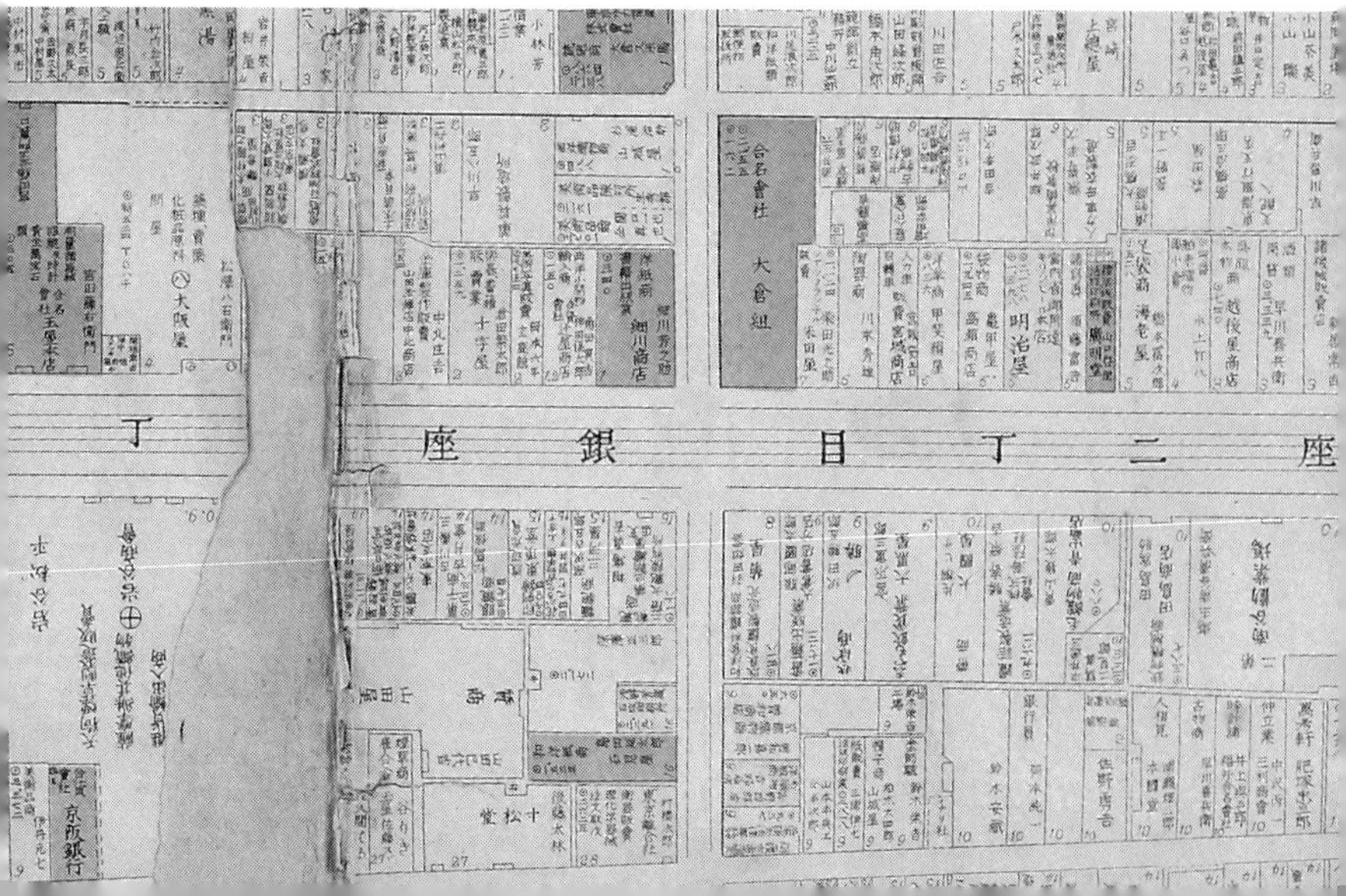

器商、シャツフランネル販売 米田屋、合名会社 大倉組

銀座三丁目

東側◆鞄靴商 第三鞆絵屋支店、麺麹商 三河屋、花かるた古切手類 上方屋、印刷舗 東頂屋、眼鏡商、菓子商 古月堂、米国シンガー製造会社東京支店、時計類貴金属商 日英堂、乾海苔玉子松魚節砂糖 板倉屋、氷水菓子商、株式会社工商銀行、シャツ商、天狗煙草製造販売薩摩絣其他織物雑貨輸入商 岩谷商会、日本酒造火災保険株式会社東京支店

西側◆洋紙商書籍出版業 細川商店、西洋小間物輸入商合資会社 辻屋商店、美術写真販売 玄鹿館、楽器書籍販売業 十字屋、金庫製作販売 山田金庫店、空き地、洋服裁縫業毛織物商 近藤商店、自転車写真器械探検電灯直輸入商 日米商会、京都染半襟 林支店、薬種売薬化粧品原料問屋 大阪屋、洋傘ステッキ 池田屋、測量諸

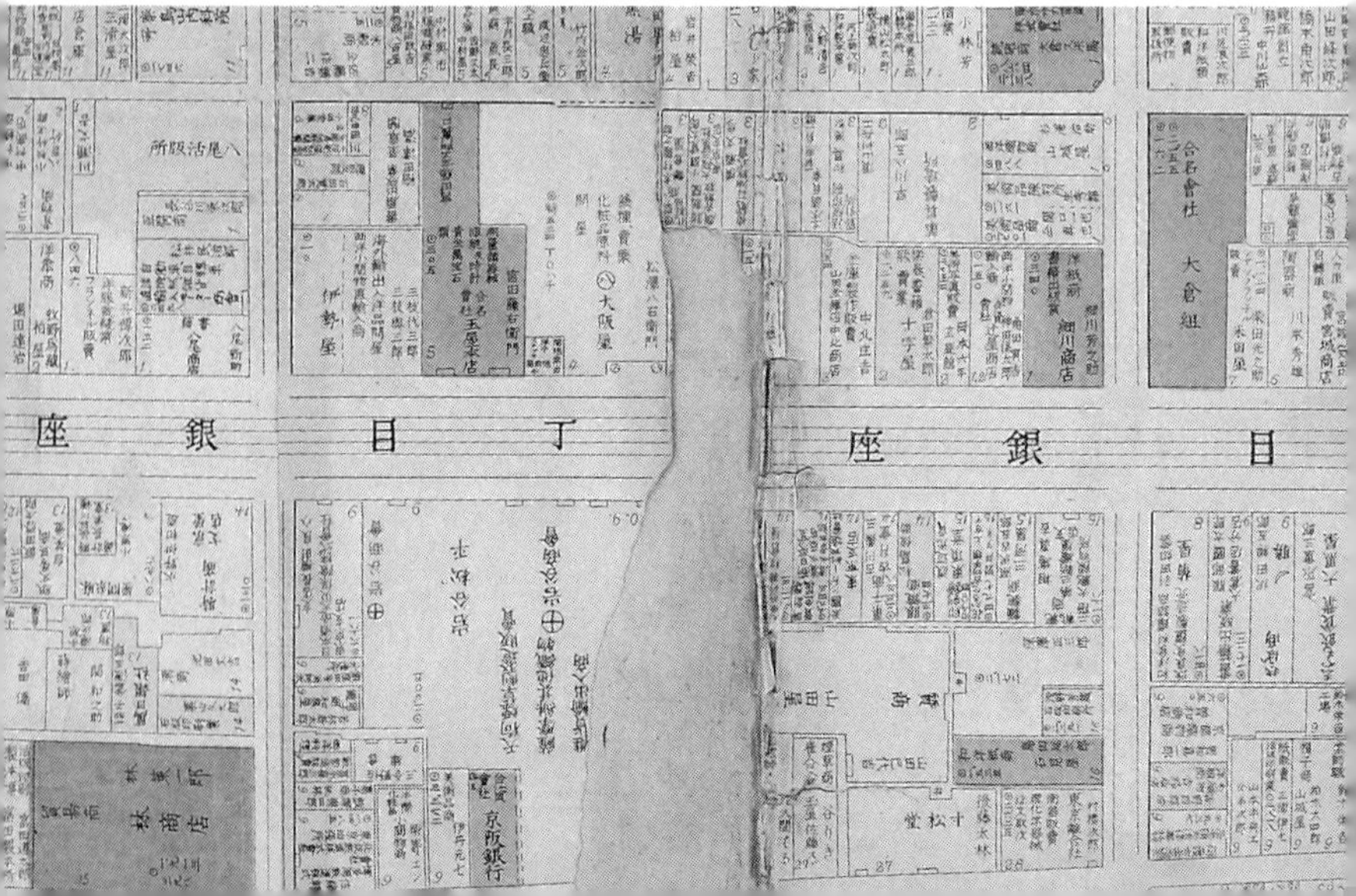

器械眼鏡時計貴金属宝石類合名会社 玉屋本店、海外輸入金庫製作販売出入洋品問屋西洋小間物直輸入商 伊勢屋

銀座四丁目

東側◆時計商 京屋支店、麻糸問屋、時計商 長永堂、紙文房具商 自笑堂、洋品商 田屋支店、生蕎麦 藪そば、天麩羅料理 天虎、太田結弐、書籍商 春祥堂、印紙類手形用売捌両替、鞄商、岐阜提灯本舗毛織物商 岐阜屋、麺麹洋菓子商、薬種商、煙草商 出頭商店、象牙商郵便切手収入印紙売下所 北村屋、中央新聞社

西側◆書籍 八尾商店、フランネル販売洋服裁縫業、洋傘商 柏屋、書籍商 教文館、糸物組糸商 倉田屋、陶器商 上総屋、自転車及付属品直輸入商 伊勢屋、革具商 伊勢惣、時計眼鏡商 伊勢惣、実業新聞社、官省用達業海外貿易業こびき社、馬車人力車製造販売、西洋酒食料品販売 三河屋、時計商

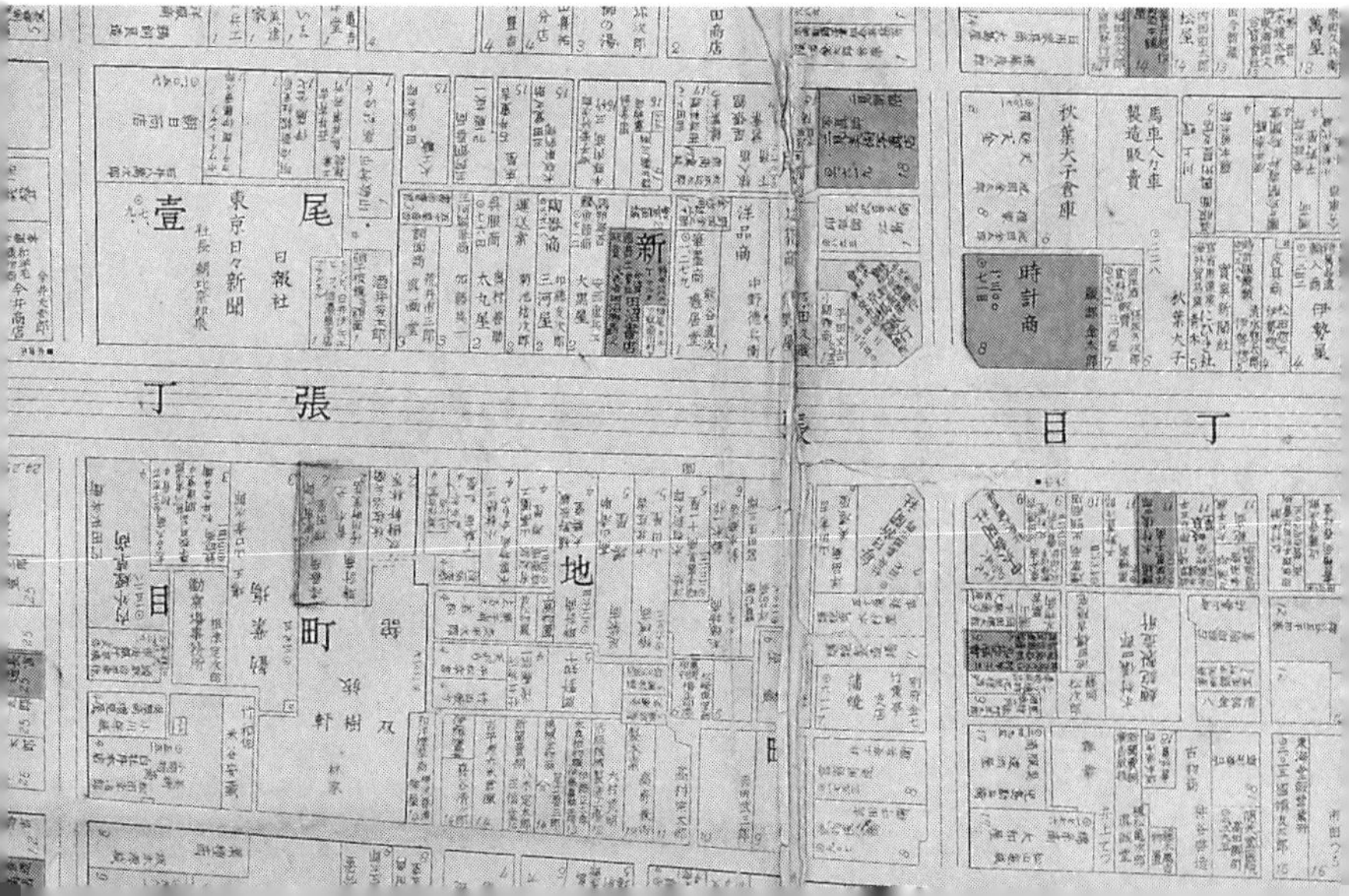

尾張町新地・尾張町一丁目（現・銀座五丁目）

東側◆毎日新聞社、洋品商 美濃屋、宝石類洋品商 玉屋分店、毛織物商 鈴木商店、洋灯硝子器具商 十一屋、機械商 山田屋、足袋商 堺屋、時計商 大勝堂、有松絞呉服商 沢屋、水果物商 かもや、下駄商 松屋、シャツ商 美佐古堂、旅館 双樹軒林屋、時計商 竹川町支店、漆器商 押田屋、勧業場、銃砲商、学校洋品 明進堂、志るこ商 初音、内外煙草商

西側◆株式会社京橋銀行、小間物商、足袋商 佐野屋、洋品商、筆墨商 鳩居堂、下駄商 川村屋、図書販売出版商 田沼書店、鶏卵海苔鰹節商 大黒屋、陶器商 三河屋、運送業、呉服商 太丸屋、三河銅器商、額面商 真画堂、硝子板鏡及額面商、トンビ・ヒフ・フランネル信濃屋支店、東京日日新聞 日報社

尾張町二丁目（現・銀座六丁目）

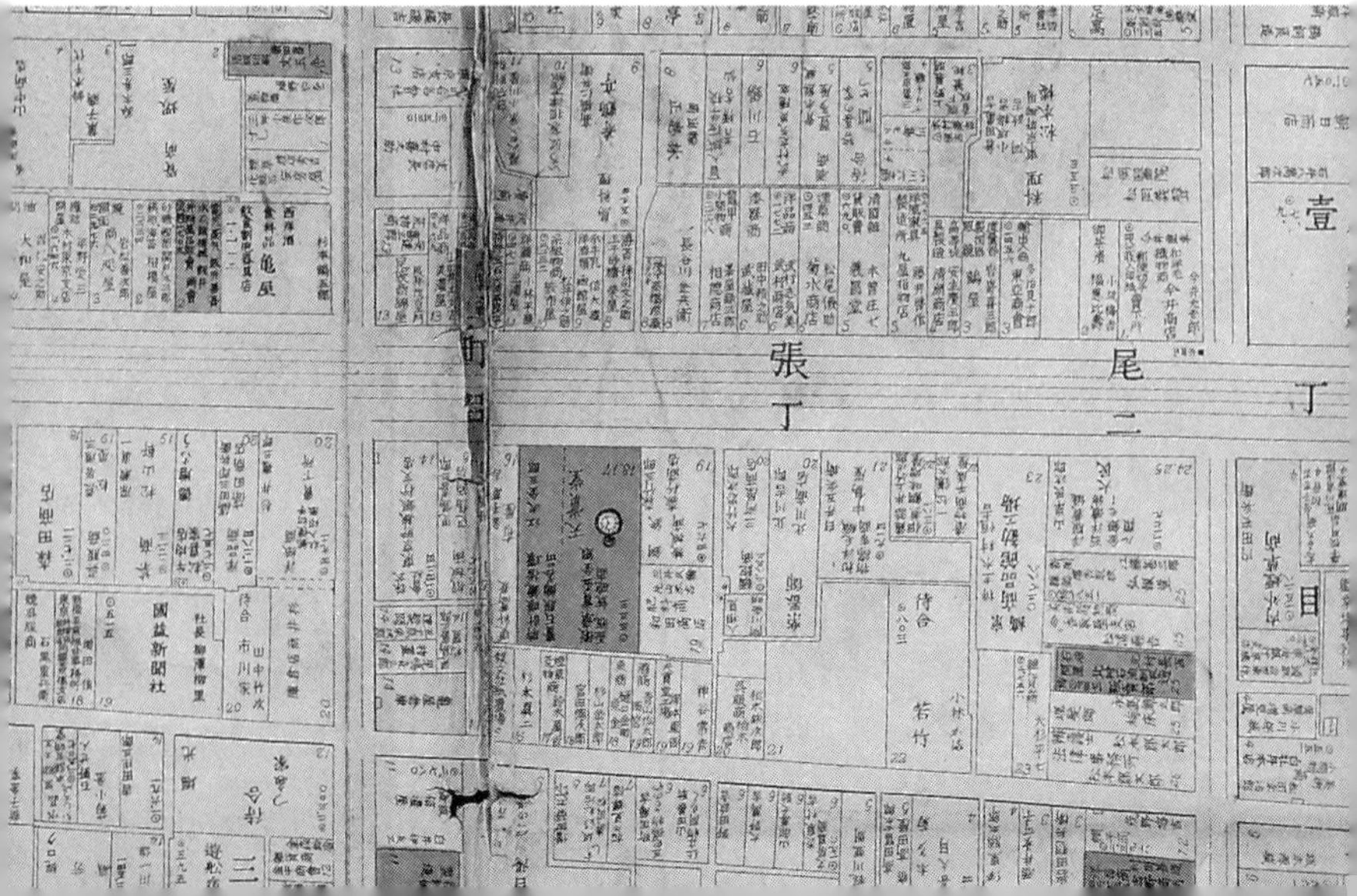

東側◆洋服裁縫西洋織物金銀モール類 大民、京橋商品館勧工場、漬物商 千歳屋、缶詰佃煮鯛味噌屋、和洋毛織物綿布商 中島屋、楽器商北川商店、麺麹商 三河屋商店、銅鉄機械商森竹商店、時計眼鏡指環宝石服飾各品・徽章賞盃金銀盃瓶銃砲商 天賞堂、更科蕎麦 布屋、鞄商 第一鞆絵屋、機械商 児島商店、株式会社東京貯蔵銀行支店

西側◆和洋毛織物商 今井商店、郵便切手収入印紙売下所、御茶漬 福恵比寿、空き地、輸出入商 東亜商会、度量器製図器眼鏡 鶴屋、高等玩具製造 清州商店、洋風家具製造所 丸屋指物店、清国雑貨販売 義昌堂、煙草商 菊水商店、洋品商 武村商店、漆器商 武蔵屋、鼈甲小間物商 相徳商店、長谷川金兵衛、洋傘ステッキ、海苔玉子砂糖 栄屋、氷牛乳洋酒類 函館屋、糸組物商 布袋屋、洋酒商 三浦屋、特許宝石金銀細工 錦綾堂、洋服商、洋品商美濃屋、足袋商 綿屋

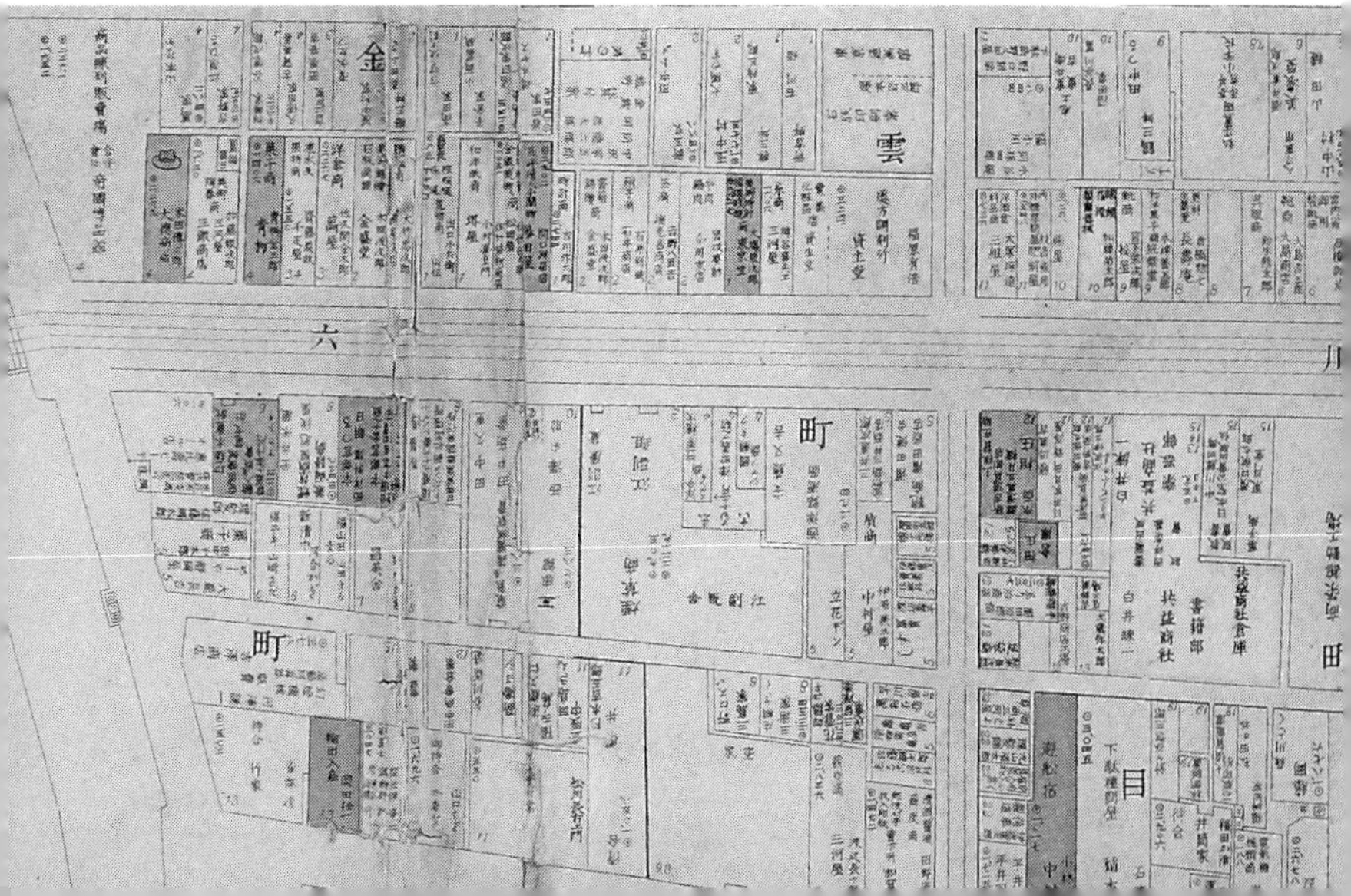

竹川町（現・銀座七丁目）

東側◆洋紙商、洋品商 篠田商店、牛肉店 松喜家、茶商 松山軒、呉服商 松星、森田商店、靴商 鈴木商店、日本聖公会新橋教会、商栄館勧工場、菓子商 東月堂、教書販売 日本聖公会出版社、書籍出版西洋楽器販売 共益商社楽器部、キリンビーヤホール、西洋家具商 吉野商店、日用家具商 新潟屋、新古道具卸店雛道具五月幟氷商 相庄

西側◆西洋酒食料品飲食割烹器具店 亀屋、電気蒸気水刀諸機械幷付属品販売 飯井商会、砂糖鰹節鶏卵海苔 相模屋、鏡額面商 八咫屋、缶詰問屋 木村東京支店、油問屋 大和屋、印版床店、金物商 森宮商店、古物袋物商 播磨屋、胡蝶園、宮内省御用製 靴商、鞄商 大島商店、呉服商、空き地、更科生蕎麦 長寿庵、和洋菓子商 筑紫堂、靴商 松屋、眼鏡指輪製図器械 藤屋、内外煙草問屋 肥前屋、洋酒食料品商 三組屋

出雲町・南金六町（現・銀座八丁目）

東側◆鞄商 浜田商店、金物商 三井商店、西洋銘酒商、シャツ商、しるこ 十二ケ月、洋傘ステッキ商、煙草商 江副組、旅館、電気及諸機械販売 田中商会、日英実業雑誌発行所、横浜九十六番シングルトンベンダ商社出張所、合資会社宇都宮回漕店、西洋料理 朝日、煙草問屋兼両替商 越後屋、電気機械輸入及販売 電友社、恵比寿ビーヤホール

西側◆処方調剤所 資生堂、売薬化粧品店 資生堂、糸商 三河屋、美術時計指輪眼鏡商 東京堂、牛肉鶏肉 今用支店、茶商 海老名商店、硝子商 石井商店、書籍錦絵商 金盛堂、時計商、西洋

婦人小間物 藤田屋、袋物煙管金銀美術 松田屋佐竹袋物店、和洋紙商 堺屋、畳表棕櫚縄麻縄荒物商 山住、麺麭商 三河屋支店、美術錦絵石版画類 金盛堂、洋傘商 萬屋、凍水果物商 千疋屋、菓子商 青柳、美術陶器商 三河屋三銀商店、帽子 大徳商店、商品陳列販売所 博品館

日露戦争凱旋パレード　明治三十八〜三十九年

日露戦争は、極東における日本の権益を確保するためにロシアと戦った戦争である。明治三十七年（一九〇四）二月十日、ロシアに宣戦布告し、朝鮮、中国東北部に軍を進めた。六月旅順攻略にかかると、国内では戦勝を期待する気運が高まった。お雇い外国人医師ベルツは、七月十日の日記（岩波文庫版）に「日本人が旅順陥落を必至と見る自信たるや、まったく恐ろしいほどである。東京の全市街では軒なみに、あるいは道路越しに、支柱を建てまわしたり、針金を張りめぐらして、ちょうちんや旗をつるすようにしてある。隣りの家では、先日、装飾電球をいくつか特別に注文しようと思ったところ、どこへ行っても、「旅順陥落祝いで仕事がつかえていて、ご注文には応じられません」との返事だった」という。十五日の日記には「市街では、旅順陥落祝賀の準備が、間断なく進行中である」と記している。

八月十九日、第三軍司令官乃木希典が率いる第一回旅順総攻撃は死傷者一万五八六〇名を出して失敗に終わったが、九月四日には遼陽の会戦に勝利し遼陽を占領した。その日の日記には、「停車場にごく近い、東京で一番繁華な場所である新橋へ行く。首都目抜きの大通り（品川・上野間）がここを過ぎている。この道路は、すこぶる広々としたもので、樹木が植えてあり、幅の広い歩道は夜間人々で一杯にあ

ふれている。今日は到るところ、色とりどりのちょうちんと電灯が、無数の国旗の間にともっていた。しかし、群衆は、ちょうど毎月の縁日かなにかの場合と同じく、きわめて静粛に、なんの騒々しさもなくゆるゆると動いていた。顔付にも挙動にも、興奮の色は全然認められない。さまざまな人群に雑《まじ》ったが、戦争については一言も耳にしなかった。万歳の一声すら聞かなかった」と、旅順作戦に苦戦を強いられている最中、市民が遼陽会戦の勝利に沸き返る姿はなかった。

そのころ、銀座二丁目の胡蝶園では「戦捷ピン」「御国おしろい」を、天賞堂では「戦捷ピン」を売り出し、日報社（東京日日新聞の発行元）、天賞堂、白牡丹、凮月堂ではイルミネーションで飾り、提灯、ろうそく、国旗、陸・海軍旗が飛

凱旋門（新橋）の光景

ぶように売れたという。なお、凮月堂は陸軍糧の御用を務め、軍用ビスケットの製造をおこなっていた。「南鍋町の製造所の前には、軍用重焼麵包と記した烙印のある空函数十個が、何時も堆積されて」（「凮月堂の家政」『実業世界太平洋』明治三十七年八月および九月）いたという。

日露戦争による戦争景気は、日本橋をはじめ銀座の商店に大きな利益をもたらした。軍服、シャツ、手袋、軍靴、食料品など、軍からの直接の発注のほかに、間接的に売り上げを伸ばした職種があった。「第一が時計店、第二が刀剣商、第三が書籍店（出版社）、第四が国旗店、第五が写真店などで」（「日露戦争と機敏なる市中商人」『商業界』明治三十七年三月）あったという。時計は、出征兵士を対象に陸海軍人実用時計などと称して、服部時計店や天賞堂などで大々的に売り出した。書籍は日清戦争の時に日本橋にあった春陽堂から『日清交戦録』、博文館から『日清戦争実記』、東洋堂から『日清戦争図会』を出して莫大な利益を出したが、日露戦争の時も多くの出版社が実録物を出した。なかでも一番早かったのは金港堂の「軍事界」であった。写真が未だ普及していなかったので、戦争錦絵が飛ぶように売れた。

国旗は歳末とか、天長節（天皇誕生日）とかに売れるくらいであったのが、開戦と同時に売れだし、戦勝の報が伝わると品不足になるほど売れた。銀座四丁目の旗店神谷商店では開店以来の景気で、大勝

「凱旋門（新橋）の光景」絵はがき　中央区立郷土天文館蔵

の知らせがあった明治三十八年三月九日から三日間で小旗は数知れず、大旗は二七〇〇枚が売れ、十日の日比谷公園に戦勝祝いが開かれるという噂を聞き込んで、急きょ仕入れて売ったところたちどころに売れたという。

> 殊に同店は陸軍部内の某士官の勧誘を受けて、今回先登旗なるものを造り出した、がこれは出征軍人の為めで、日清戦争の時諸所の城塞攻撃に際し、先登した部隊が旗を持つて居なかつたことがあつたので、とう／＼其功を後続部隊に告知し難く、現に太沽砲台を占領した折にも、先登の某隊が小指を断切つて、持つて居た手巾に血汐を以て日章を画き、之を国旗に代へて押立てたといふ勇壮な事実がある。かういふ有様なるも各兵士に官給で旗を渡すことは出来ない、そこで今回は同店に命じて、義務的に実費を以て調整させ、軍人に限り売らす事と致したが、既に高崎の聯隊からは一万枚の注文があり、各聯隊よりも続々申込まるゝさうである、夫れにしても結構な金儲けと云はねばならぬ。
>
> 前掲『商業界』

この時期、主要新聞社がまだ銀座に集中していたため、戦況を報ずる号外が頻繁に発行された。日本海海戦の時、「編輯局も植字場も、販売部も滅茶々々の気勢で銀座は歓喜の怒濤、山の手下町は万歳の大暴風《あらし》。号外の売れる凄まじさ。脚《あし》の強い者はみんな号外売になり、人力車夫が払底といった形で、一時三千人の号外隊が出来て、銀座の各新聞社を包囲してゐました。（中略）ある閑人が、号外売の盛んに飛び回るのを、新橋の上で数へましたら、一時間百四十八人通つたといふことでした」（篠田鉱造「日露思出話」『銀座』昭和十二年十一月号）という。篠田はまた同じ思い出話のなかで「市内はまた宿舎で大賑ひ。就中《なかんずく》新橋一帯の芸者屋待合は兵隊さんの御客――勇ましい出征兵士ですから、花柳界の女連は夢中になつて、八官町の河内屋（待合）なんか、四十名の兵士を宿泊せしめ、喜代治、くめ、末吉などの名代の妓《こ》が接待《とりもち》ですから、女はふんだんに居るんで、兵士さんも「まるで女護島へ出征したやうだ。これでは死んでも心残りはない」」と記している。

写真館も出征に先立って記念に写真が撮られたため、記念写真を撮る出征軍人、家族で賑わった。

明治三十七年十月二十六日の旅順第二回総攻撃にも失敗し、十一月二十六日の第三回総攻撃でようやく二〇三高地を占領した（日本軍死傷者一万六九三五人）。その後、日本海海戦にも勝利し、翌三十八年六月アメリカ合衆国大統領ルーズベルトの斡旋で戦争は終結した。小村寿太郎は七月、全権として新橋を発つときは盛大な見送りを受けたが、アメリカのポーツマスにおける講和会議は難航し、もはや戦争を続ける力のなかった日本は賠償の要求を取り下げて、九月五日に日露講和条約を締結した。これに対して対露強硬派の頭山満、河野広中らが講和反対の国民大会を呼びかけ、多くの民衆が日比谷公園に集まった。日露戦争は大国を相手に多大の犠牲をはらって勝利した戦争であったために、国民の間では賠償金の獲得は当然と考えるものが多かった。警視庁は日比谷公園入り口を閉鎖し大会開催を阻止しようとしたが、民衆はそれを破り、大会は強行された。大会後、激昂した民衆は内相官邸、国民新聞社、キリスト教会、警察署、交番、電車などを焼打ちし、東京は騒乱の巷と化した。これを日比谷焼打ち事件といい、銀座はその中心にあった。事件の経過については次項で触れる。

東京に戒厳令がしかれ、騒動がおさまったころから、凱旋する将兵を迎える準備が始まった。ちょうど時を同じくして、十月十一日に英国東洋艦隊が日露戦争の勝利と第二回日英同盟協約の成立を祝するために日本を訪れていた。詳しくは後に触れるが、新橋駅前には国旗、球灯、幔幕など装飾をほどこして歓迎の意をあらわしていた。全権の小村寿太郎が帰国したのは十月十六日であった。小村全権の列車が新橋に近づくころには、芝口、新橋、銀座通りはもちろん、麴町、京橋、日本橋、神田その他の区でも一斉に装飾物が取り払われた。新橋駅前は装飾物も国旗一本もなかったという。騒動の再発を避けるためであった。小村を迎える新橋駅内外は警官、兵士の警戒が厳重で、市民の人数も少なく、桂内閣総理大臣、山本海軍大臣の出迎えを受けたが、出発のときの響き渡る万歳の声もなく、脱帽するものもないなか、宮内省差し回しの馬車に乗って皇居に向かった。小村の帰国はともかく騒動になることを免れた。

その直後に新橋、京橋、日本橋、万世橋などに凱旋門が急きょ建てられた。十月二十三日の『東京朝日新聞』はその景況を次のように伝えている。

満都の家々が国旗及び海軍旗並びに球灯を以て飾られたるは勿論、各街灯の辻々には到る処大国旗を交叉し、殊に日本橋、京橋、神田方面は都下の目貫だけ其装飾美麗にして毎戸軒提灯及び大小の国旗の外、店先に大いなる屋根提灯を立て、中には各国の国旗を屋上に聯掲したるもあり、紅白の幔幕を打廻らしたるもありて、全都錦の裡に包まれたる如く花の都とは正に之をいふならんと思はれたり。又凱旋門は新橋停車場《ステーション》前に造られたるものは別として、其他には京橋際に建設せられしもの殊に宏麗にして春日式の御殿造り全部を丹塗りとしたるなど寧ろ凱旋殿といふを適当とすべく、次は日本橋の洋風凱旋門にして橋は全部紅白の巾《きれ》にて包み、門は其南端に設け瀟洒たる白色の構造は淡泊にして雅趣あり。

各商店でも趣向を凝らした飾りを設けた。日本橋の三越は凱旋門を設け、白木屋は大緑門が人目を惹いた。銀座では銀座四丁目の服部時計店が国旗形のガス灯二基を点じ、その両側に各国旗を配し、紅白の幕を張りだし、京橋北詰にはアーク灯六本に国旗を掲げたのが人目を惹いた。

日露戦争で戦った将兵たちの凱旋の先陣をきったのは、明治三十八年十月二十二日の東郷平八郎率いる連合艦隊の凱旋であった。二十日に横浜港に入港し、横浜市民の歓迎を受け、二十二日の入京となった。皇族、大臣らの挨拶を受け、駅の内外では万歳の声、歓呼の声に包まれた。駅前には芝口一丁目に向けて駅舎にも新橋にも斜めに巨大な凱旋門が設けられ、整列した儀仗兵を前に馬車は汐留川に沿い、幸橋を渡って皇居へと向かった。「川を隔てたる京橋区の側にては、博品館が海陸軍旗花傘等にて美々しく飾付けたるを始めとし、其他の家々は悉く紅白の幔幕を張り、丸屋町角の陸運社より土橋なる写真店江木塔上に向たるを始め、幾筋となく綱を引渡して、万国旗を懸連ね、電気鉄道にても土橋際に大竿を樹てゝ、各国旗を飾付けて、歓迎の意を表し」(『風俗画報』臨時増刊、「凱旋図会」、明治三十八年十一月十日)た。沿道には鍋町女学校や泰明小学校の生徒が整列して小旗を手に歓迎している。

翌十月二十三日、東京湾において海軍凱旋式の行事として、天皇の行幸を仰ぎ、艦艇二〇〇隻が参加した大観艦式がおこなわれた。観衆数万人にのぼったという。夏目漱石は横浜在住の渡辺和太郎から観艦式の招待を受けたが、「小生も一寸参りたいが汽車が非常に込み合ふだらうと思ふのと今一つは八時前に尊宅に伺ふ勇気がないので失敬します。あしからず」(十月二十三日付はがき)としてあまり関心を示していない。十月三十日、内田貢宛に書簡を送って「友人に誘はれ上野音楽堂へ参り日本橋銀座辺のイルミネーションを見て九時頃帰宅」と書いている。二日後に広島の鈴木三重吉へ送った絵はがきには

「東京は東郷大将の歓迎会やら、ブライアンがくるやら中々賑ひます」と書いているが、感想めいたものはない。

さらに二十四日には、東京市主催の凱旋艦隊歓迎会を上野公園において開催した。この日東郷らは新橋駅に待機し、横浜からの艦長以下の将兵を待ち受け、隊伍を整え、五台の花電車を先頭に馬車を連ねて上野へと向かった。沿道には紅白の幔幕を引きめぐらし、国旗と軒提灯を飾った。先導役の尾崎行雄市長、大岡育造市会議長らが乗った馬車の馬が脳充血で倒れたり、尾張町あたりで後続の馬車が群衆の歓呼の声に驚いて列から離れ暴走するというハプニングがあった。

その後、十二月七日、総司令官大山巌大将、総参謀長児玉源太郎大将率いる満州軍総司令部の凱旋、ついで九日、第一軍司令官黒木大将の凱旋と続いた。

夏目漱石は短編「趣味の遺伝」のなかで新橋駅の情景を捉えている。漱石が新橋駅構内で見た凱旋将軍は、このいずれかであろう。明治三十九年一月号の『帝国文学』に発表されたこの作品は、前年十二月四日から十一日までの八日間に書き上げたもので、ある人を迎えに新橋駅に行って、たまたま凱旋に遭遇した情景を書いたものである。「図書館以外の空気をあまり吸つた事のない」主人公は、「遼東の風に吹かれ、奉天の雨に打たれ、沙河《さか》の日に射《い》り付けられ」た将軍の横顔を見ている。「場内も亦往来の様に行列を作つて、中には態々見物に来た西洋人も交つて居る。西洋人ですらくる位なら帝国臣民たる吾輩は無論歓迎しなくてはならん、万歳の一つ位は義務にも申して行かうと漸くの事で行列の中へ割り込んだ」。生まれてこの方万歳を唱えたことのない主人公は、今日こそ声に出そうと決心していたが、「出しかけた途端に将軍が通つた。将軍の日に焦《や》けた色が見えた。将軍の髯の胡麻塩なのが見えた。其《その》瞬間に出しかけた万歳がぴたりと中止して」しまった。駅前は「群がる数万の市民が有らん限りの鬨《とき》を作つて停車場の硝子窓が破れる程に」響いたという。

そして十二月十七日、東京市主催の第一回東京市凱旋陸軍大歓迎会が上野公園で開催された。その日はあいにくの雨模様で、日比谷公園に集結した将兵は、午前十一時司法省前を通り幸橋を渡り二葉町、芝口一丁目を経て銀座大通りに出て、新橋―京橋―日本橋―万世橋を渡り、上野公園に達した。沿道には小学生をはじめ多くの市民が詰めかけ、傘、傘、傘で埋まりプラットホームのような有様で、立錐の余地もなかったという。

提灯行列も連日続いた。歌人の窪田空穂は当時電報新聞社に勤めていたが、新聞各社連合の祝賀会があって提灯行列に参加している。窪田によると、「その頃は誰も提灯行列というものを知らなかった。初めての催しで、見た者もなかったからである」（『わが文学体験』平成十一年、岩波文庫）と回想している。わが国最初の提灯行列だったのだろうか。この行列では和田倉門を渡ったところで、行列と見物人とでごった返し、死傷者が出ている。

明治三十九年（一九〇六）に入り、まず一月十二日の第二軍司令官奥保鞏《やすかた》大将の凱旋に始まり、十四日の第三軍司令官乃木希典《まれすけ》大将、十七日に第四軍司令官野津道貫大将、二十日に鴨緑江軍司令官川村景明大将らが相次いで凱旋した。凱旋将軍たちは新橋駅に到着し出迎えの歓迎を受け、馬車に分乗し新橋駅前の凱旋門をくぐり、汐留川沿いに芝区芝口一丁目、二葉町を進み、幸橋を渡り、内幸町一丁目を左折して桜田門へ向かい、二重橋から皇居に参内した。

市中の歓迎ぶりは、将軍たちのなかでもとくに乃木大将に対して熱狂的であった。旅順の戦いでは、攻防を繰り返し、多大な犠牲を出して攻略に成功した将軍、東京を管区内にもつ第一師団長経験者として、また個人的にはこの戦いで息子二人を失った悲劇の将軍であるという事情から他の将軍たちに対するとは異なる歓迎となったのである。
一月十四日午前十時三十九分、新橋駅に到着、駅頭に降り立った乃木大将は、政府高官、宮家の使い、陸海軍将官をはじめ、外国武官を含む各界の代表者の盛大な歓迎を受け、それは数千人に及んだという。大山、東郷大将とも固い握手を交わした。最初は秩序だったものであったが、そのうちに握手を求める人々が押しかけて、将軍自身も身動きが取れない状況になるほどであった。一行は停車場を出て、芝口一丁目—二葉町通—麴町—内幸町を経て桜田門より二重橋を渡り皇居に入ったが、大山、東郷大将凱旋の時より盛況であった。

乃木はかつて銀座煉瓦街に住んだことがある。鎗屋町六番地の二等煉瓦家屋で、現在の銀座四丁目四番松屋通りに面したところである。明治八年七月から同十二年五月までの四年弱であったが、その間、明治八年十二月には熊本鎮台歩兵第十四聯隊長心得となり、翌年には秋月の乱の鎮圧、さらに十年一月には西南の役に参戦、二月二十一日には聯隊の一部を率いて熊本城に入らんとして果たせず、植木付近で軍旗を奪われた。東京に戻ったのは十一年一月であったから、実際に銀座にいた期間は短い。

この時期、乃木は西南戦争で聯隊旗を失うという恥辱もさることながら、実弟玉木正誼（幼名真人、玉木文之進の養子となり改名）が萩の乱に前原一誠の参謀として加わり戦死したことなど実に辛い思いをしている。荒れた心で遊蕩三昧に耽った時期でもあった。乃木が薩摩藩士湯地定之の四女静子と結婚したのが明治十一年八月であるから、新婚生活は銀座で始まったことになる。祝言の日も料理茶屋に入り浸り遅刻したと伝えられている。そのようななか、グラント将軍来日の際に東京鎮台第一聯隊を指揮して沿道の警備にあたったことはすでに述べた。

前年十二月十七日、東京市が満州軍総司令部、第一司令部、近衛師団を上野不忍池畔に招待して第一回東京市凱旋陸軍大歓迎会が開催されたことはすでに述べたが、二月十六日に第二、第三、第四軍と鴨緑江軍の各司令部を招待して、日比谷公園において第二回東京市凱旋陸軍大歓迎会が開催された。各軍隊は上野不忍池畔に集合して、それより「下谷黒門町、神田松富町須田町に出で日本橋本石町より同区数奇屋町を経て、京橋弓町より壕に沿ひ、山下門址を入り。日比谷の式場」（『風俗画報』）に達したという。これで見るかぎり現在の銀座中央通りは通らずに並木通りを通って二丁目か三丁目で右折して外濠に出て、外濠に沿って進み、御幸通りの山下橋を渡り日比谷に達したのではないかと思う。

そして、五月五日、日比谷公園において第三回東京市凱旋陸軍大歓迎会が開催され、一連の戦勝歓迎行事は終わった。第三回歓迎会では芝居小屋、玉乗り場、相撲の土俵が、また大テントをつなげて八〇〇〇〇人を収容できる大食堂が設けられ、池のほとりの模擬店には酒、ビール、そば、おでん、汁粉、団子、水菓子、緑茶にウーロン茶を商う店がでた。銀座の松崎煎餅店では「ハイ、これは塩煎（勝戦）」と叫んで売っていたという。最後とあって多分に遊興的な色彩の強い歓迎会となった。『風俗画報』は臨時増刊号「凱旋図会」を出してこれらの様子を詳報している。

日比谷焼打ち事件　明治三十八年九月五日

日本海海戦が日本の大勝利でおわった三日後の明治三十八年（一九〇五）五月三十一日、政府はアメリカ大統領ルーズベルトに講和の斡旋を依頼した。首席全権に任命された外相小村寿太郎は、七月八日群衆の歓呼の声に送られてアメリカへと出発した。交渉は償金と領土問題でもめ、十数回に及ぶ会談が開かれたが、なかなか決着がつかず、最後は償金をあきらめ、北緯五〇度以南の樺太（現在のサハリン）の割譲その他で決着し、九月五日、正式に日露講和条約は調印されたのである。

一方国内では多大の人的・物的犠牲を払っての勝利という認識が強く、講和の内容に反対する有志が集まって、対露同志会その他の団体が生まれたが、東京では明治三十八年七月十九日、講和条約を国辱的と考える国権主義各派が糾合して講和問題同志連合会が結成され、同三十日には歌舞伎座において大演説会を開いた。そして九月五日、同会は日比谷公園において国民大会を開くことを決定した。当日の『万朝報』に集会を呼び掛ける檄文が載った。「来たれ、来たれ、来たれ。講和問題全国同志大会、とくに本日をもって日比谷原頭に開かれんとす。血あるものは来たれ、涙あるものは来たれ、骨あるものは来たれ、鉄心あるものは来たれ、義を知るものは来たれ、恥を知るものは来たれ」、「来り会せざるものは、血性なき徒也、骨頭なきの徒也、公憤なき徒也、義魂なき徒也、国家の憂を憂とせざるの徒也、亡国の民也、露探也」と。警視庁はただちに集会禁止を命じ、国民大会委員を逮捕し、日比谷公園の六つの入り口にバリケードを築き、警察官を配置して警戒に当たった。しかし大会には市内はもちろん、近県からも市民たちが集まり、各所で小競り合いが起こり、午後一時頃にはバリケードがあっという間に破られ、なだれ込んだ群衆は数千人に及んだという。日比谷公園での大会は河野広中を議長に選び、「講和条約破棄決議」などを採択して、わずか三〇分で解散した。この騒ぎに対して警察官はなすすべがなかった。

ドイツ・ケルン市の東洋美術館の創設者アドルフ・フィッシャー夫妻は、明治三十八年、東洋美術の研究と収集のため来日、京都帝室博物館での調査の後、八月末上京、たまたま九月五日の騒動に遭遇した。「激昂した群衆が公園の塀を突破し、園内に乱入した。ちょうどそのとき、折あしく、わたしたちは現場に居あわせてしまった。目のまえを、抜剣した巡査隊が前進し、群衆のつぎの行動、つまり内務省乱入をかろうじてくい止めた。しかし、こんどは投石の嵐が巡査隊をおそった。群衆は完全に狂乱状態におちいっていた。わたしたちは生きた心地もなく間一髪、わきの茂みに飛び込み、ほっと胸をなでおろした」（フリーダ・フィッシャー『明治日本美術紀行』安藤勉訳、平成十四年、講談社学術文庫）のであった。

会場を出た群衆の一隊は予定されていた演説会の会場、新富座を目指した。新富座は京橋区新富町六丁目（現・新富、京橋税務署のところ）にあり、群衆は日比谷公園からは銀座を越えてくることになる。演説会も中止を命ぜられていたが、新富座はすでに集まった聴衆でごった返していた。午後五時頃、群衆は警察官の制止もあって解散、その一部は政府の方針を擁護した日吉町（現・銀座八丁目）の国民新聞社を襲撃した。興奮も収まらず、またある一団は日比谷から銀座へと繰り出し、暴徒化して、銀座の表通りを抜け、市電に火を放つなどして日本橋方向へと進んだ。

政治家でジャーナリストでもあった矢野龍渓は、『戦時画報臨時増刊 東京騒擾画報』に「出鱈目の記」という見聞記を寄せている。矢野は銀座四丁目交差点からそう遠くない友人を訪ねると、そこの書生から、ただいま内務大臣官舎が群衆のために放火された、と聞かされた。その時はただそれまでのことと思い、夕食後銀座を散策して本屋に立ち寄り、必要な本を求めようとして、四丁目から新橋に向かった。

銀座通り出雲町の角に至る、是処《ここ》には巡査の交番所あり、角店は資生堂と云へる薬舗にて、それより二三軒南隣に一書肆《しょし》あり、予は此の書肆に立入りて、彼れ此れと新版物など展観し居たりし折、俄かに表の方、バタ〳〵ドタ〳〵と忙《けたた》ましき足音して、新橋の方より、多勢の人衆、馳来れり、店の番頭小僧等も皆な表口に飛出す様子なれども、予は深くも気を留めず、何事にやと思ひ居る中、番頭小僧等、慌てゝ店先の書物を片付け「早く戸を締めろ」「店を立てろ」と犇《ひしめ》き合ふ様只ならず見ゆるに、「何事にや」と聞けば「今群衆が資生堂の前なる交番所を攻撃に来りしなり」と、因《よつ》て表に立出で見れば、早や同処の交番前は、群衆雲霞の如く取巻き、物を叩き壊はす音抔《など》せり（以下略）。

見ると、群衆は出雲町（現・銀座八丁目）の交番を電車の軌道上に持ち出し、火を付け、交番は燃え上がった。矢野は新橋際の博品館前から巡査に追われて汐留川に落ちた人を助ける光景を見ていると、知人に会い、土橋や新橋駅付近の交番が焼打ちされたことを知らされた。矢野は帰宅するために、銀座通りの東側をゆくと、新橋方面から来た市電と京橋方面から来た市電が出雲町のところで、焼打ちにあった交番のために次々と立ち往生しているのが見えた。銀座通りの東側に出ていた露店の商人は、降って湧いた騒動に慌てふためいて商品を片付けていた。この時、八、九名の巡査がサーベルを引き抜いて暴徒や見物人を追い払っていた。四丁目交差点の交番前には一五、六名の巡査

襲撃された秀英舎ビル
『東京騒擾画報』（明治38年）より　個人蔵

が警戒に当たり、さらに四、五名の巡査が付近を徘徊していたので、交番は無事で終わると思いながら、矢野は帰宅した。

矢野はこの騒擾事件を最後まで見届けたかったのだろう。休息の後、四丁目交差点に引き返すと、先ほどまで無事であった交番は中央に引き出され、燃やされていた。

すると、数寄屋橋方面に群衆の鬨の声があがるのを聞いた。それは印刷会社の秀英舎前だった。現在の数寄屋橋交差点の東北角である。ふたたび矢野の文章を引用しよう。

遠からぬ故、其方に歩を向くれば、今しも群衆は、同舎の窓硝子及び入口を破壊するの時なりき、見物の群衆は、十四五間を隔て眺め居たり、其内に同舎の入口前にて、パッと火の手が上りしに、見物人は同音に「それ火を着けた」と叫ぶ者多かりしが、右は一時のことにて、又暗黒と変じ、夫《そ》れより舎内の洋紙、其《その》他の諸道具を、往来に持出す騒ぎとなれり、此時は既に月は西に傾き、街灯の光にて微かに其働らきを認め得るのみ、攻撃の人数は、百人には上らざりし如し。

十数名の暴徒はガラス窓を壊し、道具類を持ち出して叩き壊し、印刷用紙を破き捨てるなどした。三〇分ばかりの間に数寄屋河岸から並木通りあたりまで車道といわず歩道といわず雪が降ったように白一色になったという。

この光景を見た住人がいる。弥左衛門町（現・銀座四丁目）並木通り沿いに住んでいた葛籠屋の息子浅野喜一郎である。

秀英舎は当時国民新聞社の印刷を引き受けていたため、それを嗅ぎつけた壮士たちが暴徒と一体になって夜陰に乗じて白鉢巻で乗り込み、輪転機はもちろん、二階の植字用の活字ケースや用紙を手当たり次第に往来へ投げ出すという物凄さに、生きた心地がしなかったと、父や母が話していた。私はまだ子供で、そんな怖さの覚えはなかったが、朝眼をさまして表へ出てみると、器具といわず活字といわず道いっぱいに飛び散り、印刷用の用紙も撒き散らされ、まるで雪が降り積ったような状況で、前夜の暴動の恐ろしさを目の当たりに見た思いだった。

野口孝一編著『明治の銀座職人話』昭和五十八年、青蛙房

この日、暴徒は内相官邸、キリスト教会、交番、電車を焼打ちし、それは深夜まで続いた。銀座では、出雲町交番、三十間堀分署、京橋分署、数寄屋橋派出所が焼打ちに遭っている。ここで注目されるのは、無差別の焼打ちではなく、交番などは道路の中央に引きずり出して火をつけ、商店に被害が及ばないように配慮していることである。一定の秩序が保たれていたといってよいであろう。暴動は群集心理に火がついた側面もあったが、民衆が初めてその意思を行動で示した側面もあったのである。暴動は翌六日も続き、政府は軍隊を出動させ、夕刻戒厳令を公布、言論を厳しく取り締まり、多くの新聞が発行停止となった。

銀座は繁華街としてつねに話題となり、示威行為の恰好の場所になったのである。この日比谷焼打ち事件の暴動は銀座にとって最初の経験であったが、その後もことあるごとに民衆の示威の場となるのである。

市電運賃値上げ反対騒擾事件　明治三十九年九月五日

銀座通りに馬車鉄道が開通したのは明治十五年（一八八二）。それから約二〇年間東京市内交通の王座にあった馬車鉄道株式会社は、電気鉄道に移行することを決め、東京電車鉄道会社を新たに設立し、明治三十六年（一九〇三）に品川―新橋間を開通させ、これにより馬車鉄道は姿を消し、電気鉄道時代に入ったこと、さらに紆余曲折の末、三社分立時代を経て、東京鉄道会社に統合される過程についてはすでに述べた。

三社が明治三十九年三月一日に内務省に対して運賃三銭を一律五銭に値上げするという案が明るみにでると、戦後恐慌のあおりを受けて家計に苦しい市民の間から乗車賃値上げ反対の声があがった。同年一月に結成されたばかりの西川光二郎や堺利彦らの日本社会党と山路愛山らの国家社会党が三月一日、日比谷公園で市民大会を開いた。三月十五日にも市民大会を開いたが、この時、市会に押しかけて騒いだり、電車に投石するなど暴徒化したので西川らは兇徒聚衆罪で警察に勾引された。さらに十八日に第三回の市民大会を開こうとしたところ、大会は禁止された。この事態に三社は値上げ案を取り下げたため、運動は沈静化した。

ところが、六月、内務大臣の調停により三社は合併することになり、八月一日、電車賃四銭均一、学生、労働者の朝の割引制を内容とする新会社・東京鉄道株式会社設立の認可が下りた。これを知った日本社会党と国家社会党は運動を再開した。八月十日、日本社会党の男女一四名が党本部（神田三崎町のミルクホール平民舎）を出発して九段―市谷―麹町―三宅坂―日比谷―内幸町―新橋―銀座―日本橋―須田町―万世橋―下谷―上野―本郷切通しの順路でチラシを配布している（荒畑寒村『寒村自伝』昭和三十五年、論争社）。このような状況下で九月五日、市電の運賃値上げ反対の市民大会が午後一時本郷座で開催され、「三銭均一制を厳守すること」などを決議し、平穏裏に終わったが、その夜開かれた日比谷公園の市民大会では、三々五々集まってきた市民は開会時には万を超える群衆に膨れ上がっていた。

この日はちょうど一年前、日露講和条約反対の大会があり暴徒化した記念日にあたっていた。九月五日の銀座通の商店は、昨年の騒動を想定して、戸を閉じて警戒していたため、人影はとだえ、巡査と野次馬がわずかに見られるのみであった。

政府は暴徒化を防ぐために、市民が満足するように取り計るから十一日まで待つように、大会関係者に伝えた。大会はその趣旨に沿って閉会し、示威行進に移り、正門から出て東京市街鉄道会社の前で値上げ反対を叫んで山下門にいたり、数寄屋橋のところで銀座大通りに出て、五時前に散会した。この時点では銀座は無事であった。ところが猶予決議に不満をもつ市民たちが日比谷公園に集まってきた。八時過ぎ、演説を終えた若者の後にしたがい、東京市街鉄道会社前では警官、憲兵が立ち警戒物々しく、そこは静粛に過ぎたが、山下門から数寄屋橋へ進み、数寄屋橋停留所のところへ来ると、ちょうど鍛冶橋方面からの電車が到着、それを見た群衆は電車めがけて石を雨あられのごとく投げた。運転手、車掌が逃げ出したその隙に、白絣の単衣を着た男が電車に飛び乗り、運転して京橋方面へ去ったという。

さらに銀座では、通りかかった電車六台につぎつぎと投石を繰り返し、運転手と車掌は逃げ出すという始末だった。商店はみな店を閉じ、騒動が収まったのは十二時過ぎであった。

この騒動に参加した人たちの多くは、学生、勤め人、小商人、官吏であったが、電車の路線拡大で職を失った人力車夫も加わっていた。

英国艦隊の来航　明治三十八年十月十二日

先に触れたように、日露戦争の勝利と八月の第二回日英同盟協約の成立を祝するため英国東洋艦隊は、巡洋艦六隻、駆逐艦六隻と報知艦一隻の編成で横浜港に来航した。明治三十八年（一九〇五）十月、司令長官ノーエル大将率いる英国東洋艦隊一三隻が途中神戸、京都に立ち寄り市民の歓迎を受けたのち、十月十一日に横浜に入港した。すでに述べたように、九月五日にはポーツマス講和条約に反対する民衆の騒擾事件がおこった直後であり、条約調印に署名した外相小村寿太郎の帰国直前という微妙な時期の来日であった。

横浜では盛大な歓迎を受けた。横浜市公園における歓迎園遊会が開かれ、立食による饗応がおこなわれた。会場ではこんな光景が見られた。「内外婦人の来会者も頗る多く、晴の服装に美を尽したる姿は会場に一段の光彩を添へたり。殊に在留英人の重なる人々も招かれし事とて貴女《レディー》の綺羅を競ひしも目覚ましくアマチュア倶楽部楼上なる婦人休憩所は是等の内外婦人を以て充たされ、又外国婦人中には芸妓の手踊を見て大に喜び、最後に日英同盟踊を演じ、五十人の美形ズラリと舞台に現はれし時の如きは覚えず喝采し万歳を唱へたる貴女もあり」という場面もあり、市民との交流があった。夜にはオリエンタルホテルにおいて横浜市による晩餐会がおこなわれた。水兵たちには自由行動がゆるされ、夜の巷に繰り出す姿が見られた。「山下町其他の銘酒店は英国水兵入込み、遊廓にも同水兵三百名日本水兵四百名程入込み和気靄々《あいあい》相携へて散歩し居たり。英国将校も亦私服にて遊廓に入込みたるも見受けたり」という光景がみられた（『東京朝日新聞』明治三十八年十月十二日）。

艦隊乗組員四〇〇〇名は十二、十三日の両日の二手に分かれ、日比谷公園における歓迎会に臨んだ。「新橋停車場《ステーション》附近には無数の日英国旗中空高く連吊《れんてう》され、各区団体は大旗小旗を押立てゝ到着を待ち、さしもに広き停車場前の広場も殆んど群集を以て埋められたり、又プラットフォムの入口には日英国旗を縦横に懸け連ね」（同十三日）た中を、まず第一陣将校・下士官七七七名が午前九時二十分に到着、一行は近衛楽隊の先導で新橋を渡り、球灯をつるし日英両国国旗を掲げた銀座街頭を行進、銀座四丁目の交差点を左折して日比谷公園へ向かった。このような大勢の外国の将兵の入京は初めてのことなので、珍しさもあって沿道の人垣は「堵の如く」（垣根のように人が密集した様）であったという。

日比谷公園においておこなわれた歓迎会では桂太郎総理大臣、山本権兵衛海軍大臣、尾崎行雄東京市長らが出席、式後、立食の宴に移った。園内には各所にサッポロ、エビス、カブトのビヤホールや正宗ホール（日本酒）を設け、余興として大相撲、玉乗り、撃剣、柔術、能狂言などを供した。午後四時に閉会後、将校以上の者は築地の水交社の海軍大臣晩餐会と芝紅葉館の市の晩餐会に招待された。その他の水兵たちは思い思いに市内に散ったが、多くは新橋駅に向かった。東京朝日新聞の記者は、会場に女性がいなかったのが何よりの欠点であり、十三日には日本美人の接待役を出して欲しいと注文を付けている。また、桂首相も関警視総監も式場には来ていたが、式が終わると早々に引き上げたといい、「日比谷公園は政府の人には余程恐ろしい処と見える」と皮肉っている。そして「いくら東洋第一の大都会とは言つても東京の市民は残念ながらまだ外人を接待するの道を知らぬ、接待どころか気軽く相手となる呼吸をさへ知らぬ。昨日の園遊会の横浜のに比して遥に見劣りがしたのも誠に無理のない所である」（同十三日）。十二、十三日にはボランティアとして外国語学校生徒九〇名が、十四日以降は高等師範学校生徒九〇名を新橋に配置し適宜同行して通訳に当たったという（『東京日日新聞』明治三十八年十月十日、十三日）。もしもこれらの通訳がいなかったら、彼らの東京見物は殺風景なものになっていただろう。

　歓迎園遊会二日目、第二陣約二〇〇〇名も日比谷公園の歓迎会に臨み、この日は烏森、柳橋、芳町の芸者各五〇名の接待を受けている。この日は余興の出し物を増し、「種々の取扱振りを変更」したため将兵たちの満足度は高まり、「酔顔前日より多く」という状況で、三々五々沿道の市民の歓迎にこたえながら市内に散った。日本橋、芝、上野、浅草、吉原などを見物し、夕刻、臨時列車で横浜へ向かったが、なかには居残って市内を徘徊し、普通列車で帰浜するものも多かったという。

　当夜の銀座の景況は、「人の足は帯の如く、日比谷公園より銀座街頭に連れり、噂に上るは花電車、街頭に待受けるも花電車、夜は花電車の外に何物もなき有様なり、但し人道は非常の雑沓にて、九時頃は婦人子供の歩行覚束なき迄の賑ひを現出したるが、試みに新橋に立ちて一目に銀座を見渡せば、手近なる宇都宮廻漕店、博品館、扨《さて》は遠く天賞堂、勧業場等のイルミネーション軒毎の提灯、国旗幔幕、火輝に照り栄えて、一層美観を呈し、動揺《どよ》めく人の黒影は累々として絶る期《とき》なし」（「英国艦隊歓迎図会」『風俗画報』明治三十八年十一月一日）という状況であったが、肝心の水兵たちは横浜へ戻り、夜の銀座通りの歓迎風景を見ることはなかった。さらに十月十六日付の『東京朝日新聞』によれば、南金六町（現・銀座八丁目）の宇都宮廻漕店では二階を開放して接待所とし、茶菓、コーヒー、水菓子、煙草を提供し、女学生をもっぱら接待役にあて歓待し、さらに英貨の両替を無料でおこなったという。

　日本橋方面では日本橋の欄干を紅白の布で巻き、橋上に「ＷＥＬＣＯＭＥ」の扁額とオリーブ色の大幕を張り、また白木屋では大緑門を設け、歓迎の意を表した（前掲「英国艦隊歓迎図会」）。

　なお、日露戦争凱旋記念のところで触れたように、英国艦隊を歓迎している最中の十月十六日にポーツマス講和会議の全権大使小村寿太郎が帰国した。この日、歓迎のための飾り物一切が取り払われたことはすでに述べたとおりである。

米国大西洋艦隊の来航　明治四十一年十月十八〜二十五日

英国東洋艦隊の来航があってから三年後に米国大西洋艦隊の来航があった。海軍力の整備をおこなったアメリカは、その海軍力を誇示するために、明治四十年（一九〇七）十二月から四十二年二月にかけて世界一周航海をおこなった。これをGreat White Fleet「白船」と呼んでいる。ペリーの「黒船」来航以来五五年目の来航である。そのころの日米関係は移民問題や日露戦争後の講和処理をめぐって微妙な関係にあったが、日本政府は明治四十一年三月十九日に招待する旨、申し入れをおこなった。明治四十一年十月十八日、艦隊の横浜港入港ごろには歓迎、友好ムードが高まった。横浜港には、米国艦隊司令長官スペリー率いる旗艦コネチカットをはじめ一六隻と、日本側戦艦三笠をはじめ一六隻が勢揃いした。

東京朝日新聞社は歓迎船新発田丸をチャーターするほどの力の入れようで、各新聞社は特集記事を組み、連日一行の様子を報じている。台風の影響により一日遅れで東京湾に入った米国艦隊が久里浜へかかると、一〇一発の花火で歓迎、横浜港投錨後、日米双方の旗艦への相互訪問がおこなわれ、乗組員の上陸、横浜公園における歓迎園遊会、グランドホテルにおける歓迎晩餐会、周布知事主催の大夜会と続いた。通過する沿道には市民が殺到し歓迎した。翌十九日、一行は午前九時新橋駅に到着、すでに午前七時ごろから団体、個人の市民が詰め掛け、「新橋駅前の広場より蓬萊橋、新橋の間に群集し大歓迎門

U. S. SAILORS WELCOMED AT SHIMBASHI.
新橋に於ける米國艦隊歡迎の光景
「新橋における米国艦隊歓迎の光景」絵はがき　サエグサ文化資料室蔵

より以北は紅《あか》や紫の歓迎旗林立して壮観を極め」たという（『東京朝日新聞』明治四十一年十月二十日）。新橋駅前には大歓迎門が設けられ、駅頭に降りた一行は京橋区・芝区の小学生千余名による米国国歌斉唱の歓迎を受け、スペリー司令長官はじめ幕僚たち九名は、宿舎にあてられた芝離宮へ向かい、歓迎式典に臨んだ。艦長以下の将官三七名は帝国ホテルへ向かった。その後、一行は米国大使館に寄り、大使の先導で桂太郎総理大臣をはじめ、各官邸を表敬訪問、翌二十日には宮中に参内している。ほかに新宿御苑の東郷平八郎主催園遊会、岩崎久弥深川邸の晩餐会、上野精養軒の東京市長歓迎会など歓待を受けている。

十九日、市中は旗と提灯で埋まった。「先づ目貫の銀座通はと見れば両側とも流石に整頓したもので例によつての幔幕も高張提灯も廃物利用の吝嗇《あたじけ》ないのが少く、別《わけ》て尾張町以北京橋詰までは一段と水際が立て見えた。又南の橋詰は日章旗と星条旗の大旗が交叉してある、橋を渡ると向ふは残念ながら市区改正の為に西側は須田町まで歯が抜けたやうな不体裁」（『東京朝日新聞』）な状況であった。「銀座街頭の夜景は瓦斯の光電気の光提灯の光にて一層の美しさを増すのみならず、天賞堂、三光堂、御木本真珠店、カブトビール、宇都宮廻漕店、亀屋等は特殊の意匠を凝して店頭を飾った」（『風俗画報』米艦歓迎紀念号、明治四十一年十一月十二日）。日本橋は南北へ丸太むき出しのまま大国旗がニューと立っていた。

艦隊の乗組員の日本上陸を許可するか否かが大きな問題となっていたが、最終的に許可が下り、二日目の二十日には米艦隊の将兵たちは特別列車にて十二時到着で一二九〇名の将兵が、同二八分着で九一六名が、午後一時十分着で九九六名が新橋駅に降り立った。米艦将兵は指揮官の号令のもと歩武堂々と駅前に出て、戸山軍楽隊の「ヘール・コロンビア」（アメリカ合衆国初代の国歌）の演奏が鳴り響くと、将兵たちはいっせいに帽子を振り、「ウラー」を連呼した。将兵たちは最初は新橋を渡り、銀座通りに出て銀座五丁目角を左折して山下橋を渡って帝国ホテルを抜けるルート（現在のみゆき通り）を予定していたが、見物の群衆が尋常でなかったため、予定を変更して、新橋際より左折して二葉町新道に出、桜田本郷町から幸橋を渡り日比谷公園正門に達した。銀座通りの群衆はソレ日比谷公園へ行けとばかりに山下橋を渡り帝国ホテル前に殺到した。日比谷公園の模擬店ではビール、すし、焼き豚、サンドウィッチ、果物などで饗応したが、給仕は男で物足らなかった。接待側の大臣連や東郷大将があらわれなかったのも物足らなかった。「斯やうに物足らぬ設備で遠来の客を招くとは東京市も好い気なものだ」と記者は結んでいる（『東京朝日新聞』明治四十一年十月二十三日）。ただし『都新聞』の記事は「空前の大歓迎　東京市主催の園遊会」とその盛大さを書き立てている。

この日午後四時、銀座の交詢社において司令長官スペリー以下の将校を招待して演芸会を催した。スペリーは都合がつかず欠席したが、将校数十名が出席し、挨拶の後、梅若、（山本）の能と狂言、市川翠扇、市川旭梅の二人道成寺を見物、ことに杵屋勘五郎の三味線とヴァイオリンの合奏による「ヘール・コロンビヤ」は大喝采を博した。

繰り出した物見高い見物で銀座は連夜大混雑、二十一日の夕方急に襲った夕立に群衆は逃げ惑い、銀座通りの商店の店先は雨宿りの人でごった返し、店頭の商品はビショ濡れとなり、損害を出した。一方、しるこ屋、蕎麦屋、ビヤホール、下駄屋、それに勧工場の博品館などが大儲けをした。

その後、将兵たちは市内各所に散り、市民の大歓迎を受けた。

この日の夕方、東京実業組合聯合会の音頭で三菱ヶ原から二重橋前、馬場先門、日比谷公園にいたる提灯行列をおこなっているが、同じ時刻に慶応義塾生のたいまつ行列が芝園橋から汐留橋通りを新橋停車場に出て、橋を渡り、銀座通りを野次連の喝采を浴びながら、鍛冶橋を渡り、二重橋前、桜田門、米国公使館を経て、日比谷公園まで提灯をかざして行進した。

米艦隊の将兵たちは午後五時過ぎ特別列車で東京を離れたが、その時の様子を『風俗画報』「米艦隊歓迎紀念号」（明治四十一年十一月二十日）はつぎのように捉えている。

当日入京せる下士卒は孰れも選抜の精兵にして、品行方正の者のみと聞きしが、市民の歓迎は如何に彼等を有頂天と為らしめたりけん、愉快に満ちたる彼等がプラットホームに集りし時、一人として記念品を携へざるはなく、或は式場装飾の造花、国旗、日傘、提灯、生花の類を持ち来れるあり、或はチャーレン造りの大錨に平野水の広告小旗と小提灯を附したるもの、或は古手桶の中に目竿鞘木を容れたるもの、其他京橋出雲町と銘打ちたる歓迎用の高張、京遠源と記したる番傘、日米の大国旗（竿の儘）、小犬（紐附の儘）、アーチ杉の青葉を捲きつけたる木材、其他手当り次第に持来りしと見え、千態万状思ひも付かぬ品物を携へて各誇り顔に之を振りまはし、偶此種の土産を有たざる者はプラットホームを飾りたる日米の国旗を取り始めたるより、其他の者も俄に争ふて之を取り、瞬く間に殆ど全部彼等のポケットに収められたり、

夜八時からは渋沢栄一、松尾臣善日銀総裁など京浜間の銀行家の発起にかかる歌舞伎演芸会が、歌舞伎座において艦隊司令長官はじめ将官、米実業家一行、外国新聞記者、米国大使館員など夫人を含め総勢約一五〇〇名を招待しておこなわれた。

一行は浜離宮における送別宴を受け、二十五日朝、横浜港を離れ帰国の途についた。大きな混乱もなく（兵士四名が帰艦に遅れ、一部艦船の出港を延ばすことはあったが）、国民に好印象を与えて日本を去った。

米国艦隊将校夫人たちの集合写真。後列左端は磯村春子　個人蔵

この一行を取材していた婦人記者がいた。当時三十間堀三丁目（現・銀座六丁目）にあった『報知新聞』記者の磯村春子である。NHK朝の連続テレビ小説「はね駒《こんま》」の主人公といえば、思い起こす人も多いだろう。磯村春子は草分けの女性記者であり、英語に堪能であったことから取材を命ぜられた。横浜港に赴き小船で旗艦コネチカット号に向かい乗艦、スペリー提督に面会し、一少年から託された「スペリー提督、歓迎す」と書かれたはがきを渡すと、提督は春子を執務室に導き、少年への返事をしたためるなど、初めて見る女性記者を歓待している（磯村春子『今の女』大正二年、文明堂）。

白船来航にあわせて艦長や将校の夫人、令嬢が民間の船で来日しているが、その接待役となったのが春子であった。春子は一行を三越呉服店に案内し、その時撮った写真が残っている（江刺昭子『女のくせに　草分けの女性新聞記者たち』昭和六十年、文化出版局）。

石橋日本橋開橋式　明治四十四年四月三日

新橋・京橋の開橋式について述べたからには、首府の象徴、石橋日本橋の開橋式について触れないわけにはいかない。明治六年に改架されて三五年、交通量も増え、重量のある馬車鉄道が通り、市街電車が通り、老朽化が進み、架け替え時期を迎えていた。明治四十一年末に着工し、明治四十四年に竣工。慶長八年（一六〇三）に創架され、十数回となく架け替えられてきた。五街道の起点となった天下の城下町の中央橋、道路元標が置かれる首府東京の中央橋。新しい橋をどのような構造、どのような意匠にすべきか注目された。日露戦争の出費で疲弊していた日本ではあるが、日本橋の改架は戦勝国日本の国

完成した日本橋　中央区立郷土天文館蔵

威を示すものでもあった。

議論の末、橋上装飾として採用されたのが獅子と中国の想像上の動物麒麟《きりん》を用い、方柱には松と榎をあしらった。江戸の初期、日本橋が五街道の起点になったとき、街道の一里塚に榎を植え、並木に松を採用したことにちなんだものだった。麒麟には翼がないのが普通であるが、日本橋が里程の元標であり、天翔けるところから翼をつけることとした。制作の段階で翼より鰭《ひれ》のほうが力強いということになり、鰭の採用となった。工事責任者には東京市主任技師米元晋一、ついで日下部弁二郎があたり、獅子と麒麟の装飾の制作については東京美術学校に依頼し、教授の渡辺長男、岡崎雪声らが担当したが、装飾と様式全般については大蔵省臨時建築部技師長妻木頼黄《よりなか》がアート・ディレクターとしての立場で指導にあたった。妻木は水面から見る景観にも注目している。できあがった橋は「純然たる西洋趣味も採らず西洋美術の骨格に日本趣味の筋肉を取合せたるもの」（米元晋二）（「新日本橋の架橋」『日本橋紀念誌』明治四十四年）となった。

開通式は四月三日におこなわれ、日本橋区では区民あげてのお祭り騒ぎとなった。その当日は雨模様であった。橋南詰に設けられた式場において、式は橋梁課長の工事報告に始まり、尾崎市長の式辞、府知事、市議会議長、日本橋区長、徳川家達貴族院議長その他の祝辞があり、尾崎市長の先導で、この日晴れて選ばれた木村利兵衛家三代夫妻を先頭に来会者の渡り初めがあって式は終わった。

ついで呉服橋内に設けられた会場において祝賀会が催され、模擬店の饗応のなか、歌舞伎役者や芸妓たちの手踊りがあり、花を添えた。一般の人々は午後三時から通行が許され、それと同時に雨の中人々は殺到し、たちまち黒山となり、絶えず万歳の声が川面に響き渡った。夜にはイルミネーションがともり、桜花で飾られた夜の眺めは美しく、駿河町（現・日本橋室町二丁目）から中橋（現・京橋一丁目）付近まで前にも後ろにも身動きができないほどの大盛況であったという（米元晋一）。

第3部

大正期の銀座通り

憲政擁護運動・国民新聞社襲撃事件　大正二年二月十日

年号が明治から大正に変わった翌大正二年に、銀座を騒がせた事件は憲政擁護運動の中で起こった。明治維新以来、薩摩、長州を中心とする藩閥政治、官僚政治がおこなわれてきた。帝国憲法が制定されて立憲君主制の形を整えたが、内閣総理大臣は元老といわれる人たちの協議で決められていた。これに対して政党政治を確立しようとする動きが憲政擁護運動という形をとって盛りあがりを見せていた。大正元年十二月、陸軍閥の山県有朋、桂太郎を背景とする陸軍の強引な二個師団増設要求によって第二次西園寺内閣が倒壊した。このような政治情勢のもとで十四日、銀座にあった社交クラブ交詢社の有志が憲政擁護会を結成、十七日、内大臣桂太郎に組閣命令が下ると、十九日、立憲政友会の尾崎行雄、立憲国民党の犬養毅、新聞記者らの提唱によって「閥族打破」、「憲政擁護」をスローガンに憲政擁護大会が歌舞伎座で開かれた。場内は桟敷席まで埋まり、立錐の余地もなく、聴衆は場外にあふれ、そこでは誰となく演説する姿が見られた。演壇には板垣退助、竹内綱、尾崎行雄、犬養毅らが座り、憲政擁護、官僚打破、藩閥政府の弾劾をおこなった。以後運動は全国に広がり、明けて大正二年一月、開会中の議会は大荒れに荒れた。政友会、国民党が桂内閣不信任案を提出すると、政府は議会を五日間停会した。再開された二月十日には、護憲派の民衆が議会を取り囲み、この事態に桂は内閣総辞職を決意し、さらに三日間の議会停会を命じた。これを知った民衆は「人波は湧くが如く沸騰し、警官と群衆の戦ひは更に一層の激烈」（『都新聞』二月十一日）を加えた。

大正二年（一九一三）二月十日、国民新聞ややまと新聞など政府系新聞社があった銀座で騒動が巻き起こった。この日、議会を取り囲んだ民衆によって、御用新聞として襲撃されたのは都新聞社、国民新聞社、やまと新聞社であった。午後三時半、内幸町にあった都新聞社は放火され、ついで日吉町（現・銀座八丁目）の国民新聞社が襲撃の対象となった。新聞社前の細い道路に群衆はひしめきながら投石を繰り返した。

京橋日吉町角の国民新聞社も、四時近くなつて包囲せられた。「国民の敵」「官僚新聞」と罵る声に交つて、雨の如く飛散する瓦礫の為に、二階三階の窓ガラスは、音を立てゝ砕けて行つた。新聞社では喞筒《そくとう》［ポンプ］を仕かけて群衆に水を注いで追払はうとした。群衆の中から二人の青年が出て来て、正面入口の上に攀ぢ登つて、国民新聞と書いた看板を落さうとした。五名の社員は手に手に白刃を振り翳《かざ》して、入口にあらはれて近寄る者に斬付けた。看板を放《はず》さんとした青年の一人も、その白刃を受けて血を浴びて倒れた。社内からは又短銃を発射して、群衆の一人を殺した、群衆は嚇怒《かくど》［ひどく怒る］して、石油を注いで放火せうとしたが、果さなかつた。その中に百五十名の警官が駆付け、続いて出兵せられた軍隊の一部も来て警戒に任じたので、群衆は遠くに退いた。

田中貢太郎「街頭騒擾録」『中央公論』臨時増刊、大正四年七月

国民新聞社における騒動で、国民新聞社の雇われ壮士や社員によって群衆の一人（原源作）がピストルで射殺され、二人が白刃で重傷を負った。負傷者は出雲橋際の平民病院へ搬送され、治療を受けた。群衆は放火を繰り返したが、これは未然に防げた。付近の住民は家財をまとめて避難し、新橋花街の芸妓たちは三味線を抱え逃げ惑う有様であった。騒動は深更まで続いた。なお、平民病院はその名のとお

り一般庶民を対象とした実費診療所で、医師の名は加藤時次郎といった。加藤は東京大学医学部予科を出、私費でドイツに医学留学し、帰国後病院を設立し、木挽町六丁目（現・銀座七丁目）出雲橋際に平民病院を開設したのは明治二十七年であった。日露戦争のころ、非戦論を唱えた幸徳秋水、堺利彦らと親交を結び、幸徳の主治医、庇護者であった。みずから「自由、平等、博愛」の理想郷をめざした「直行団」を結成したのもこのころであった。

国民新聞社の襲撃で勢いづいた群衆は三十間堀一丁目（現・銀座四丁目）のやまと新聞社を襲い、窓ガラスを打ち毀した。さらに銀座一丁目京橋際の読売新聞社を襲い、入り口を破って屋内に入り、また大看板を引き落とした。警官も「只管《ひたすら》懇願的に鎮撫したれば群集は読売新聞の陥落と万歳をさけび」（『大阪朝日新聞』二月十一日）つつ、再びやまと新聞社方面に向かったという。銀座地区にあった交番（竹川町角、尾張町角、数寄屋橋際、京橋際）はことごとく破壊、あるいは焼打ちにあった。この日、東京で護憲派の民衆により襲われた交番は焼失五二、破壊二四に及んだ。

このように国民新聞社、やまと新聞社、読売新聞社があった銀座は騒乱の中心になり、銀座の家々は戸を下ろし、灯を消して死せるがごとくになったというが、この騒動で、群衆は商店には手を付けなかっ

「国民新聞襲撃（原源作の葬儀）」『写真タイムス』（大正2年3月）より

た。

翌日、桂内閣は総辞職し、あらたに山本権兵衛内閣が誕生した。民衆が議会を包囲し、御用新聞とみなした新聞社を襲撃した民衆の力によって内閣が総辞職するのは初めてのことだった。なお、桂太郎はこの年十月十日に亡くなっている。

翌三年一月、シーメンス事件（海軍高官への贈賄事件）が発覚し、二月十日、衆議院に海軍汚職問題に関する内閣弾劾決議案が上程されたが否決、議会を包囲していた民衆は日比谷公園で内閣弾劾国民大会を開いた。その流れが銀座の中央新聞社（明治三十八年に銀座四丁目角から山城町［現・銀座七丁目］へ移転）へ向かった。帝国ホテル前から高架線を抜け、山下橋を渡ろうとして警官隊と衝突、民衆は石や雪を投げた。警官隊は抜剣し、群衆に負傷者が出た。毎夕新聞社（日本橋区蛎殻町）に向かった一団は三原橋、新富町の交番などを破壊し進んだが、警官、憲兵に阻止されたため、中橋交番や久松警察署に投石を繰り返し、浅草橋方面へ流れた。

その後の憲政擁護運動の動きを追ってみると、桂内閣の総辞職後、第一次世界大戦の勃発などにより沈静化していたが、後に述べる大正七年の米騒動で寺内内閣が倒れ、原敬が内閣を組織し、初めての政党内閣が成立した。米騒動に示された民衆の力や、吉野作造らのデモクラシー思想に理論的な力をえて、普通選挙運動の形をとってふたたび大きな盛り上がりを見せた。大正八年三月一日に日比谷公園において普通選挙期成同盟会の大運動会がおこなわれ、「吾人は速やかに普通選挙の実行を期す」との決議文を採択し、行進に移った。日比谷公園から銀座へ出て、鍛冶橋から二重橋にいたり、天皇陛下万歳を唱え、さらに議会前で大岡育造議長に決議文を手渡し、一同は帝国議会万歳、普通選挙万歳を三唱して日比谷公園に戻り、解散した。この行進は整然とおこなわれた。時あたかも朝鮮では日本の植民地支配に抗議した「三一独立運動」が全土で始まった日でもあった。

翌大正九年（一九二〇）二月十一日には東京の上野公園と芝公園で大会が開かれ、一一一団体、数万人にのぼる普選大行進がおこなわれ、三日後の十四日には憲政会、国民党などによる普通選挙法案が衆議院に提出されたが、議会開催中に衆議院は解散され、不発に終わった。

普選大行進は上野公園と芝公園から日比谷公園へ向かっておこなわれ、銀座では、十日には芝公園を出発した一団が土橋から普選支持の東京朝日新聞社など各社を歴訪して皇居へ向かい、翌十一日には議会前で解散した民衆の一団が中央新聞社を襲い、窓ガラスを破り、銀座通りから八丁堀をへて日本橋方向へ進み、東京毎夕新聞社を襲っている。

その後も法案は議会に上程され、民衆が議会を取り囲むということが繰り返され、ようやく大正十四年三月、普通選挙法が成立した。それまで直接国税一五円以上納税の満二十五歳以上の男性と定められていたのが、納税要件が撤廃され、日本国籍を持ち、かつ内地に居住する満二十五歳以上のすべての成年男子に選挙権が与えられることとなった。しかし女性の参政権は外され、実現したのは太平洋戦争後のことであった。最初の普通選挙は昭和三年二月二十日におこなわれ、銀座を含む東京三区（日本橋区、京橋区、浅草区）からは頼母木桂吉（新聞記者出身の実業家）、高木益太郎（弁護士）、伊藤仁太郎（政治講談師）、安藤正純（東京朝日新聞記者）の四名が当選している。

神尾将軍凱旋・東京駅開業記念　大正三年十二月十八日

大正三年（一九一四）七月、オーストリア皇太子がセルビアの青年に暗殺された事件をきっかけに第一次世界大戦が勃発した。世界の強国のすべてが参戦した初めての戦争であった。中国における利権拡大をめざしていた日本は、日英同盟を理由に八月二十三日ドイツに宣戦、十月三十一日、ドイツが支配していた中国の青島を攻撃、日本が初めて実戦に航空機を投入した戦争であった。第一八師団長であった神尾光臣中将が指揮をとり、十一月七日、わずか一週間で青島の攻略に成功し、青島守備軍司令官となった。

八日夜、東京の各地から宮城、日比谷公園をめざして提灯行列が続いた。銀座四丁目付近は「六時頃から八時頃迄は錐を立てる余地もない程の人の海」（『東京朝日新聞』）と化したという。九日、東京実業団体主催の大提灯行列は雨天のため延期され、翌十日に挙行。この日の午後二時から日比谷公園において東京市大祝賀会がおこなわれた。

十二月四日、最初に凱旋したのは海軍第二艦隊司令長官加藤定吉中将であった。凱旋将兵を迎える新橋駅前広場には、大国旗を交差した凱旋門が設けられ、その両脇に在郷軍人会をはじめ各種団体が並び、泰明小学校の生徒約五〇〇名が整列し、歓迎した。

街々は電飾球灯で飾られ、新橋から銀座、日本橋へかけての歩道は人の列で埋まり、各停車場では花電車を待つ人が黒山のようであった。銀座尾張町の四辻では電柱の上に各国の小旗が取付けられた。新橋際のカフエー新橋では、戦勝料理ビスマルク、モルトケ、イルチスという三種の珍料理の大看板を掲げて客を呼び込み、銀座のカブトビール本社では改築中の板囲いの上に紅白の段幕を張って「祝陥落」と大書した額を掲げ、尾張町のカフエーライオンでも、七八九の三日間祝意を表してビールを定価の半額で飲ませて、「戦争料理」というものを提供するなど、各店趣向を凝らして戦勝気分を盛り上げていた。

ちょうどそのころ東京駅の開業が近づいていた。新しく新橋駅舎を新設して、東海道線が東京駅始発となることになっていた。阪谷芳郎東京市長は、十二月十八日の東京駅開業祝賀会にあわせて派遣軍の凱旋将軍歓迎会を開催したい旨を陸軍大臣に申し入れ、実現の運びとなった。当日午前五時二十分発横須賀行の一番列車をもって営業が開始された。午前九時、開業式が始まり、そこへ十時三十分神尾将軍一行が到着するという段取りで、祝賀と凱旋の相乗効果を期待したのであった。駅前広場には東京駅模型と鉄道模型の展示、陸海軍の兵器の展示がされ、式後、花火が打ち上げられ、舞台では楽隊、活動写真、大神楽、馬鹿囃子、剣舞、軽業、手品、手踊り、手古舞など多彩な余興が繰り広げられた。この日東京―横浜間を往復した列車は度々故障し、翌日の新聞に招待者にたいし鉄道院総裁がお詫びの広告を出す始末であった。

この日はまた、新しい新橋駅の開業日でもあった。東京駅の式典が終わった午後一時半、新橋駅の開通式がおこなわれた。東京駅の祝賀の宴から流れたほろ酔い気分もあって陽気な雰囲気のなかで式は進んだ。当夜の新橋・銀座界隈はイルミネーションの光で昼と見紛う明るさのなか人で埋まった。翌十九日十一時五十五分、旧新橋駅では、いまだ戦闘の続く英国へ派遣される赤十字救護班の一隊が花房義質日赤社長をはじめ、英国大使夫妻らの見送りをうけて出発、旧新橋駅四三年の歴史の幕を閉じた。

東京駅が一般に開業したのは二十日、この日をもって旧新橋駅は汐留貨物駅となり、東京の西の玄関口としての役割を終えた。

旧新橋駅駅前の銀座商店街が東京駅開業によって衰退するのではないかと銀座内外の人たちの間で危

惧されたが、近くに新橋駅が新設されたのでそれは軽微であった。翌大正四年九月十九日の『国民新聞』は、「予想と違つて新々橋の昇降客は東京駅を凌ぎ銀座街頭を徘徊する人数は却つて当時よりも多くなつたと云はれて居る」と報じた（『新聞集録大正史』昭和五十三年、大正出版）。

大正天皇即位の大典奉祝　大正四年十一月十日、十二月九日

明治四十五年（一九一二）七月三十日に明治天皇が崩御、皇太子嘉仁が践祚《せんそ》し、年号が大正と変わった。喪が明けて、大正四年（一九一五）十一月六日、嘉仁親王は東京を出発、十日、京都御所紫宸殿において大正天皇としての即位礼がおこなわれた。

日本橋、京橋、新橋には奉祝門が建てられ、商店街は電飾（イルミネーション）で飾られた。この日東京では、八十歳以上の高齢者に天杯がくばられ、花電車が品川―銀座―日本橋―須田町―小川町―日比谷―御成門―三田とめぐり、また提灯行列がおこなわれた。大きな商店ではそれぞれ趣向を凝らしてショーウィンドーを飾った。すでに五日の夜から市電は終夜運転、翌日午前二時には市内の大中小の各学校の児童・生徒たちが宮城前に集まって即位を祝った。

十一月十六日には二条離宮（旧二条城）において即位を祝う祝宴「大饗」がおこなわれたが、東京では府庁舎裏手の広場の式場に三〇〇〇人を招いて「賜饌」がおこなわれ、京都における大饗の献立と同じ料理が振舞われた。

この日、市内各地の芸者たちが宮城をめざして行列をおこなっている。奉祝行事として芸者の行列

ひときわ大きい日本橋奉祝門『写真タイムス』（大正4年12月）より

がふさわしいかどうかについては、かねてから議論のあるところであった。明治三十一年の奠都三十年祭のときに芸者の行列が馬場先門に繰り出したところ、祝賀会委員のために制止される事態が起きたことはすでに述べた。制止した理由は曖昧に終わったが、世間では芸者であるという理由だと噂された。今回も芸者の行列の計画が表に出ると、その可否について議論が繰り広げられ、禁酒・純潔・平和を掲げる婦人矯風会、廃娼運動を推進する廓清会、救世軍などのキリスト教系の団体から中止を求める反対論が出た。新聞には連日、賛否両論が報道され、世間の関心が高まった。結局、全国民が奉祝すべき御大典に芸者は奉祝してはならないということはできない、という「西久保警視総監の粋な取り成し」（『読売新聞』大正四年十一月十四日、『新聞集録大正史』）で芸者の行列は実現する運びとなった。

花柳界のしきたりでは手古舞でお祝いする

のが通常であるが、今回は新橋では御所車を牛に引かせての行列となった。柳橋、葭町《よしちょう》、日本橋、神明、芝などの芸者組合はそれぞれの趣向を凝らして皇居前をめざして行進した。

新橋の芸妓たちは予定では、「午前九時箱丁が金棒の音高く各芸者屋新道を曳き歩くと、それを合図に日吉町検番の前に集まり、鳶二十名組頭二名幇間七名を先頭に白菊のやうな仕丁姿の淡濃無比な連中が五十人一組づゝ九組前後に老妓二名役員二名箱丁一名付添つて、万歳旗真先に足取やさしく、御所車を曳く行列は山下橋から日比谷正門にかゝり馬場先門から宮城を臨んで万歳を三唱し、帰途帝劇に立寄つて一休みした後鍛冶橋を渡つて銀座に出て新橋より三十間堀を経て新橋に帰る」(『読売新聞』、同上)はずであった。ところが当日、東京市民は芸妓の行列を見んものと、宮城前の広場、神田橋、内幸町間の約一〇町の道路、三菱ヶ原、凱旋道路は人で埋まった。見物人は電柱や装飾の旗竿にぶら下がり、濠端の柳は鈴なりの人また人の状態で、市電も日比谷から神田橋まで三〇台ほどが立ち往生する有様であった。柳橋芸妓の早乙女行列、葭町芸妓の手古舞は見物人に押されて押し倒されそうになる騒ぎとなった。そこへ新橋芸妓たちが繰り込んでき、騒ぎは大きくなった。「漸くの事で芸妓三十人許りは商業会議所の内に逃込み一部は帝劇に逃込んだが、逃げ遅れた四五人は仕事師に手を曳かれオイ〳〵泣いて居るが、右へ行つても左へ行つても見物に囲まれるので仕舞には「人殺し人殺し」と叫ぶ、見物は一層面白がつて取囲む」(『中央新聞』大正四年十一月十七日、同上)という惨めな状況で終わった。

芸妓の参加は、賛否議論が続いた上での実現であったため、芸妓衆の力の入れようも尋常でなかったが、一般市民にとって高嶺の花であった芸妓の華やかな総出の手踊りを一目見んものと殺到したのであった。そこにはどれほどの祝意があったのであろうか。

大正天皇が東京に還幸したのは十一月二十八日、この日も東京は歓迎気分に沸いた。

明けて十二月二日、青山練兵場において大礼観兵式をおこない、四日には横浜港沖において観艦式がおこなわれ、さらに九日、天皇の臨席のもと上野公園において東京市奉祝会が催された。天皇は鳳輦に乗り宮城を出て桜田本郷町から芝口新橋を経て銀座通りから日本橋を通って上野に入った。沿道は人で埋まった。夜は実業聯合会主催の提灯行列がおこなわれた。日比谷公園に集まったのは三四団体、総勢三万人、それぞれの意匠を凝らして、「実業聯合会」の高張提灯と楽隊を先頭に繰り出し、最後の月島団体が出発するまで約二時間、宮城から銀座—日本橋—上野に至る沿道は光の海、提灯の波に埋まったという。

銀座通りの商店では、奉祝一色で彩られたが、十二月十日過ぎから歳末の装飾に取り替えられた。このころになると、クリスマスが年中行事に組み込まれるようになり、クリスマスのデコレーションが多く見られるようになった。十二月十五日現在の明治屋、日本蓄音器商会、亀屋、武村洋品店、共益商社、大西白牡丹、伊東屋、大竹ヱハガキ店のディスプレーは次のようなものであった。

思ひきつて大きいのは明治屋と伊東屋である。伊東屋の意匠はクリスマストリーを表はし、その下部にモザイクバックに模様を画き組み合せ文房具が配置せられてある。明治屋ではサンタークロースを使はないで桃太郎を応用してある。バックの左右に斜方形をこしらへ、向つて右に鬼を描き、左には桃から生れた桃太郎が描いてある。クリスマストリーにて御手のもの丶銀紙に包んだ商品を鮮やかにあしらつてある。

亀屋ではサンタークロースに花咲爺がお相手をして居る。店頭の左右のウヰンドーには造花の桜の木をしつらへ、左り寄りのウヰンドーに花咲爺とサンタークロースが向き合ひに立て居る。

明治屋の趣向と云ひ、亀屋の工夫と云ひ、何《ど》ちらも日本の昔噺中の人物を、応用して、クリスマスデコレーションに新生面を開いた者といつてよい。バックにサンタクロースを描いたのは、武村洋品店と、共益商社と日本蓄音器商会である。白牡丹と大竹ヱハガキ店ではサンタクロースを陳列商品中に配置してある。以上八軒の意匠には何れも雪が附随して居つた事は云ふまでもない。

三湖「町並記」『ウキンドー画報』大正五年一月号

米騒動　大正七年八月

大正天皇の大典は第一次世界大戦時の好景気の最中におこなわれたが、戦後、戦争景気の反動で不況に陥り、インフレが進む一方実質賃金が下がった。とくに米価の値上げが著しかった。大正七年（一九一八）七月末、日本はロシアのソヴィエト革命に干渉し、シベリアに出兵した。シベリア出兵の噂が流れると、米商人や地主らによる投機、買い占め、売り惜しみがおこなわれ米価が高騰したのであった。八月二日に政府がシベリアに出兵を宣言すると、翌日富山県滑川町の婦女子たちが米の移出阻止、米の廉売を迫り、米屋や富豪を襲った。騒動は、ただちに京都、名古屋、大阪、神戸へとひろがり、京都では軍隊が出動する事態となり、瞬く間に全国に広がった。その範囲は、青森、岩手、秋田、栃木、沖縄をのぞく一道三府三八県に及んだ。

東京では少しおくれて八月十三日夕刻より、日比谷公園で市民大会があるという噂を聞きつけて、どこからともなく三々五々集まってきた。群衆は数千人ほどに膨れ上がり、警察も「約二千」人（『都新聞』八月十四日）の警察官を動員し警備に当たった。激昂した民衆は日比谷から「数寄屋橋方面に進行し銀座尾張町へ向ふ途中両側の商家にて戸を閉ぢざるものに投石し、上田屋の如き窓硝子を破られ、天金其他の飲食店も投石されたり、此の殺気立ちたる群集は銀座尾張町にて電車の運転を中断し此処《ここ》にて二手となり、一隊は歌舞伎座前へ向ひ、一隊は電車通りを北へ進み、銀座の三四［丁目］は尤《もっと》も多く被害ありし処にて、折柄夜店と散歩とに歓楽を極め居たる大通りは突如として殺気立ち両側の商家は大戸を下さんとして狼狽し、通行の婦女は避難し得ずして悲鳴をあげ、夜店商人にして投石されたる者あり」という状況であった。群衆はさらに日本橋方面に向かったが、蛎殻町の米穀取引所や深川の正米取引所などは憲兵も加わり、厳重な警備により襲撃は阻止された（『都新聞』八月十五日）。

翌十五日も群衆は日比谷公園に集まり、「群集の一団は、数寄屋橋を渡り、銀座尾張町に出て、山崎洋服店、カブトビール本店など、至る所、盛んに投石し破壊を試みつゝその勢ひ頗る猛烈を極め」（朝日定風『熱風』大正十一年、統一労働党）たという。

東京では銀座ばかりでなく、米穀取引所のある日本橋蛎殻町、米問屋が集中する深川などが襲撃の対象となったが、騒動が銀座に集中した様子は、小野田素夢著『銀座通』（昭和五年、四六書院）から読み取れる。

堤を決した怒濤に似た民衆の圧力の前に、警官隊は一たまりもなかつた。麻布三聯隊の深夜、突如起る非常ラッパ、遂に軍隊までも出動したが、疾風の如き大民衆は日比谷から銀座へ、日本橋方面から銀座へ、芝方面から銀座へと早くも殺到し、三つの勢力が一団となつて最早阻止すべくもなかつた。

大商店の飾窓《ウヰンドー》のガラスは次々と散々に破壊された。雨のやうに降る礫！　石、煉瓦、丸太、大きなガラスは壮快な響きを立てゝ割れる。その度に捲き起る物凄い喚声！　南鍋町附近では客と相乗りでやつて来た芸妓が自動車から引きずり出されて、裸体の辱しめを受けた。銀座、新橋——資本家の巣窟、成金の領分、それを破壊することは激成された民衆のこの上もない鬱憤晴しではあつたらうが、銀座にしてみれば至極迷惑なことだつた。何故なら、高級商店街から一歩進んで遊歩街《プロムナード》として民衆に接近せんとしてゐた矢先だつたからである。

「高級商店街から一歩進んで遊歩街《プロムナード》として民衆に接近せんとしてゐた矢先」といぅ小野田の指摘は重要である。この時期、銀座通りは、江戸時代からの系譜をもつ老舗の商店の多くが没落し、これにかわって服部時計店、大倉組、資生堂、御木本真珠店、天賞堂などをはじめ、新興の商店が台頭し、銀座は高級商店街としてのイメージが定着した時代であった。一方、大戦景気は去り、小作争議や労働争議が多発した時期でもあった。「細民」と呼ばれた低所得者層の間で銀座は「虚栄の街」と映ったのもまた事実であった。

銀座通りにはガラス張りのウィンドーが普及し、そこに商品が飾られ、街往く人々の目を楽しませ、また、和・洋・中華の料理店、カフェー、バー、喫茶店などの飲食店が多くできて、遊歩街《プロムナード》にかわる過渡期であったのだ。

ことあるごとに、まず民衆は議会や政府機関に近い日比谷公園に集まり気勢を上げ、ついで公園を出た群衆は山下門から御幸通りを通り、尾張町（現・銀座五、六丁目）の銀座通りに出た。政府は、米を安く販売する廉売をおこない、沈静化をはかった。日比谷焼打ち事件以来の大騒動となった。

印刷工のデモ　大正八年五月二十五日

銀座には新聞社、雑誌社が多く立地した関係で、多くの印刷所が集中していた。明治期から大正期にかけて築地、入船町、湊町に移転していったが、銀座を中心とするこの一帯は印刷業が突出する地域であった。

明治三十年（一八九七）にアメリカ帰りの高野房太郎、片山潜らにより労働組合期成会が結成されてから労働者の組織的な動きが始まった。印刷工はその中心にあった。労働者の示威運動、労働組合の組織運営の指導、工場法案の促進と治安警察法（明治三十三年公布）への反対、消費組合運動などを目指した。しかし治安警察法による取り締まり強化、同四十三年の大逆事件の弾圧などにより運動は衰退していたが、第一次世界大戦時の労働者の増加、米騒動で示された民衆の力に押されて労働運動は高揚期を迎えた。

大正八年（一九一九）五月二十五日、築地印刷、秀英舎、博文館、東洋印刷をはじめ市内の印刷所の印刷工らが組織する信友会は、賃金三割増しの賃上げを掲げ、芝にある貸席の弥生倶楽部で総会を開くことにしていたが、出席者の中に無政府主義者大杉栄と親交ある者がいるという理由で、警察は弥生倶楽部の使用を禁じた。そこで信友会は席を神田神保町交差点近くの松本亭（洋食店）に移して総会を開くこととした。弥生倶楽部に集まった三百余名の労働者は、四尺（約一二〇センチメートル）ほどの赤旗を掲げ、隊伍を組んで「団結の歌」を歌い、「団結万歳」を叫んで新橋、銀座、日本橋を経て松本亭に繰り込んだ。沿道では面白半分にデモに加わるものも多かったという（『東京朝日新聞』大正八年五月二十六日）。

東宮殿下成年祝賀、奠都五十年祭、東京市制三十周年祝賀会　大正八年五月七、九、十日

大正八年（一九一九）五月七日は昭和天皇の成年式「東宮殿下御成年式」の日で、九日の奠都五十年祭、東京市制三十周年祝賀会とあわせて「帝都三大祝典奉祝」の日となった。

皇太子裕仁親王の満十八歳の成年式は、誕生日にあたる四月二十九日におこなわれる予定であったが、竹田宮恒久親王の死去のため延期となり、五月七日に変更された。裕仁親王は陸軍歩兵大尉の正装で儀装馬車にて高輪御殿を出発、皇居において成年式がおこなわれた。

東京奠都の祝いは、先にみたように明治三十一年四月十日、奠都三十年祭の祝賀会がおこなわれたが、それから二〇年、大正八年に奠都五十年祭式典が同じ皇居二重橋前の会場でおこなわれた。

明治二十一年四月二十五日に市制町村制が公布され、翌年五月一日に明治十一年施行の郡区町村編制法によって誕生した麴町区、神田区、日本橋区、京橋区以下の一五区の範囲を東京市とした。それから数えて三〇年目が大正八年にあたる。東京市の人口は明治二十二年に八一万七二〇八人だったのが明治三十一年には一四二万五三六六人となり、さらに大正八年には二一七万三二〇一人に増加している。明治二十二年と比較してみると、実に三倍に近い増加であることがわかる（各年度『東京府統計書』）。

東京の各町々は装いを凝らしてこの日を祝った。新橋は緑の杉の葉で包み、銀座に入ると、軒提灯と幔幕で、さらに進むと、杉の立ち木に太い注連縄《しめなわ》に変わり、銀座一丁目では五色の旗を縄に連ねるという具合であった。

五月九日、上野において奠都五十年記念祝典がおこなわれるので、天皇・皇后は幌を開いた儀装馬車

に乗り、皇居を出て馬場先門を左折し日比谷に差しかかった時に、奉祝のために仕立てられた大名行列姿の一団があった。天皇・皇后一行はさらに、桜田本町で左折して芝口一丁目から銀座通りを北に向かい、京橋、日本橋と進み、須田町を右折して万世橋にかかった時に警備の騎馬巡査の馬が群衆の歓声に驚いて儀仗騎兵隊の列を乱すというハプニングが起こっている。行列は進み、無事上野に到着。銀座通りの両側の人道には泰明小学校の生徒が一列に並び、日の丸を手にして迎えた。成年式を終えたばかりの皇太子が通り、三〇分後に天皇・皇后が通った。

天皇・皇后を身近に拝することができるとあって、この日の人出は天皇即位の御大典の時よりも多かったという。

明治神宮創建記念奉祝　大正九年十一月一日

明治天皇は京都の伏見桃山陵に葬られたが、東京に神社が欲しいという要望が出て、もと彦根藩井伊家の下屋敷の地に明治天皇と昭憲皇太后を祭神とする明治神宮が創建されることとなった。大正四年に地鎮祭がおこなわれ、五か年の歳月を費やし、大正九年（一九二〇）十一月一日に鎮座式がおこなわれた。

宵宮の銀座通りの商店では思い思いの趣向を凝らしてショーウィンドーを飾った。なかでもダイヤモンド会社の飾り窓にあったダイヤの指輪と真珠とで明治神宮を表現したものが評判を呼び、行く人の足を止めたという。また、銀座通りから日本橋方向を望むと、真正面に見える京橋三丁目の七階建の第一相互ビルが電飾で飾られ、銀座の夜の景観に花を添えた。

第二回労働祭（メーデー）　大正十年五月一日

メーデーは、一八八六年（明治十九）五月一日に合衆国カナダ職能労働組合連盟（後のアメリカ労働総同盟）が、シカゴを中心に八時間労働制を要求して統一ストライキをおこなったのが起源とされている。労働者の権利を主張する日として定着した。

労働組合期成会は、明治三十一年（一八九八）四月三日に上野公園で花見をかねて、大運動会開催を計画したが、警視庁は四月一日、集会禁止を命令した。

日本で初めてメーデーの試みがおこなわれたのは明治三十八年四月二日、日露戦争の最中であった。堺利彦、幸徳秋水らの社会主義者が拠った平民社が上野公園で「労働者観桜会」を開くことを決め、当時有楽町にあった平民社から赤旗を掲げ、社会主義の歌を歌いながら、銀座通りに出て、京橋―日本橋―神田を抜け、上野公園へと行進した。銀座街頭で労働者が示威行動をおこなった最初の出来事であった。

日本において初めてメーデーと銘打った催しは大正九年（一九二〇）五月二日、上野公園でおこなわれたが、解散後の行進は禁止されて終わった。翌年二回目のメーデーから五月一日におこなわれるようになった。当日の会場となったのは芝浦の埋立地であった。隅田川の浚渫土砂による埋立ては、まず明治二十年代の月島の埋立てに始まり、明治四十年代に始まった芝浦の埋立地では港湾設備が整うまでの間、極東選手権競技大会（大正六年）、納涼遊覧会（同九年）、大花火大会（同十年）、野球大会（三田稲門戦、日米野球戦など、同十年）などの催し物がおこなわれるなかで、メーデー会場としても使われるようになった。当日会場には三〇〇〇人の労働者が集まり、芝口から警視庁前に出て馬場先門から上野公園まで示威行進し、銀座通りは通らなかった。

翌大正十一年五月一日、第三回労働祭（メーデー）も芝浦二号地で開催された。各団体が芝園橋の同盟本部に集まり、自由行動の形式で芝浦埋立地に勢揃いして示威行動に移った。「八時間制の即時実施」、「労農ロシアの承認」、「生存権の確立」のスローガンを書いたのぼりを先頭に、行進が始まると、警備の警察官との間に小競り合いが起こり、芝口から難波橋（土橋と新橋との間の橋）を渡ると、デモ隊は銀座通りに向かおうとしてここでも警察官と衝突して数人の逮捕者を出した。八官町から今の並木通りを京橋方向へ進み、読売新聞社のところで京橋を渡り、第一生命相互ビルのところを右折して、永代橋を渡り、商船学校横に出て、相生橋を渡り月島で解散した。銀座通りを行進しなかったのは、当局の規制のためである。

以後毎年おこなわれ、昭和八年（一九三三）の第一四回メーデーから左派と右派の分裂メーデーとなり、昭和十年の第一六回メーデーが最後となった。この日、左派は芝浦埋立地で、右派は芝公園で集会を開き、デモ行進は芝口から昭和通りを通り、上野に達するコースであった。翌昭和十一年は二月、二・二六事件が発生し戒厳令がしかれ、メーデー行進は禁止となり、以後メーデーは一切禁止されたのである。

夜の銀座と柳

大正時代前期は護憲運動、米騒動、印刷工のデモ、メーデーと比較的荒れる銀座街頭であったが、銀座に夜の世界が広がった時期でもあった。

東京という都会において夜を意識するようになったのは何時頃であったろうか。明治七年（一八七四）暮れ、銀座通りにガス灯が点灯され、提灯やランプを持たずに歩行が可能となった。明治十五年十一月に銀座二丁目の東京電灯会社仮事務所前で、電気灯が試験的に点灯された。銀座街頭に集まった人々は今までに経験したことのない鮮烈な明るさに驚いた。明治二十年代に入り、商店、家庭に電気が引かれ、店頭を明るく照らすようになっていったが、大正十年（一九二一）までは、銀座の街灯はガス灯のままであった。

明治三十五年（一九〇二）九月の『文芸界』定期増刊号は「夜の東京」を特集している。その「序」に「今歳ゆくりなくも都の人となりて、賑はゝしき本町に日影傾けば、家路に向ふ鉄道馬車を初めとして、窓よりも見ゆる夜のくさぐ〵、さても華やかなるは夜の都なるかな。いで昨日の我と同じさまならん田舎人に都の夜のかたはしをだに告げばやとて、この刷り巻は思ひ立ちつ」（佐々醒雪［国文学者・俳人］）と述べている。

香亭逸民「夜の東京」、幸田露伴「夜の隅田川」、蟋蟀庵「夜の鉄道馬車」、小畑蓬城「新聞社の夜」、藤本夕颷「新橋停車場」、田村松魚「銀座の夜店」、遊冶郎「夜の新橋」、紅顔子「夜の柳橋」、西村酔夢「夜の神楽阪」、岡本狂生「夜の魚河岸」、小石山人「夜の吉原」など六六項目の多きに及び、夜の東京をスケッチしている。総論にあたる香亭逸民「夜の東京」では、
今は陽光未だ全く没せざるに、電灯瓦斯灯さては洋灯《らんぷ》、互に先を争ひて、満都一千有余の町々、残る隈なく輝き渡り、いつも月夜に雲もなく、馬車人力車の流星までも照り添ひて、古人《こじん》のあはれ

を催し丶時刻も、今人《こんじん》の目には、唯其《そ》の華麗を感ずる程に至らしめたるも奇ならずや。是《こ》の時を以て、昼の東京、舞台を回して、漸く夜の景色を演出す、抑々《そもそも》天に陰陽昼夜あり、人に動静苦楽あり、昼は人の働くべき時にて、夜は人の楽しむべき時なり（以下略）。

と述べて、東京の夜の情景を語り、夜の遊楽について描写し、「夜の東京は、三百六十五日が間、一百五十万人の挙《こぞ》りて遊ぶ楽園なり」と結んでいる。

『文芸界』定期増刊号の「夜の東京」が出てから一七年目の大正八年（一九一九）九月に秋田貢四編『夜の東京』（文久社）が発行された。筆者の所蔵本は大正九年九月の第五版本である。売り上げ好調だったようだ。「都会の美は、その街衢が灯火に彩られた夜の情景にあります。巷の黄昏《たそがれ》が街路樹の蔭に動きはじめますと、活動の文明の幕は閉ぢられて、都は次第に歓楽の文明の舞台に移ります。「夜の巴里」「夜の倫敦」は如何ばかり多くの人々の心を陶酔に導いたでせう。東半球第一の文明的都会たる我が帝都に、「夜の東京」の一本だもないのは真に遺憾にたへません」として刊行されたものである。しかも「詩化されたる夜の東京の表現」を企図して、「文壇一流の諸大家」に原稿を依頼している。田山花袋「銀座の夜」、上司小剣「夜の公園」、泉鏡花「縁日商品」、高浜虚子「夜の東京の俳句」、栗島狭衣「島の夜祭」、山内秋生「人形町界隈」、田口桜村「夜の大川端」、川村古洗「夜の撞球場」、同「夜のタクシー」、斉藤正雄「バーの一夜」、北原白秋「雪と花火」、久保田万太郎「夏のあさくさ」など二五編である。

明治の中頃は夜店をひやかすことがあっても、夜の銀座通りの散歩をすることはまずなかった。明治が大正と変わるころ、銀座にカフェーがあらわれ、飲食店の中に洋食、中華の店が登場するようになり、夜の世界が広がった。

田山花袋が関東大震災前の「銀座の夜」の情景を書いている。

尠《すくな》くとも柳は銀座通を美しくした。

しかし、この柳も時には、美しくばかりは見えてはゐなかつた。夏の日の埃に白くなつてゐる時もあれば、秋の揺落に逢つてさびしく黄《きいろ》く色附いてゐる時もあつた。幹だけが無造作に拳のやうに黒く際立つて見えてゐる時もあつた。しかし、春の新しい芽、殊に、十一月《(ママ)》の末の新芽の美しい色彩を私はいつ忘れることが出来るであらうか。（中略）

夜の灯を透して見ても、柳は矢張《やはり》この上なく美しかつた。明るい賑《にぎや》かな家毎の灯、または処々の街灯から流るゝやうにさし込んで来る青白い光、何《ど》うかすると、その上に新月の微かな光や、小雨に濡れた光線のかゞやきがさし添つて、一種名状し難い柳の葉のカラアを深くした。

夜の柳並木が醸す情調を愛した男がいる。高須梅渓著『蒼空』（大正六年、実業之日本社）に次のようにある。

最早《もう》服部時計店の大時計が、十二時を指して居た。雑沓と混雑との銀座は、昼の疲労によつて、漸く静かな眠りに就かんとするやうに見えた。其の静けさ、私はそれを身に沁みて味ひたいやうに思つた。

広い街上の柳並樹、それが瓦斯の光を浴びてハツキリ黒い影を地に印して居る。和洋の家々は、夜の薄緑色と、瓦斯の青白い光とに依つて、昼の中に曝露した汚なさと、殺風景なギコチない形とに、種々の陰影を附与せられて、不思議に美しく見える。此の時は、私は何となく外国の街でも歩いて居るやうな感じに打たれて、いつまでも、さまよつて居たい気がした。

当時、日本のどこにもない情景であった。夜の銀座に柳は欠かせない存在となった。

明治十七年(一八八四)、尾張町一丁目(現・銀座五丁目)の煙草屋で生まれた内田清之助(昆虫学者)は、「私の物心つくころには、直径三〇センチ以上もある立派な柳の並木であった。春ともなると、緑の葉隠れにツバメが飛びかい、時に有るか無しかの細雨にしっとりと濡れている日など、派手な蛇の目の傘も点綴されて、一段とみずみずしい情調を漂わせたものである」(『私の自然史 鳥』昭和四十六年、三省堂)と回想している。

また、明治の末ともなると、柳の幹も太くなり、「勢ひのいゝ枝葉を茂らせ、やはり瓦斯灯がその間を点綴して、独特の雰囲気を漂はせてゐた。殊に春雨のしと〳〵降る夜とか、時雨の折々枝を濡らして通る夜とかは、柳と瓦斯の光りと濡れた舗石の映ゆる其の影との醸し出す気分がたまらないほどよかった」(『人生の窓』昭和十七年、東華書房)という。『報知新聞』の記者だった須藤鐘一の回想である。

京都をこよなく愛した歌人の金子薫園は、銀座もこよなく愛した。「加茂川の夏柳の青い陰を、京都見物に来たKと云ふ西洋の女優の軽く歩んで行く、白い裳裾の揺ぎを、涼しくも眺めた眸に、銀座通りの並木の柳の葉が、夜風に動いてゐる街灯の火影に、沁み入るやうな青い色を見せてそよいだ時、東京の夏の夜の空気を鮮やかに想はせた」(『自然と愛』大正五年、新潮社)と淡い街灯に浮かぶ柳の風情を書いている。

金子薫園が銀座を詠んだ歌。

虫売が煉瓦だたみをふみゆけり更けては夜の銀座もさみし
秋ちかき銀座のまちの入口のアカシヤの樹のうへの夕月

『草の上』大正三年

ふけゆけば煉瓦だたみのしとしとと夜の銀座は人も通らず
街路樹の柳ははやもちりかかり秋ならなくにさびし銀座は
新しき文明といふも五十年銀座のまちは老いにけらしな

『静まれる樹』大正九年

ブラジルの珈琲《カフエー》といふに夏の夜のわが舌に沁むあつさもよろし
カフエーの女のかけしエプロンにいたづらがきの絵の具のにじみ
カフエーの舌に残れるあつさにぞ思ひいづる夏の夜のはかなごと

『星空』大正六年

大正三年六月二十一日の新聞『日本』にこんな記事が出ている。「数日前から銀座街の街樹たる柳の下に鉄砲百合、紫陽花、立藤、孔雀草、葵、マグレツ、ダリアなんどの草花が植ゑられて恰《あたか》も百花繚乱として妍《けん》を競ふ趣がある」として、その発案者は誰かというと、千葉園芸学校の卒業生で、市から許可をえて柳の下に四季折々の草花を植えたのが始まりであった。二十一日の時点で銀座だけで四〇余か所を数え、その先がけは銀座七丁目の洋食品輸入商亀屋前であったという（『新聞集録大正史』第二巻）。永井荷風も『毎日見聞録』の大正七年四月七日の項に「銀座通福原資生堂前柳の並木の根方にはこべ草を植付けたるは誠に青々として見る目美しく往来の人の眼をひけりよき思付なり」と記している。

田山花袋も大正八年刊行の『夜の東京』（文久社）のなかで触れている。

その柳の幹の根元を四角に劃《かぎ》つて、家毎に、柳の一本毎に、小さな庭園見たいなものを拵《こしら》へてゐたさまは、私の眼に歴々《ありあり》と映つて残つて見えた。或《あるひ》は草花、或は小さな緑、或は撫子《なでしこ》、或は桔梗、処に因《よ》つては草叢《くさむら》のやうなものも出来てゐた。忙しい都会の中にゐて、かうしたさゝやかな楽みに朝夕を慰めてゐる人達の心持も、私には堪《たま》らなくなつかしいやうな気がした。日が暮れ行くと、打水をして、その小さな庭園の傍《かたはら》に、矢張《やはり》小さな、一人か二人しか腰をかけられないやうな涼み台を持ち出して、娘達が団扇を揺がしてゐるのも、この通りでなくては見られないものゝ一つであつた。ある店には岐阜提灯などが一杯に吊るされてあつた。

この試みがいつまで続いたかわからない。

岩本無縫『俗体詩』（明治三十九年、盛光堂）にこんな詩が載っている。

銀坐の柳

昔お柳《りゆう》のあはれな咄《はなし》
知つて居《お》りやるか人間様や
恨めしいぞへ市区改正委員、
暁の鴉から夜中まで
浴びせられるよ埃と塵を
何の因果で銀座の中へ、
棒で叩かれ小僧にゆられ
足は煉瓦の枷はめられて
何んで肥えよかわたしの樹身《からだ》、
見捨てしやんすな銀座の柳
春が来たなら靡いて見せう
可愛がらんせ笑ふて見せる。

銀ぶら

柳といえば銀ぶら。銀ぶらという言葉が定着するのは大正中期である。大正九年（一九二〇）一月五日の『都新聞』の新語番付に「銀《ぎ》坐《ん》素見《ぶら》」が登場する。東の大関に「民本主義《デモクラシー》」、関脇に「改造《かいぞう》」、小結に「カモフラージ（ごまかし）」、前頭に「普選《ふせん》」、「宣伝《プロパガンダ》」、「過激《かげき》派《は》」、「廉売《れんばい》」（以下略）と続き、西の大関に「怠業る《サボる》」、関脇に「銀《ぎ》坐《ん》素見《ぶら》」、小結「歌劇弥次《ペラゴロ》」、前頭に「帝国展覧会《テコテン》」、「洋服細民《ようふくさいみん》」、「珈琲《カヘ》定連《ゴロ》」、「怠業親方《サボおやじ》」（以下略）と続く。「民本主義」は吉野作造が大正五年に雑誌『中央公論』に書いた論文「憲政の本義を説いて其有終の美を済《な》すの途を論ず」で論じたデモクラシーの訳語。「普選」は成年男子に選挙権を与える普通選挙運動が盛んになり、その結果大正十四年に普通選挙法が成立した。「過激派」はロシア革命の影響のもと、社会主義や

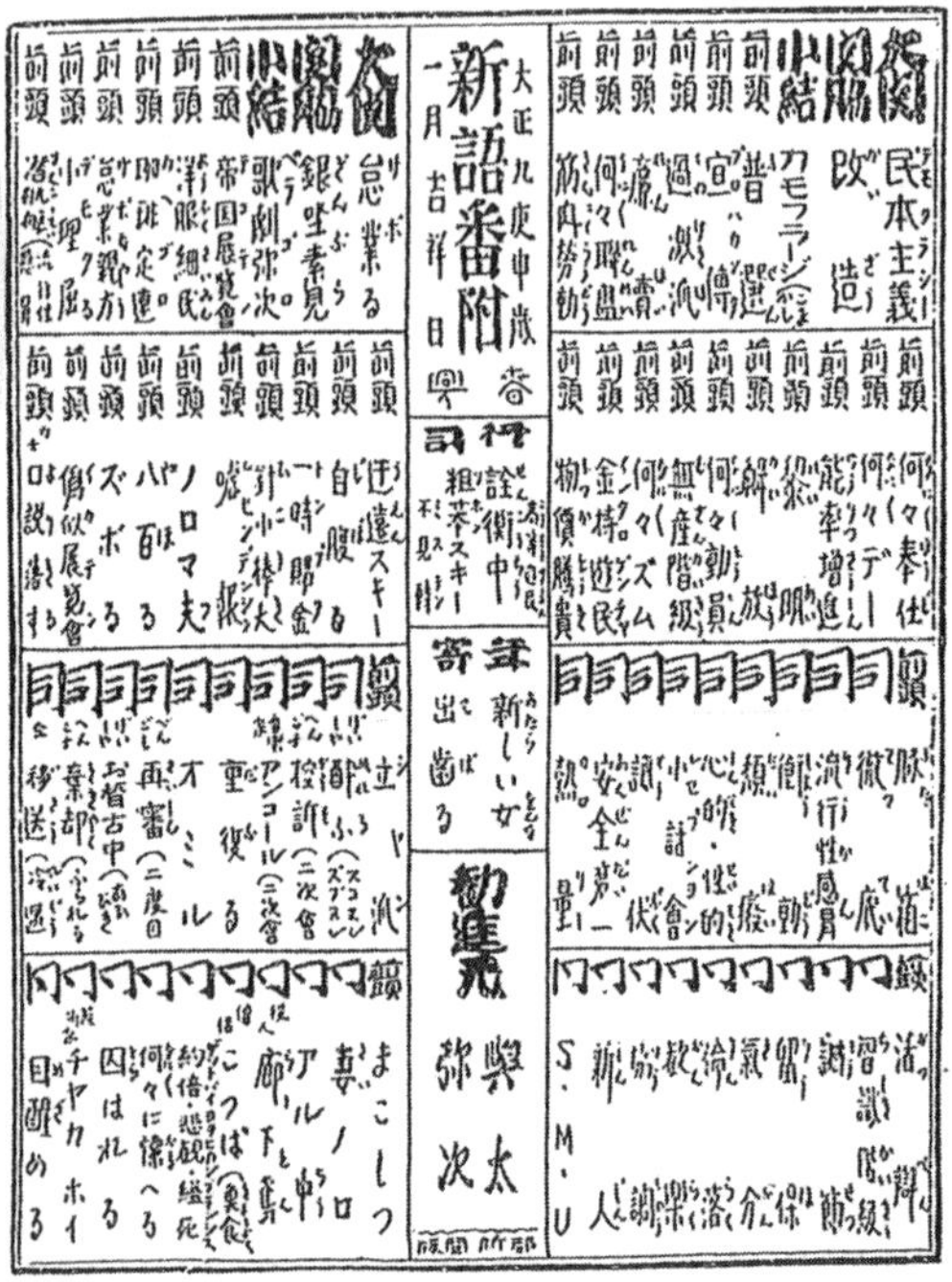
新語番附
大正九庚申歳 一月吉祥日
大関 民本主義 関脇 改造 小結 カモフラージ 前頭 普選 宣伝 過激派
大関 怠業る 関脇 銀坐素見 小結 歌劇弥次 前頭 帝国展覧会 洋服細民 珈琲定連 怠業親方
勧進元 與太 弥次

銀座素見（銀ぶら）が、大正9年「新語番付」の関脇に上げられている『都新聞』（大正9年1月5日）より

無政府主義の動きが活発となり、この用語が生まれた。「廉売」は大正七年全国規模で展開された米騒動の際、各地で米の安売りがおこなわれた。「怠業《サボ》る」はこの時期労働争議が頻発し、職場放棄（サボタージュ）したことを指す。「歌劇弥次」はオペラに熱中し歌劇女優を追っかける青年をいう。「洋服細民」は洋服を着ているが貧乏だった中産階級の勤め人をいう。第一次世界大戦後急激に増えた。「珈琲定連」はカフェーに入り浸る人をいう。この時期、急速に銀座を中心にカフェーが増えてきた。

ところで、「銀坐素見《ぎんぶら》」が関脇にランクされているところが興味深い。銀ぶらなる言葉が人口に膾炙《かいしゃ》するのはこの前後である。銀ぶらの語源については諸説あるが、言葉の本義は銀座通りをあてどなく冷やかして歩くことをいう。早くは小山内薫が明治四十四年（一九一一）十月『新日本』に発表した「草市の晩」に銀ぶらといえる情景が出てくる。芸者と連れ立って草市が立つ銀座を冷やかして歩く深夜の情景を巧みに捉えた短編である。

八官町の家から夜の十二時過ぎに二人連れが銀座通りに散歩に出た。今でいう「銀ぶら」である。「銀座の通りはもう大抵戸をおろして了つてゐたが、草市はまだ宵だつた。造花《つくりばな》のやうな蓮の花がある、磨いたやうな苧殻《をがら》がある、大きいのや小さいのや様様の形をした切籠灯籠《きりこどうろう》が柳と一緒に揺れてゐる。カンテラやランプで買ふ人売る人の顔が赤く見える」。銀座二丁目東側の『東京日日新聞』日報社の前あたりまで来ると、馴染みの芸者に逢った。芸者から執心の客の仲立ちを頼まれ、そこで別れて尾張町の角まで来て、そこで引き返し、尾張町二丁目西側の函館屋の前まで来ると、「頓狂な声」で呼びとめる声がした。みると、先ほどの芸者たちだった。無理やり仲間にされ、そこでジン、カクテル、ウィスキーを飲んだあと連れ立って函館屋を出て、八丁目角の資生堂のところで別れた。男二人は新橋まで来て博品館の時計台を仰ぐと、針は二時を指していた。

しっとりとした夜の銀座通りの情景がよく伝わってくる。盂蘭盆の草市の立つ日は七月十二日から翌朝にかけて、銀座では尾張町一丁目西側に出た。盂蘭盆に供える仏具や草花を売る夜店であるが、銀座の住人の思い出に「絣の筒袖、手甲、脚絆に姉さん被りの娘さんが、お精霊《しょうりょ》さまが乗る藁の馬や、仏壇を飾る真菰細工、草花と早生の果物なぞを売っていた。この草市はどこか仏臭く、どこか心寂《うらさみ》しい感じがあった」（野口孝一編著『明治の銀座職人話』昭和五十八年、青蛙房）という。

それから六年後の大正六年（一九一七）十月の『中央公論』に掲載された広津和郎の「神経病時代」にこんな描写が出てくる。

午後四時半になると彼は社を出たが、真直ぐに自分の家には帰らなかつた。いつものやうにステッキを右の手に持ち、左の手はふところに入れて、不快な考へを一掃するために時々頭を左右に振りながら、銀座通りを当もなくぶら〳〵歩くのであつた。尾張町から京橋までの右手の人道に竝んでゐる夜店を一軒〳〵のぞきながら、成るたけのろ〳〵歩く事に努力するのであるが、それでも直きに京橋まで来てしまふ。そこで今度は京橋から尾張町までのシヨウウヰンドウを一軒〳〵覗きながら、又同じ人道を引つ返して来るのである。シヨウウヰンドウの中は毎日大した変化がなかつた。けれども彼に取つては、それを一々覗いて歩くといふ事が、一日中での最も気の楽な時なのであつた。鞄屋の前に来ると彼は贅沢な旅行を空想した。自分が少壮紳士と云つた恰好で、赤帽に鰐革の鞄を渡しながら、東京駅の一等の改札口を軽快に、ハッピイに通つて行く光景を思ひ浮べた。帽子屋の前では彼は好きな帽子を腹の中で選択した。それから時計屋、それから感じのいゝ電気燭台の並んでゐる電気屋。たゞ、洋服屋の前だけには立止らなかつた。何故かと云ふと、足の内側に彎曲曲してゐる彼は、学生時分から洋服が自分に似合はない事をよく自覚してゐたからである。そして再び尾張町の角に立たなければならない。カッフェ・ライオンの壁に凭れて佇むと、都会のいろ〳〵な灯がぼうつとした一塊となつて、彼の眼に映る。

主人公の歩みはまさに銀ぶらである。

「銀座の夜店」岡落葉筆『夜の東京』大正9年より

銀座通りの道路改修

第一次世界大戦中の好景気を反映して、自動車の普及をはじめとして市電、自転車、馬車、人力車など市内の交通量は飛躍的に増大した。とくに繁華の中心となった銀座では著しく、車道に植えられていた柳の街路樹が交通の妨げとなり、路面も急速に悪化した。

警視庁は交通緩和をはかるため、大正八年（一九一九）九月十五日から、新橋から日本橋、須田町に至る電車通り（現在の中央通り）を午前八時から午後八時まで手曳き車と荷牛馬車の通行禁止とし、裏道の中通りを通るように規制した。同日、銀座四丁目、日本橋一丁目、須田町と上野広小路の交差点にそれぞれ四人の交通専務員を置いて交通整理に当たった。一方を立てれば他方が立たぬの例えのように、銀座通りの流れがよくなった一方、狭い裏通りは荷車、荷牛馬車、手曳き荷車などが集中し、渋滞を引き起こした。竹川町（現・銀座七丁目）裏の幅三間半の中通りでは、馬車がすれ違うために出窓が壊され、植木が折られるという始末であった。

交通渋滞解消も当面の課題であったが、それに加えて、道路を整備することによって経済効果をはかろうとする気運も生まれてきた。大正八年十月、東京市会は「路面改良工事施行並びに国庫補助申請に関する件」を可決している。その際、市道路掛は、路面改良にあたり国庫補助を受けるため、改良後において交通機関ならびに市民が直接受ける利益を試算している。路面抵抗率が著しく減少して輸送コストがさがる、ガソリン消費量の減少による利益、タイヤの摩耗率の減少による利益、履物の摩耗率の減少による利益、泥濘がなくなることによる衣服の損傷・汚れがなくなる利益など、事細かく計算して総額で七〇〇〇万円以上の利益になるという。いっぽう内務省の息のかかった道路改良会は、十月二十三日、道路改良熱を鼓舞するために、米国式最新型登山自動車五台を連ねて東海道五十三次をめぐり宣伝ビラを撒き、各地で講演会を開いている。

大正九年五月十七日から三日間、東京府土木課で電車の軌道調査をおこなった結果、軌道間に敷き詰めた敷石が飛び出したり、レールの落ち込みが目立ち、もっとも著しいのが銀座通りで、ついで日本橋―須田町間であったという。当時、自動車は電車の軌道上を自由に走行していた。同月、東京市は路面改良局を新設し、道路改良に着手した。路面工事についていつ地元住民に提示したかわからないが、大正九年八月の市議会には街路樹を柳にかえてポプラにしようという議論がなされている（『読売新聞』八月四日）。おそらくこの段階で柳の撤去は固まっていたと思われる。そして翌十年三月に柳は伐採された（「憐れ銀座通の柳　歩道縮少の為めに伐らる」『都新聞』三月十六日）。

これに対して京新聯合会（昭和五年に銀座通聯合会と改名）は、五月、東京市長後藤新平に請願書を提出し、「閣下の下僚は今や斯の如き歴史上の名所を破壊して市区改正の犠牲たらしめんとし、先づ歩道を削減して行人の混雑と不快とを招くを意とせず、次に夜店を廃止して銀座と特殊関係ある名物を排除し、或は銀座の美観の半ばを占めたる柳樹を抜き去りて代ふるに無趣味の公孫樹を以てせんとする此の残虐の光景に接して洵《まこと》に我が手足を断たれ利刃を我が胸に擬せらるゝの感あり」（「銀座街路改修に就て当局と市民の交渉」三須裕編『銀座』資生堂化粧品部、大正十年十月）と、激烈な調子で柳の撤去反対、歩道を削り車道を一間半広げて夜店を廃止することに反対する意思を伝えた。

これに対して東京市は文書「道路の柳に就て」（同上）で回答している。まず車道拡幅工事上必要のため柳を撤去したこと、いったん撤去した柳は老樹が多く元へ戻すことは困難であること、市の道路樹木計画では品川から銀座、日本橋、上野にいたる道路の街路樹はイチョウと決め、すでに工事は進んでおり、銀座だけを柳にすることはできないこと、歴史的にみても銀座の最初の街路樹は松と桜であり、柳となってからでも最初に植えられたものはなく、二代目、三代目で柳の寿命は短いこと、柳は水辺に植えてこそ映えるもので洋風の建築にはイチョウがふさわしいことなどを挙げている。

市当局と京新聯合会との交渉は何度か繰り返されたようであるが、その過程を伝える記事が大正十年六月九日の『東京朝日新聞』に載っている。

銀座街頭行人の眼を慰めた新緑の柳の並木が取り去られてから電柱林立の殺風景な醜さを見せつけられる不快さと一面には銀座繁栄の商売気から京橋新橋間の表通り二百余の商店主から成る京新聯合会では三尺六寸宛を狭められる両側の歩道問題と後釜の街路樹、偖《さて》は都市計画に基く建築物等の関係に就て再々協議し市当局とも接衝して来たが、「此儘で長く放擲して置かれては堪まらぬから、此際当局の方針を聴かう」といふ事になつて、昨夕五時から同聯合会幹事二十名、銀座松本楼本店で小坂市会議員紹介の下に池田市助役を招いて懇談した。話は助役の都市計画方針に始まり欧州大都市の実例を引き、其美点特長を採用して大東京建設の抱負を述べ、一転問題の街路樹に及んで「昔から柳桜は都会の春に一層の美観を加へる樹木としてあつたが、現今では背景たるべき建造物も昔と違ひ、福羽男［福羽逸人男爵、造園家・農学者］等永年の実験に見ても柳は樹齢短く、枯れた場合にも適当な候補樹が少い事など種々の関係上街路樹として最も適当な公孫樹を以て品川から上野へ続く大道路を飾る予定にもなつて居るので諸君の御希望に反するのは遺憾ではあるが、銀座通も公孫樹を植る事に決定した…」と懇な打明話の結果、各幹事も無理に柳を固執する特殊理由のある訳でもなく、銀座通りの美観を加へ安全地帯も成べく豊富に繁栄策に便宜ある様、工事は能《あた》う丈急いで予定通りに実行して貰ひ度いと双方茲《ここ》にさつぱりと諒解を遂げ世間の問題となつた「銀座の柳」もかうして永久に葬られた。

かくして八月一日より電車を止めて一か月間の予定で工事にとりかかった。すでに荷車、荷牛馬車、手曳き荷車は裏通りを通るように通行を規制されていたが、市バス、タクシー、人力車なども裏通りを通るようになり、混雑は大変なものだった。銀座通り東側に出ていた夜店は、工事中、工事の都合上いつでも営業停止に応ずることを条件に、西側も含めて許可したが、積み上げた土の山の間で細々と店を出す状況が続いた。御木本装身具店は早速、「八月……は／銀座の電車がなくなります／静かな夕べを御散歩かたがた／お忘れなく御立寄りください」と広告を出している。

最初は両側の歩道を一間ずつ切り取り、車道を拡幅する予定であったが、それでは銀座名物の夜店を出すこともできなくなるということで、三尺六寸ずつとなり、車道を八間から九間に拡幅し、木煉瓦を敷き詰め、歩道はコンクリート平板敷きとした。すでに撤去された柳は車道に植えられていたが、新しい街路樹となるイチョウは歩道に移すことにした。さらに街路灯はそれまでのガス灯を廃止して鉄柱二灯式の電灯（三〇〇ワット）を設置した。

着工に先立ち柳を撤去した時、丈夫な柳一四四本、傷んでいるもの七一本、枯れてあとかたもなくなっている箇所八一か所であった（伊藤隼『東京の植物を語る』昭和十年、文啓社書房）。樹高も不揃い、歯抜け状態で景観としても良好とは言い難かった。イチョウが採用された理由は、助役の説明にもあるが、公園課長井下清の講演録『街路樹』（大正十四年、東京市政調査会）によると、柳は樹形が不揃いで、木質が弱くわずかな傷から内部を腐らし空洞になるなどの欠点があり、柳の撤去までに二、三代は変わっている、というものであった。撤去した柳は京橋近くの河畔や桜田—日比谷間の濠端に移植して、かわりにいずれも一五年以上を過ぎたイチョウを植えることとした（「越して行く銀座の柳」『建築画報』大正十年四月）。なおこの時、下水は暗渠を作って、東は三十間堀、西は外濠に落とすようにした。

工事は八月末の数十日に及ぶ長雨で泥濘がひどく、三か月以上にわたり、商売にも差し支えが出る始末で、商店では売り上げが半減したという。

まず車道が十一月二十四日に完成し、電車の運行がはじまり、三十日にはすべての工事が完了し、十二月一日から全面開通となった。銀座通りには二か所に市電の安全地帯が設けられた。車道は自動車が通ってもビクともしないという前触れであったが、十二月九日の夜来の雨で銀座一丁目停留所付近の木塊が二、三坪にわたり浮き上がったという（『都新聞』大正十年十二月十一日）。夜店もこの日からいっせいに営業をはじめた。銀座にとって災難続きの道路改修であったが、ともかく銀座通りは第一次世界大戦後の新しい時代にふさわしい道路となった。

後述するように、この道路改修を祝って、十二月十六〜十八日に「銀座煉瓦地五十年祭」がおこなわれた。

街路樹論議　柳か、イチョウか

銀座商店街の人々があらたに植える街路樹をイチョウにするという東京市の方針を受け入れたことについては『東京朝日新聞』の報道のとおりであるが、柳撤去の話がもちあがると、柳にかえてイチョウではないだろうという声が、銀座内外からあがった。

銀座の住人、カフェー・プランタンの主人松山省三は、

　銀座の柳よ、お前とどうしても別れねばならぬのか。

　お前の萌黄の花が春雨に煙むる頃から黄色いわくら葉が秋風に舞ふ頃まで、銀座は私の此上も無い散歩所なのだ。此乾いた街路、此物騒しい人込みに、お前はどの位湿ひと優しみを添へてくれたであらう。

　袷からセルに浴衣に、美しい女達の姿がお前の葉づれに遷り行く銀座は、他所には無い美しさとものなつかしさの想を胸に起さす。

「銀座の柳よ」、三須裕編『銀座』

といい、料亭花月の主人平岡権八郎は、

　近来都市計画とか、道路改造とか云ふので、市民は莫大な税金を払はせられて居ますが、御役人方が揃つて変な建築条令を出したり、銀座を打《ぶ》つ毀《こわ》したり、折角の柳を焚付けにして銀座に替へやうとして居るさうですが困つたもんです。やがて柳の精にたたられて市会議員が夜な〳〵うなされるのももう十年経ちますまい。線や色や光の観念の無い都市計画は美しいものゝ出来上る筈はないと思ひます。

「銀座印象」、同上

と手厳しい感想を述べている。資生堂化粧品部発行の『銀座』は、資生堂社長福原信三が道路改修により柳が撤去され、それまでの面影がなくなることを惜しんで、思い立って急遽銀座の住人、識者に呼び掛けて、銀座の思い出、記録を編集したもので、いまでは貴重な銀座懐旧本となっている。

詩人の川路柳虹は、

銀座の小建築と従前の柳とは非常によく調和してゐました。あの柳を抜き去つたあとの銀座の没趣味はどうですか。私は一概に銀杏を悪いとは申しません。銀杏は日本特有の古代植物でむしろその保存を心がけたい位ですが、然しあの小さなかよわい周囲の建物に対し銀杏の固い太い樹や葉が調和しませうか。銀座の風趣は柔かい女性的な繊細なものでした。それにはあの柳が大へん援けてゐました。

「銀座と柳」、同上

と述べ、「私はあの銀座ばかりは可憐な優しい、東京中で一番チャームのある街にしたいと思ひます」と強調している。そして、「銀杏は野暮な樹、野武士の樹、／銀座は美人のとほる町、／そこに野武士は棒立無用」と詠った。

銀座に散歩道としての価値を見出していた大庭柯公は、歩道を狭め、柳をやめ、イチョウを植えることに反対している。大庭は当時読売新聞社の編集局長であったが、その後、ソ連邦に入り、行方不明になっている。スパイ容疑で処刑されたともいう。

銀座を単なる買物の場所とせずに、観賞散歩の心地好い街として発達させるためには。是非とも柳でなくてはならぬ。夕方の驟雨の後で、雨に洗はれて一段と青い柳の樹間に、瓦斯や電灯が、まだ全く暮れぬ街に輝いてゐる趣は、如何に銀座を美化するであらうか。柳であればこそ、雨も風も灯も、更に日盛りの炎暑《てり》も、皆この大通りに得難き風趣を添へるのではないか。行路樹統一論者どもの、銀座の柳を他のものに代へる考案などは、是非とも芽の中に挘《むし》つて了はねばなるまい。

大庭柯公『ペンの踊』大正十年、大阪屋号書店

また、新居格は、銀座の街路樹のイチョウは栄養不良で、ひねこびて色艶がない、という（『近代明色』昭和四年、中央公論社）。

このように柳擁護論が多いなかに、作家の邦枝完二は、柳を植えるのをやめたほうがよいという。

銀座の柳は、単に柳そのものだけの情緒ではなかつたのでございます。柳と煉瓦、それに瓦斯灯、この三拍子が揃つてこそ、そこにはじめて銀座の柳といふものゝ、情趣が浮び出るのではないかと思ひます。洗はれた煉瓦の赤、柳のみどり、それにクラシックな瓦斯灯のかたちが調和したところに、何んとも云へない趣があるのであります。もしもこれが春の夜ならば、若柳の芽に映えた瓦斯の光が、地上の煉瓦に影を落して、一段の美を添へるでせうし、秋ならばまた秋で、煉瓦の上に散る柳の風情は、一入詩情をそゝらずにはゐられますまい。

「銀座の柳に就て」、『講演』第一四四号、昭和六年四月、東京講演会

柳はコンクリート造りの建物とコンクリートの歩道には合わないというのである。

京新聯合会の結成

京新聯合会が発足したのは大正八年（一九一九）十一月であった（銀座通聯合会と改称されたのは昭和五年五月）。ここで京新聯合会設立の経緯について改めて触れておこう。現在設立関係書類は見当たらず、従来からの言い伝えで、道路改修を機に親しまれてきた柳が撤去されるのに反対する過程で京新聯合会を結成したとされてきた。

大正九年八月四日『読売新聞』に「寂れ行く夜の銀座　繁栄に運動する聯合会へ」という記事が出ている。

東京の夜、殊に夜の銀座は一しほ風情があり、『銀ぶら』などと都人士を吸ひ寄せる東京の一名物となつてゐるが、車道を拡張して現在三間六分の人道を六分だけ縮めることにより危く一名物が取り除けられさうな運命に陥りかゝつたのが種々の方面から苦情が出て、結局夜の銀座の根源をなす夜店を許すことになつて辛くも『銀ぶら』子連の怒りを持ち上げずに済んだが、銀行会社の大きな建物が聳え立つ様になつて華やかな銀座街頭が櫛の歯のこぼれた様に寂れ行くのが眼につく。柳に瓦斯灯が夜の街頭を飾るによく調和が取れてゐる。其の瓦斯灯が除かれ今又柳を掘り返してポプラにしようと云ふ議が市会あたりにあるとて銀座住人の有志は其那《そんな》真似をされたら夜の銀座は滅茶苦茶にされて了ふと云ふので、京新聯合会を組織し、銀座繁昌策を樹てることに一致した。其の第一着手として銀座国光生命、徴兵保険、福岡銀行支店、日本火災生命保険、大倉組其他の比較的大きな建物に対して階下を開放し店舗にする様にと陳情したが、国光生命保険会社関係の太田清蔵氏は同感賛成の意を表示したと云ふ。一方百三十余名の露店商人は銀座正睦会を組織して京新聯合会と策応して銀座繁栄策に努力し、名物保存に努めるのださうである。

この記事からすると、柳の撤去問題が起こり、新しい樹種にポプラというわさもあり、イチョウと決まらない段階で、銀座の住人の間で柳撤去反対の動きが動機となって京新聯合会が結成されたことになっている。そして第一着手として夜の銀座を暗くする大規模建築の所有者に一階を開放するよう働きかけている。

ところが、大正十年十二月十五日に銀座煉瓦地五十年祭の祝賀会に向けて発行された『やまと新聞』付録銀座祭記念号（羽島知之氏蔵）によると、京新聯合会結成の事情をつぎのように紹介している。

新橋駅が廃止され、他の町々の建築がだん〳〵立派になると共に、銀座通りが余り立派でなくなつて来た。それに道路の不完全な事は却て東京代表的となり、新聞雑誌には漸次銀座繁栄のお株が他の日本橋神田に移りつゝあるなどゝ云はれる様になつて来たので、銀座商人も稍々覚醒して来た。何とか之が善後策を考へる様になつて来た。

所が大正八年の九月深更二三時頃に、汐留駅から魚河岸［日本橋］に魚を運搬する貨物自動車が八ヶ間敷い音響を立てゝ遠慮なく疾駆するので安眠を妨げられたのが銀座住民によく〳〵癪に触つたと見え、期せずして銀座十箇町が聯合して当局に之が廃止を嘆願する事になり無事に其の目的が達せられたのである。之が今の京新聯合会設立の動機となつたのである。

『やまと新聞』付録ではこう述べている。大正三年に旧新橋駅が貨物専用駅となり、貨物の取扱量が増加し、銀座通りの交通量も増えた。とくに早朝の魚河岸へ運ぶ貨物自動車の騒音も激しくなったことだろう。先の後藤市長への「請願書」に「制限以上の重荷を積み制限以上の速力を出して傍若無人に疾走する貨物自動車」という文言が出てくる。時系列からいうと、自動車の騒音問題が起こったのは大正八年九月、京新聯合会が結成されたのが同年十一月、市内道路の調査をおこなったのは大正九年五月、銀座通りの改修問題が明るみに出たのはそれ以後のことと思われ、最終的に大正十年八月に着工された。このようにみてゆくと、京新聯合会結成の動機は柳撤去問題ではなく、自動車の騒音問題であったように思われる。柳撤去の話が銀座の住人に伝わったのがいつかはっきりしないので、ここでは両論列記にとどめる。

『やまと新聞』付録には、京新聯合会に銀座通り両側の商店二四八店すべてが加入し、銀座一〜四丁目、尾張町新地、尾張町一〜二丁目、竹川町、出雲町、南金六町の一〇か町から幹事一名を出し、幹事長に尾張町二丁目の森竹五郎を選出したとある。

銀座煉瓦地五十年祭　大正十年十二月十六〜十八日

銀座通りの道路改修完成と煉瓦街誕生五〇年を祝って、大正十年（一九二一）十二月十六日から十八日の三日間、銀座祭りがおこなわれた。明治五年（一八七二）の大火後、煉瓦街の建設に着手してから五〇年、ちょうどその時期に道路改修工事が竣工したのであった。

祝賀会は京新聯合会が主催となり、服部時計店が改築のため取り壊し更地になっていた銀座四丁目角地においておこなわれた。交差点に面してやまと新聞社寄贈によるゴシック式の大アーチを建て、「銀座通建設五十年記念祝賀会」の額を掲げ、その上に五本の国旗と京新聯合会の会章をあしらい、会場の周囲内外にすべて紅白の幔幕を張り、上部を緑葉で包んだ。会場奥に五間×四間の舞台を設け、式後はそこで余興が演じられた。また、京橋、新橋際にもアーチが建てられ、銀座通りには五色のモールが張り巡らされ電飾を施した。牡丹花笠や小国旗を飾り、露店もすべて国旗を出

銀座まつり会場（現・和光の建設現場）、写真中央は後藤新平 東京市長
『写真通信』（大正11年2月）より

した。各商店の意気込みも大変なもので、それぞれ意匠を凝らして飾りたて、「記念大売出し」の看板もそこかしこに見られた。祝賀会の休憩所には筋向いのカフェー・ライオンが当てられた（『読売新聞』十二月十六日）。

祝賀会は、高橋是清首相、床次《とこなみ》竹二郎内相、山本達雄農相、宇佐美勝夫府知事、後藤新平市長をはじめ約三〇〇名の来賓を招いて執り行われる予定であったが、当日高橋首相と山本農相は欠席、会は森竹邦彦幹事長の式辞朗読で始まった。床次内相、宇佐美府知事、後藤市長の祝辞に続き、宴会となった。余興の演出は松竹と廣目《ひろめ》屋とが「一肌脱いで義侠的に」引き受け、舞台装飾その他は歌舞伎座の大道具方が当たったという。余興は当初一般に開放する予定であったが、混雑が予想され、京新聯合会加盟の商店で買い物をした人に限って入場を許した。芸者たちも晴れ姿で進んで会場の接待を引き受けた。

余興は三日間通しでおこなわれ、出し物は、海軍軍楽隊（『東京朝日新聞』では陸軍軍楽隊）の演奏にはじまり、インディアンのバーンの大冒険術、海老鉄五郎・同海老蔵一座の曲芸「天下一品三人滑稽」、松旭斎百合子・小天洋の奇術、伊達龍子一座の歌劇「鬼の居ない内」、それに松竹キネマ株式会社提供の映画が上映された。さらに京橋・新橋際にも舞台が設けられ、そこでは、大神楽、里神楽、かっぽれ、深川囃子、劇「神武天皇」・「日本武尊」・「土蜘蛛」、手品、百面相、滑稽お笑いなど多彩な出し物が日替わりで演じられた。

三か月以上にわたる工事期間中になにかと不便を強いられた商店街の人々の喜びは大きかった。歳末大売出しには一段と力が入り、夜店も出て、この年末の人出は空前のものであった。

その頃の銀座を詠った詩に角田竹夫の「銀座祭」がある。抄録すると、

ああ　その賑はしい人出の層よ
祝へ　此新しい木煉瓦の道を
銀座祭の料理に賑ふサルーン・ギンブラ
町町にたてられたお神楽や茶番の舞台

銀座四丁目の余興場のオペラ
映画　奇術それは路傍の自由劇場の一つか
第四階階級の人人の心の反映か
銀杏の街路樹も夜への影に光る。

おお　銀座祭よ
そして歳晩《くれ》の賑はひよ
左に右に　人人は一歩以上のあゆみを許されない。
都会人の幸はここに深められ
兄弟愛は高められる。

斯くて夜は一切に訪れる。
フルーツ・パーラーの階上に卓《テーブル》を囲み
私は吾が喜びを深く夜に感ずる。

（中略）
そして唯コールターの匂ひを感ぜしめて
木煉瓦は私の為にひろがる。
私は玆《ここ》に都会の喜びを感じ
人心の殿堂の中に心ゆくまで浸り切る。

角田竹夫『角田竹夫詩集　微笑拒絶』大正十二年、詩人会

大正十一年の歳末風景

関東大震災前の最後の銀座通りの歳末風景を久米正雄は捉えている。小説の形ではあるが、『冷火』（大正十三年、新潮社）のなかの一編、「銀座青年」の冒頭の描写は、震災前の銀座通りの歳末の景観を捉えていて貴重である。

歳末売出しの装飾を凝《こら》した銀座通りの半顔《はんがん》は、大正十一年十二月十九日午後三時過ぎの、妙に僾く黄色みを帯びて、其《その》癖雑《ざわ》音ついた日ざしに掠められてゐた。紅白だんだらの布を巻いた柱を鋪石《しきいし》の端に沿うて立連ねたので、さうでなくとも小さい街路樹は、全く存在を忘れられて了つた。そして徒《いたず》らに三角形をひらつかせる五彩の旗や、毛虫のやうな金、銀、緑の組糸、さては又各商店の名や商品の種類などを掲げた看板が、只管《ひたすら》目に付く事を競つて、

或は欄間のやうに或は横額のやうに、人道の空へ蜘蛛手《くもで》を作り、その此処彼処《ここかしこ》には昼間灯が、寧ろ淡い光暈《くわうん》を投げて、何となく人の心を欺くもの丶象徴のやうに見える。而して其下を人々は、急用があると云ふ程真剣ではないが、用がないとは見えない程度に急速な歩調で、巧に身を躾《かは》しながら歩いて行く。併しそれらの男女の姿は、外套に肩掛にそれ〳〵流行を追うて瀟洒と絢美《けんび》とを極めて居るが、凡て街頭の装飾に色を奪はれて、黄昏《たそがれ》のやうに仄《ほの》黒い影を織るばかり……。

而して、撒き水の痕斑《あとまだら》な車道には、電車、自動車、バス、トラック、自転車、人力車、荷車あらゆる廻転物の変形が、それ〳〵何故か真つ直な行路を取らずに、強ひて縺《もつ》れ合ひ突かりさうにし合ひながら、蕩揺《たうえう》しつ丶疾走する。

「不良青年」検挙事件　大正十一年五月六日

この年の二月頃から日比谷、銀座辺りのカフェーを荒らし回り、コーヒー一杯で数時間も腰をすえ、学生や子女に喧嘩をうり金品を巻き上げるという風聞があり、実際に脅迫、掻っさらいの被害も増加していた。五月五日夜には六件の被害が届けられた。そこで銀座を管轄する築地警察署では内偵を進めていた矢先に、血桜、旭、坂本などを名乗る不良青年団が密かに檄を飛ばして、六日午後六時に南鍋町のカフェー・パウリスタに集まるという計画を探知して、同日午後二時に非番巡査を召集してその付近に張り込ませた。午後三時頃から十時頃までに約六〇名程を検束して、その多くは釈放したが、各団体の首領格を検挙した。一味の中には明治大学、中央大学の学生を含む十八〜二十歳の青年たちがいたという。不良青年が喫茶店に入り浸り、座席を占拠するのはカフェー・パウリスタだけに止まらず、他の喫茶店にもみられた。

第４部

関東大震災後の銀座通り

関東大震災発生　大正十二年九月一日

大正十二年（一九二三）九月一日の関東大震災は東京・神奈川に未曽有の被害を及ぼし、銀座は全滅した。強震による家屋の倒壊ももちろんあったが、その多くは地震後に発生した火災による焼失であった。地震は昼の食事時に起こったので、火を使っている家が多く、各地で火災が発生した。銀座の煉瓦家屋は激震にもかかわらず倒壊する家屋は少なく、落下物の後片付けをする姿もみられたが、八官町（現・銀座八丁目）の芸妓置屋から発生した火は初期消火に失敗し、燃え広がった。これと京橋方面からの火により銀座一帯が一日夕刻から翌朝にかけて焼滅したのである。

『主婦之友』の記者が書いた「東京大震大火の記」によると、「銀座の裏手に起つた火もまた悲しむべき災をなした。宗十郎町山下町あたりから所謂新橋の花柳町を一嘗《なめ》にした劫火は、やがて夕方六時頃銀座の大通へ延び芝浦モータアから出た火と合して亀屋や資生堂など多くの商店を焼尽し、一方木挽町の逓信省・農商務省・精養軒などを焼き、海軍大学や築地、岡崎町あたりから出た火は、水交社・新富座などを烏有に帰して、大川を越え月島仲通から出た火と合するに至つた」という（『主婦之友』大正十二年十月）。

華族銀行といわれた十五銀行本店は汐留川に架かる蓬萊橋（新橋の下流）の袂にあった。銀行の庶務課長をしていた染川藍泉はここで震災に遭い、この時の体験を詳細に綴っている（染川藍泉『震災日誌』昭和五十六年、日本評論社）。本店の天井や壁は崩れ落ち、室内は足の踏みどころもない状況になったが、倒壊は免れた。

染川が見た震災直後の銀座通りは「地震を避難した人達が、電車の軌道の所に集って、椅子に掛けたり、敷物の上に坐ったり、女達は頭から手拭を被ったり、傘を拡げたりして居った。電気も一時に止まってしまったから、運転中の電車は悉くそのまゝ停車して、折柄避難場になって居った」という状況であった。

銀座八丁目銀座通り東側で旅館業を営んでいた西沢旅館の娘吉田操（当時、女学生）は、祖父の話として、まわりがみな煉瓦だから焼ける心配もないし、家は帆前船の親柱が一本下からとおっているのでここに摑まっていれば地震でも安全だといっていたという。大震災のとき、二階と三階の壁が落ちた程度で家は無事だった。激しい余震があるなか、いつでもお客を迎えられるようにと総出で部屋の掃除をしたという。資生堂の裏手の芸妓置屋から発生した火の手が西沢旅館に達したのは夕刻の薄暗くなったころであった。ひとまず子供とお手伝いさんが先に懇意にしていた新橋駅前の山城屋旅館に避難した。操は後から運ばれてきた荷物を開いて「これは私の着物」とか、「これは誰それの」とかいってはしゃぐ呑気さがあったが、やがて夜になり、山城屋にも火の手が及び、まず浜離宮へ逃げたが、津波が来るというので、省線（のち国鉄→JR）の線路沿いに品川の親戚の家まで逃げのびて無事であった。旅館から運び出した家

震災直後の銀座通り。「大正十二年九月一日大震災」『アサヒグラフ』発行絵はがきより

財は烏森のガード下に運んだが、結局そこで全部焼けてしまった（「明治・大正の大正っ子4　泰明小学校の卒業生に聞く」『銀座文化研究』第七号、平成四年十二月）。

十五銀行の染川らは、資生堂の裏手で火の手が上がったのを知り、取引先にかかわる重要書類などをやっとのことで大金庫に納めた午後十時過ぎ、西沢旅館を焼いた火の手が迫ってきた。染川らは火の手に追われながら浜離宮まで逃げのび、ここで一夜を明かした。銀行に火が付いたのは十一時半ごろであった。

翌日、染川が歩いた銀座通りは次のような状況であった。

十時頃本店の焼跡を出て出雲橋を渡ると、三十間堀一帯に何も残っては居ないので、銀座通りまで見透しになってゐる。至誠堂《（ママ）》の化粧品加工場の建物と、川崎銀行の銀座支店だけはその中に立ってゐた。道路は何れも電柱が焼け落ちたので、針金は蜘蛛の巣のやうに撚《よ》れて垂れ下ってゐるので、迚《とて》も真直には歩いて行かれない。その上焼け跡はまだ火気があるので、広い道の真中を歩いてゐても熱かった。そして歩けば歩くほど火の中になるので、何となく気味悪く怖ろしいことに思った。銀座通りは一層惨憺たる有様で、嘗てほこった賑やかさは見る影だになく、不燃質建築の外形骸さへ残っては居なかった。不燃質物の建物でも殆どその残骸だけで、凡そ焼け得るものは悉く焼き尽されて了ってゐた。（中略）その煉瓦の焼け跡は、恰《あたかも》度羅馬《ローマ》の廃墟と云った有様で、真に寂しく感じ、午前の明るい日であったけれども、一種凄いやうな心持を禁じなかった。

染川藍泉『震災日誌』昭和五十六年、日本評論社

久米正雄によれば、「ポムペイ！　焼け焦げた新橋の橋畔から、此の今は昔の散歩道を見渡した時、私はかの知らざる廃墟を直ちに思ひ浮べた」（「大東京の更生よ、力あれ」『文章倶楽部』大正十二年十月）という。煉瓦の廃墟を石の都の廃墟と重ねて連想した人が多くいたのであるが、久米は続けて「後に聞けば、焼跡の煉瓦壁の高さと云ひ、道幅の工合と云ひ、全くポムペイそつくりだとは、此間見て帰つたばかりの洋画家平岡権八郎君の話だつた」という。平岡は銀座の料亭花月の主人であり、カフェー・プランタンの共同経営者であった。

銀座に近い日比谷公園は焼け出された人々の避難場所となった。公園にはバラック小屋が立ち並んだ。その周辺には露店が四〇一軒も軒を連ねた。十月四日の『東京朝日新聞』は九月三十日の日比谷警察署の調べとして「有楽町から日比谷公園正門、数寄屋橋付近から市役所通付近、警視庁附近、日比谷公園内等に露店を出してゐるものゝ数は都合四百一箇所で、その中飲食店が最も多く二百五十一軒、次が雑貨商の百十五軒、青物商十軒、酒商五軒になつてゐるが、これを区域別にすると日比谷公園正門から有楽町までの飲食店三十二軒、雑貨商二十四軒、数寄屋橋付近から市役所付近までが飲食店七十八軒、雑貨商二十三軒、警視庁附近が飲食店十四軒、雑貨商二十四軒、日比谷公園付近が飲食店百二十七軒、酒商五軒、青物商十軒、雑貨商六十四軒といふ色分けになる」と報じている。

銀座復興

銀座通りの商店で構成する京新聯合会はただちに銀座の復興策について協議した。はじめ「硬軟二派」に分かれ、硬派はただちに復興すべしとし、軟派は各自罹災地以外に移転すべしと主張した。行政の立場から京橋区長は硬派の意見に賛成し、復興派が多数を占めた。復興は軟派の人々をも含めて、従来営業していた商店は全部従前の場所で開業することに決した。「其の計画は市当局の自発的応援を得て全部共通的な二階建バラックとし、十月中旬に落成させ、十一月一日頃から一斉に年末大売出を兼て帝都復興大売出を開始する処まで進捗し」（『都新聞』大正十二年九月二十四日）ていた。そして予定通り十一月一日には一斉開店にこぎつけた。銀座通りのバラック建築を二階建に統一したのも京新聯合会の努力のたまものである。水上滝太郎『銀座復興』（平成二十四年、岩波文庫）に復興にまつわる「軟派・硬派」の議論が出てくる。

ともかく、銀座の商店にとって商売再開に向けて一歩踏み出すことが重要であった。九月二十八日の『読売新聞』（『新聞集録大正史』大正十二年）はこんな記事を載せている。

大抵の商店では品不足と金融に苦しんでゐるし、お互に他の商店の振合を考へて「どうも銀座に、一軒や二軒の店が出たんでは商売にもなりません。物騒でもありますからね」といふ。流石一世の栄華を誇つた銀座も物騒となり、商業の中心が茲《ここ》二三年丸の内へ移つたのを何れも痛感してゐた処なので、建ち直るにも二の足を踏む者が多く、（中略）

竹川町の亀屋は大森支店と上野櫻木町の店に全力を挙げて、茲《ここ》二三年は元の処は形ばかりの物にするといふし、銀座第一のハイカラのもの丶洋品店サヱグサも小売り部を廃してバラックも建てず、精々テント張り位で巡回販売式にやるそうだ。貴金属の天賞堂も十月末までには他店同様、二階建ての半永久的なバラックを建てるが、商売は何時から始めるか見当がつかない。「何しろ物騒な貴重品ですから、周囲の店が建ち並ばなくてはうつかり店を開けません」としきりに何者かの襲来を恐れる。

其処へ行くと銀座名物木村屋のパンは、もう大工を三十名も入れてそれに店の奉公人が三四十人も一所になり、茨城からエンヂンをとりよせて排水をしたり大騒ぎ。竈《かま》の方には大した故障もなく煙突がビクともしなかつたので十月半には間違ひなく開業する。


また、大正十二年十月五日の『東京朝日新聞』は復興途上の銀座通りを取材した記事を載せている。京新聯合会では、一日でも速く銀座の街を明るくすることが先決だとして、東京電灯会社に掛け合い、焼け残った銀座通りの街灯九本に一〇〇燭光の電球三個を点灯することとなった。瓦礫の撤去は銀座一丁目や竹川町、出雲町［現・銀座七、八丁目］では順調に進んでいる。いま急造のテント張りで商売を始めているのは飲食店が多いが、資生堂は三階建てで博品館式に雑貨屋を始め、睦屋でも唐物屋を再開する準備を進めている。芝浦製作所陳列所筋向うでは中山合名会社主催で銀座マーケットを開くべく、申込み募集と地ならしの最中である。京新聯合会では、建物の様式が不揃いにならないように、かつ相当の美観を現出するよう、さらに一階建てに明かり窓もほぼ揃えて軒先の屋根看板も体裁よくするように、加盟店に通知を出している。銀座通りが賑やかになるのは十一月半ばになるだろう、と報じている。夜店はこれより早く十月二十五日に復活している。ただし午后一時ころから夕方までとされた。

十二月十四日には街灯が点灯された（ただし十二月七日の『読売新聞』では二〇〇燭光二個つきの街灯となっている）。翌十五日に京新聯合会加盟の商店が「いよいよ銀座が復興いたしました」として「歳暮大売出し」をおこなった。銀座通りの商店二五五軒の内すでに復興した二一〇軒の参加で、残りの四五軒は地主との話し合いがつかず空き地のままであったが、ともかく十二月十五日の一斉開店にこぎつけ、銀座人の心意気を示した。

江戸時代末期、銀座八丁目に発祥し、明治の煉瓦時代に急速に発展した新橋芸妓（金春芸妓）街の復興は、銀座通り商店街より少し遅れて、十二月二十八日に新橋五業組合と新橋煉瓦地芸妓屋組合共同で復興開業した。

さらに十一月十九日の『東京朝日新聞』は「意匠バラックを競ふ仮装の銀座」というタイトルで、「店舗のバラック意匠も流石に他の町よりも近代的趣味のものが多く、表現派がゝつた店があるかと思ふと、図案的の光琳風でいつた店頭もある、未だ出来上つて売出してゐるのは前記の通り二割であるが、こんな意匠的バラックがこれから後も競争的に出来上るらしい」と予測している。

大正十三年（一九二四）七月に出た時事新報社編『新しい東京と建築の話』には「銀ぶらの人」なる筆者が「銀座のバラック評」を書いている。筆者は建築家と思われるが、つぎのように述べ、銀座通りの建築について寸評をおこなっている。

仮建築の大多数は木造である。中には焼残つた煉瓦や混凝土の壁体を利用したものや、鉄網混凝土を用ひたものもあるが、まづ大体木造であると云つて差支へない。尤も表面にはセメント、モルタルを塗つたものが多く、擬石塗のものもあり、稀には化粧煉瓦を貼付けたものもある。即ち外部は木を現はして、之をペンキ其他の塗料で塗つたものと、セメント等の鉱物的材料で塗つたものとある。

復興した銀座通り『大東京写真帖』（昭和5年）より

ファサードは直線的で、セセッション風のものが多く、セメント、モルタル塗りが多いため、地味なものであり、中には種々の色を用いたけばけばしいものもあるとしている。代表的なバラック建築としてよく取り上げられるのが、川島理一郎の資生堂、今和次郎・吉田謙吉のカフェー・キリン、山中節治の十字屋楽器店などであるが、ほかにも山野楽器店、明治屋、千疋屋、御木本真珠店、森永キャンデーストア、不二家洋菓子店など特徴あるバラック建築が建てられた。ここでは個々の建築について触れる余裕はないが、建築評論で知られる黒田鵬心が『建築と趣味生活』（大正十三年、新光社）の中で詳しく批評している。

十月二十五日正午から銀座一丁目から三丁目にかけて日用品中心の露店が一〇〇店ばかり出た。露店といっても新聞紙を敷き、あるいは屋台車に商品を並べた程度のものであった。そんななか、十二月十一日払暁、銀座二丁目の洋品店から出火して、開店早々の菊屋食料品店と菊秀刃物店に類焼し、カフェー・キリンを半焼する火災が起きている。

明けて大正十三年元旦、後藤新平内務大臣を団長とする東京聯合少年団が、皇居前でおこなわれた年頭の大詔奉戴式後、元気のよい復興気分を示すため、ジャンボリー姿の団員をはじめ、小・中学生ならびに一般市民約三万人によるデモンストレーションをおこなった。式後二重橋から馬場先門を右に折れ日比谷に出て、銀座尾張町から日本橋通りを須田町へ左折して神保町に出て招魂社（靖国神社）まで行進した。

銀座の復興は早かったが、銀座生まれで資生堂の初代社長福原信三は、ある信頼できる人物が調査した数字として、「震災当時に復興した銀座の商店で、只今残つて居る——つまり店舗はあつてもその経営者が変つたとか、又は店舗が全然変つてしまつたとか、さういふ風なことのない店舗が、わづかこの震災翌年から八年間に二割四分しかないのです。七割六分は全部新しい経営者に変つてしまつた」(「世界的な銀座の夜店」『講演』第一四四号、昭和六年四月)と語っている。明治五年の大火後の銀座はその住民の大部分がかわったが、震災後も大規模の住人の入れ替えがあったのである。

さらに福原は、震災前後の銀座通りの職種の変化についても言及している。大正十年(一九二一)に福原信三は銀座通りの改修を機に銀座の住人として銀座発展のために連帯感を求め、合わせて銀座を回顧した書籍『銀座』を企画した人物であり、震災後の銀座の将来について強い関心をもっていた人物である。福原が大正十年九月『銀座』を編纂した時に調査した銀座通りの店舗数は、二四九軒あったのが、昭和六年の段階で一〇軒減って二三九軒になっていた。震災後、百貨店や会社の大規模店舗ができたためであった。飲食店は大正十年にはわずかに一五軒に過ぎなかったが、昭和六年では四六軒に増えている。二三九軒のうち約二割を飲食店が占めるようになった(前掲『講演』)。その中でも美人座、銀座会館、クロネコなど関西系のカフェーやバーが進出してきて話題をまいた(野口孝一『銀座カフェー興亡史』平成三十年、平凡社)。

銀座にはじめて百貨店が進出したのは大正十三年十二月開店の松坂屋であった。ついで大正十四年五月に松屋、最後に昭和五年四月に三越が開店した。これら百貨店の進出は地元商店に打撃を与えるとして反対論もあったが、一時的な売り上げ減はあったものの、それまで培ってきた信用と、百貨店の優れた集客力のおかげで新たな客層を開拓するメリットもあり、その打撃は少なかった。

なお、一〇年後の昭和十六年(一九四一)三月現在では、銀座通りの店舗数二二六軒のうち、飲食店が六一軒であった。

東京商工会議所が昭和十年十二月十日におこなった銀座商店街の調査によると、空き地・空き家を含めた店舗数は二三五店でそのうち小売店が一六一店、その内訳は衣類六一店、食料品二四店、住居関連品一二店、文化品（紙製品・玩具・薬品・時計・貴金属・楽器・写真・図書・美術品など）五五店、その他九店で、小売店以外では飲食・喫茶・カフェー三三店、銀行・保険会社一〇店、玉突き・マージャン六店、百貨店四店、均一連鎖店三、映画館一、空き地・空き家五か所など七四店である（『日本百貨店組合調査彙報』昭和十一年五月）。

資生堂が発行する宣伝誌『資生堂月報』大正十六年一月号（大正十五年十二月二十五日改元で昭和二年一月号）に「銀座を歩く人」という興味深い記事が載っている。大正十五年十二月二日午後一時半から二時半までの一時間に資生堂美術部前を通った人を観察し、その数を載せている。歩行者男性一一五一人（洋装七九七、和装三四九、外国人五）、女性五二二人（洋装二二、和装四九四、外国

銀座街頭の婦人たち『アサヒグラフ』（昭和8年10月）より

人六)、女性の年齢はおそらく観察によるものと思われるが、子供(十歳以下)六一人、妙齢(十代、二十代)一八五人、年増(三十代、四十代)一六九人、老人(五十歳以上)一〇一人と年齢層が比較的高い。髪型は丸髷六一人、島田三一人、銀杏返四〇人、桃割三五人、櫛巻五七人、おかっぱ二七人、おさげ一四人、束髪一五七人、切下げ二人、七三《しちさん》三三人、オールバック二五人、断髪一人、鬘下《かつらした》一人、くめさ髷二人、茶筌《ちゃせん》三人で、いちいち説明はできないが、この時代先端をゆく銀座においても断髪は一人と非常に少ない。履物は駒下駄が八九人、日和と足駄三九七人ともっとも多く、草履一四人、靴は二二人であった。

銀座に入り浸った作家のひとり室生犀星は、震災後銀座に現れる女性たちの微妙な変化を感じ取っている。

銀座は寧ろ色といふより或る香気を持つてゐることは、その代表的な都会の神経が一本徹《とお》つてゐることで首肯《うなづ》けよう。自分はいつも銀座を歩いて凡《あら》ゆる階級を感じ、凡ゆる流行を知る前に何時もその特異な匂を嗅ぐのが常だつた。

銀座の午後三時から四時の通行人は、一般に服装や階級の点で余裕のある人が多いらしかつた。その時間に流行風な服装は一種の香気のある、贅沢な近代風なものだつた。幾種類かの、或は幾十種類かの香料が縞状をつくり、「匂ひによつて識別される通行人」の統計をつくつてゐる。「匂ひによつて識別される通行人」の種類は、今は銀座より外にないと言つていい。

「都会の匂ひの識別」(『婦人公論』昭和二年五月、中央公論社)

そしてさらに、婦人の体臭の変化に及び、肉食の普及により「西洋人に多い、寧ろ動物的な潑溂性のある匂ひ」を持っている女性が多くなったといぅ。「試みに銀座を歩いて見よ、彼女らは一層西洋風な匂ひを発散させることに依つて、彼女らの「近代」を作為しつつあるのだ。その皮膚に盛られた明るい色と、それらから分泌する魅惑以上の匂ひやかをりは、往昔の油くさい日本の女に無かつたところの、より動物的な、それ故に好ましい匂であつた」のである。

資生堂の路上観察から一八日後の二十日午後十一時ごろ、尾張町一丁目（現・銀座五丁目）の銀座通り西側のカフェー松月の裏手から出火し、同店を全焼、隣家に延焼し、大黒屋をはじめ上山雑貨店、大丸屋呉服店、やまさんもすりん店、加藤玩具店、かるたの美佐古店を焼き、裏通りではユーロック菓子店本店や住吉店など表裏合わせて一七軒を全焼する火災が起こっている。このころの銀座はまだバラック建築がほとんどであったので、火は瞬く間にひろがり、歳末で賑わっていた銀座通りは野次馬でごった返した。大正が昭和に変わる五日前のことであった（『東京朝日新聞』大正十五年十二月二十一日）。

黒旗事件　大正十五年一月三十一日

大正十五年（一九二六）一月三十一日六時半より芝公園にある芝協調会館において中央労働組合、労働運動社、黒旗社、自我人社などアナーキスト系一四団体からなる「黒色青年聯盟」が第一回演説会を開催した。会場には七〇〇名ほどの聴衆が集まった。マルキストの掲げる赤旗に対抗して黒旗を掲げていた。二旒の黒旗の下に六つもスローガンが貼られていた。

四十数名の弁士が熱弁を振るったが、ほとんどの弁士は途中で中止させられた。ある者は紙製のバクダンを壇上に叩きつけて検束、ある者は私服警官と論争して検挙された。このような調子で演説会は進んだが、九時ごろ解散を命ぜられた。参加者のうち七、八〇名が黒旗を先頭に革命歌を歌いながら大門から新橋、銀座へと出た。「歓楽の町」、「ブルジョワの巣窟の町」であるとする銀座通りをデモ行進し、四丁目付近に差し掛かると西側の大商店の飾り窓を軒並みに組合旗や棍棒で叩き割り、乱暴の限りを尽くした。被害にあった商店はカフェー・ライオンをはじめ服部時計店、壱番館など二六軒、窓ガラス三五枚、被害額一九一八円にのぼった。築地警察はただちに非常線を張ってこれを阻止したが、尾張町交差点の交番勤務の巡査は負傷し、被害の跡は惨憺たるものであった。結局四〇名ほどの検挙者を出して、この騒動は決着したが、開会中の帝国議会では議論となり、所轄の愛宕、築地の両警察署長の責任がとわれた。

京新聯合会では、早速善後策を講ずることになったが、同会の幹事は「昨年の秋にも服部時計店でこれに似た事があり、又この頃頻に酔ぱらひが徘徊するやうになつた、これは震災後銀座にカフヱーを始め飲食店が殖えたためで、その裏通りなどでもなんとなく浅草気分で安直な飲食店が賑はつてゐるが、帝都の中心だといふ銀座通りとしては模範的な街を守つて行かねばならぬから、こんな問題もなんとか処置して行きたいと思ふ」（『都新聞』大正十五年二月二日）と語っている。

慶應義塾大生暴行事件　昭和二年十一月七日

昭和二年（一九二七）十一月七日、神宮球場でおこなわれた野球の早慶戦は久しぶりに慶應が三対〇で早稲田に勝利した。試合後、勝利に酔った慶應の学生が銀座に繰り出し荒れた。

伝統の早慶戦第一回対戦は、明治三十六年（一九〇三）十一月二十一日、三田綱町の慶應の校庭でおこなわれた。勝敗は一一対九のクロスゲームで慶應の勝利に終わった。以後明治三十九年十一月三日の九回戦まで早稲田五勝、慶應四勝のまま中止された。早慶戦が復活したのは、大正十四年であった。翌年春、明治神宮外苑球場ができ、六大学野球が復活し、野球人気が高まった。十一月に早慶戦が組まれたが、第九回早慶戦は慶應が敗れているので、この試合は慶應にとって雪辱戦であった。

慶應野球部は前年新しく腰本監督を迎え、また甲子園で活躍した有望な新人をスカウトして野球部を補強した。復活後の昭和二年の早慶戦では浜崎真二投手が快投を続け、一回戦では新人の山下実が神宮球場初のホームランを打ち、勝利した。続く十一月七日の二回戦も勝利して優勝した。久しぶりの勝利に熱狂した慶應ボーイたちは、銀座に繰り出し、銀座は慶應ボーイをはじめファンで埋め尽くされた。慶應ボーイで後に文藝春秋社に入った沢村三木男や鷲尾洋三もその渦の中にいた。

慶應は、見事、長年の恥辱を雪《そそ》いだ。恥辱を経験しなかった新人の手によって……学生は期せずして銀座に殺到した。ビアホールも、酒場も、レストランも、慶應の学生、先輩によって占められ、酒を売る銀座の主だった店は、買切りのような恰好になった。どこへ入っても「慶應、慶應！」と叫んで乾杯した。三色旗をふって、乱舞した。勘定がどうなったのか、多分、学校と先輩で始末したのであろう。銀座の商店も慶應系、あるいは慶應びいきが多く、一緒になってこの勝利を祝ったような雰囲気だった。

沢村三木男『東京のおんな』昭和五十年、河出書房新社

鷲尾洋三は「カフェー・キリンの客」(『東京の空 東京の土』昭和五十年、北洋社)のなかで、銀座二丁目東側にあったカフェー・キリンの当夜の様子を回顧している。その頃のカフェー・キリンには「気さくな女給さんたちが、わたしたちのような書生にも親切にサービスしてくれた。二十三、四から三十ちょっと出ぐらいの年格好が多く、紺のお仕着せに臙脂《えんじ》の繻子《しゅす》の帯をきりっと締め、よそよりは小さ目の白いエプロンをかけて、きびきびと立ち働いていた。(中略)

地味な店で、タイガーやライオンのようにそうそうチップをはずむ客も少い。わたしたち若者は、しめて二、三人までなら、たいてい五十銭銀貨一つでお茶を濁した」という。

その夜のカフェー・キリンがたいへんな騒ぎだった。椅子はおろかテーブルの上まで、金ボタンの塾生たちが靴のまま蹂躙《じゅうりん》して、放歌乱舞、止まるところを知らない。初めのうち何やら厳しい面持で制止していた蝶ネクタイのマネージャー氏も、しまいには諦め顔に手を引っこめたばかりではない。彼自身塾びいきでもあったのだろう、いつのまにか乱舞の渦の中に巻きこまれ、頬っぺたを真赤にして〝若き血〟を合唱したりした。(中略)

この夜わたしは一銭も金を払った記憶がない。

とくにカフェー・キリンやカフェー黒猫はめちゃくちゃな状況で、カフェー・ヴァッカスでは表のウィンドーのガラスは打ち割られ、またタイガーの女給は負傷するという有様で、カフェー・タイガーやカフェー・キリンは午後八時で閉店した。この騒ぎで警察官が出動し、学生一三名が検挙された。大学から生徒監が呼び出され、説諭の末、深夜帰宅を許された。

慶應の学生の度を越した行動に警察はお灸をすえたのだが、沢村、鷲尾の文章を見るかぎり、学生たちは最後までお祭り気分であった様子がわかる。

連戦連負の対早稲田戦に勝利して長年積もっていた敗戦の鬱憤を吐き出したのであった。それ以後、早慶戦に勝つと、慶應の学生が銀座に繰り出し、祝杯をあげるのが恒例となった。カフェー・ライオンはその都度たまり場のようになっていて、先輩・後輩入り乱れて「若き血」や「丘の上」の大合唱で沸き返り、ビールは飲み放題、誰が負担したのかわからない状態であったという。

永井荷風は、早慶戦後に慶應の学生が銀座に繰り出して、羽目をはずした行動を取るのを苦々しく見ていた。昭和三年十月二十二日、慶應勝利の日、荷風は凮月堂で食事をとり、帰途騒動を見ている。この日の日記に「慶應義塾の書生群をなして銀座通を歩み、沿道の飲食店に闖入し乱舞放歌兇暴名状すべからず、警官辻々に立ちて之を制すれども聴かず、捕縛せられしもの亦尠からずと云ふ、是日《このひ》早稲田大学の書生と野球の勝負をなして勝利を博し之がために狂喜してこの仕末に及びしなりと云ふ、其の狂愚は憐れむべく、其兇暴は憎むべきの限なり」と書いている。

その後も折に触れ、早慶戦の日の有様を日記に綴っている。昭和八年五月二十八日の日記に、「慶應義塾の学生野球勝負にかちたる由にて群をなし銀座へ押かけ泥酔放歌」していたと記している。この日、ドイツから亡命のようなかたちで来日した建築家ブルーノ・タウトは、東京の建築を見てまわった後、銀座西七丁目の「エーワン」で食事をとって店を出たところで一群の学生たちに遭遇している。「すっかり酩酊した学生が銀座中をのし歩いている、二大学の野球試合の日、騒々しい、だが年一回きりの催しだという。とにかく、決して美しい光景とは言えない」と見た感想を綴っている(『日本 タウトの日記』篠田英雄訳、昭和五十年、岩波書店)。

この年の十月二十二日、後の世に語り継がれる慶應大学の水原選手のリンゴ事件が起こっている。秋のリーグ戦の早稲田対慶應三回戦は激しい点の取り合いとなり、八回を終わって八―七と早稲田が一点をリードしていたが、審判の判定をめぐってトラブルが重なっていた。八回慶大選手の二塁盗塁をめぐって審判はセーフと判定したが、早大の抗議で判定は覆った。三塁コーチであった水原茂が塁審に猛烈に抗議した。九回に入り水原が三塁につくと、興奮した早大の応援席からリンゴ(リンゴの芯ともいう)が投げ込まれた。それに対して水原選手はそれを応援席に投げ返した。試合は九回裏、慶大が二点をとって慶大の逆転さよなら勝ちとなった。試合後、早稲田応援団が慶大ベンチ・応援席になだれ込み、慶大応援団の指揮棒が奪われるという騒ぎに発展し、警察官が出動してその場は収まったが、その夜、銀座を舞台に第二ラウンドが始まった。

夜の銀座に繰り出した早慶両校の学生たちは荒れに荒れた。どちらの学生かわからないが、出雲町の交番の窓ガラス、戸口を木刀で叩き壊すに及んだ。翌日の『東京朝日新聞』は「夜の銀座を脅す 校歌合戦から衝突へ」という見出しで、騒動の様子を伝えている。

その夜の銀座――午後八時、例によつて銀座四丁目にあるビヤホールの階下と楼上にはそれ〳〵早慶の学生群が陣取つて盛んに校歌の応酬、いはば銀座における早慶野次球合戦の序幕だ某蓄音器店で『都の西北……』のレコードをかけてゐると忽ち慶應学生の一団が乗り込んで強硬な実力的弾圧だ、この夜だけは銀座商人もうかつな商売戦術は禁物

八時半頃こつ然スクラムを組んだ二三百の早大学生群が尾張町に現れた、校歌を叫んで押しまはす物凄さに、築地署員の警戒線も滅茶滅茶だ

電車も自動車もしばらくストップだ、学生群は銀座通り西側を四丁目から一丁目へ更に東側を逆に練り歩き、街の両側のカフエー、喫茶店、バーにはこと〴〵くこの学生群の厳しい目がそゝがれる

やがて七丁目交番前に物凄い銀ぶら連の黒山、早慶学生連の正面衝突があつたらしく二、三名の学生が築地署員に引かれて行く、いよ〳〵銀座の雑踏混乱は本格的だ、到る所学生群の衝突、刺激を好む銀座ガールが人波をかきわけて争闘の中心へかけ込むのも近代的風景だ、かくて銀座を泳ぐ学生連の酔ひが次第にまはり狂態と醜状が各所に暴露され、芳しからぬ印象を残して銀座の夜は更けて行つた

荷風はその日の日記に「裏通にて余の親しく目撃せし処」として、「慶應義塾の学生七八人英国海軍士官二人を取巻き、無理に其手を捉へ、覚束なき英語にて何やら叫び立つる有様に弥次馬追々集り来る。英国士官は遂に学生の手を振払ひはう〳〵の体にて土橋巡査派出所の方へ逃げ去りたり。学生の乱暴狼藉は銀座界隈にては既に珍らしくもなき事なれど、追ゝ増長して遂に観光の外客にまで迷惑を及すに至りては沙汰のかぎりと謂ふべきなり」と嘆き、自分は大正五年に慶應義塾の教授を辞めているが、よい時に辞めたと思うと述べている。

銀座生まれの国文学者、慶應義塾大学教授の池田弥三郎は、『銀座十二章』(昭和四十年、朝日新聞社)

のなかで一章設けて「早慶戦物語」を書いているが、慶應の学生にとって「秋の早慶戦は、春に比べて、勝ち負けともに、その喜びも悲しみも、振幅が大きく、学生に与える感傷の度合いは、格段に深い」という。

学生生活もいよいよ終りだ。そういう感傷が、そくそくと心を打つのは、特に、秋の早慶戦のあとである。選手も、スタンドの学生も、その何分の一かは、それを最後に三田の山をおりてゆくのである。その感傷が、秋の早慶戦を、一段と印象的にするのである。卒業式などに、感傷を覚えるどころか、出席さえもしなかった戦前の三田の学生にとって、それは事実上の卒業式であったのである。

たしかに銀座が騒乱の場と化すのは、秋の早慶戦の後が多かった。

第二十三回陸軍記念日軍楽隊演奏行進　昭和三年三月十八日

陸軍記念日は明治三十八年（一九〇五）三月十日の日露戦争最大の戦闘となった奉天会戦で勝利をおさめた日を記念して翌年に制定された。以後毎年靖国神社に近い九段の偕行社（陸軍幹部の親睦団体、明治十年設立）において祝賀会がおこなわれ、余興として相撲の興行が恒例のようになっていた。

昭和二年（一九二七）五月、中国国民党革命軍の北上を阻止するために、居留民保護を名目として、旅順に駐留していた陸軍二〇〇〇名を山東省へ派遣している（第一次山東出兵）。六月には政府は東方会議を開き、「対支政策綱領」を発表し、満蒙における日本の権益を守ることを宣言した。翌三年四月に革命軍が北上を開始すると再び出兵（第二次山東出兵）、五月済南を占領（済南事件）するという状況下で、昭和三年の陸軍記念日は特別なものとなった。

ただし、この年三月八日に昭和天皇と香淳皇后との第二皇女の久宮祐子内親王が逝去したため十八日に延期となった。この年初めて式後、陸軍軍楽隊による市中行進がおこなわれ、街頭に出てのデモンストレーションとなり、以後事あるごとに繰り返される軍楽隊による奏楽行進の画期となった。三月四日の『読売新聞』に陸軍戸山学校軍楽隊隊長辻順治の談話が載っている。「ほんとにこの行進奏楽といふのは日本では珍しいことなのです、日露戦争で大勝利を得たとき大山元帥が先頭に立つて銀座の大通を軍楽隊の行進をしたことがありますがそれから後には一度も東京の大通りを奏楽行進したことはありませんでした。殊に今度のはラッパ隊と軍楽隊との合奏ですから全く痛快です（中略）フランスでもドイツでもイギリスでも軍楽隊が町を奏楽行進すると若い人も年よりも飛び出してよろこび、屋根の上や窓にすゞなりになつて花輪や花束をなげてくれます。日本にはそんな愉快なことはありませんね。だからきつと皆さんがこの立派な行進をみるとおどり上つて喜ぶでせう」と前宣伝をおこなっている。

靖国神社に集合した戸山学校軍楽隊の楽師たちは戦死した将兵に黙禱を捧げ、「十二時半靖国神社から神保町に出て日比谷公園に向つた、聯隊行進曲の勇壮なリズムは日曜の春に甦つた人々をして思はず各自の歩調を整えさせ、力強く志気鼓舞させた、軍楽隊が須田町から日本橋通に差しかゝつた頃は両側の歩道は順次に身動きも出来ぬほどの人だかり、電車が停まる、自動車も動かず、万歳の声と拍手のみが流れて行く。殊に銀座通りでは見物人の意気が高潮してか、破れるやうな拍手が街頭を揺るがし、隊の後には延々長蛇の列」が続いた。行進は銀座から新橋、桜田本郷町を経て日比谷公園にはいった。日比谷公園では声楽家の松平里子と佐藤美子が歌曲を歌い、公園を埋めた聴衆を魅了したという（『読売新聞』昭和三年三月十九日）。

銀座に入ろうとする日露大戦二十五周年記念の音楽大行進　東京朝日新聞（昭和5年3月10日）より

昭和五年は日露戦争に勝利してから二十五周年記念の陸軍記念日にあたり、この年は一日繰り上げて日曜日の三月九日におこなわれた。陸軍戸山学校において天皇臨席のもと偕行社主催の日露戦争二十五周年記念の式典があり、終了後、音楽大行進がおこなわれた。赤いズボンの陸軍戸山学校軍楽隊一一〇名が靖国神社に集まり、参拝ののち、須田町―日本橋―京橋を渡って、銀座に入り、この日のために新作した「輝く国軍」、「凱旋」を披露しながら行進、歩道は人で埋まり、商店の二階、三階から色とりどりのテープが舞い、沿道の民衆は行進曲に釣り込まれ、軍楽隊のあとに従い行進する有様であった。行進は芝口から右折して午後一時半、日比谷公園で解散した。

昭和天皇即位大礼奉祝　昭和三年十一月十日（二十六日　東京還幸）

大正十二年（一九二三）の関東大震災から五年間は、震災復興に明け暮れる日々であった。政府は大正十四年四月に治安維持法を公布したうえで、翌月普通選挙法を公布（昭和三年二月、第一回普通選挙施行）した。労働組合が多く生まれ、日本労働組合評議会が結成されるなど、労働者の動きも活発化した。このような政府との緊張関係のなかでこれといった祝祭行事はなかった。そのようななか、大正十五年十二月二十五日に大正天皇が亡くなり、年号が昭和に改元された。

昭和天皇は明治三十四年（一九〇一）、嘉仁親王（後の大正天皇）と節子妃の第一皇子として誕生。大正五年十一月には立太子礼がおこなわれ、皇太子となった。そして大正十三年一月二十六日、久邇宮邦彦王の第一王女・良子女王を皇太子妃に迎えた。この時も銀座通りは紅白の幕に日傘と提灯を配し、皇太子の成婚を祝った。

昭和天皇の即位礼は、大正天皇の即位礼にのっとり昭和三年十一月十日、昭和天皇の即位礼が京都の紫宸殿において挙行された。十一月六日に東京を出発、即位後、十四日大嘗祭、十六、十七日大饗、二十、二十一日伊勢神宮参拝を終えて、東京に還幸したのは二十六日であった。十二月二日に観兵式、四日観艦式に出席し、十三日には東京市主催の祝賀会に臨んだ。これらの行事は大正天皇の時と同じであった。

東京のおもな橋のたもとには奉祝門が建てられた。日本橋には高さ四〇尺（約一二メートル）、太さ一間（一・八メートル）の門を建て、杉皮網代張りとし、青杉葉で覆った。銀座では新橋北詰、京橋両側、数寄屋橋、中橋広小路に設けられた。

天皇が京都に向かった夜の銀座通りは、「暮市にさへ見られなかつた空前の人出で火焔太鼓に奉祝塔、イルミネーションの多彩な光りと人の波と化した、その中を午後八時四十分頃東京市の奉祝催物たる花電車「宝祚無窮」「文武艦」「君ケ代」「万歳殿」等七台が真昼の如き華やかな光彩を振撒きつゝ通過した」(『読売新聞』昭和三年十一月七日)という。

天皇は上野で挙行された奉祝会に出席するため、皇后とともに皇居を出、馬場先門から桜田本郷町、芝口から銀座、京橋、日本橋を経て上野の会場へ向かった。楽人一五〇〇人が伴奏した。沿道は歩道を埋め尽くした市民、銀座通りでは、京橋区内在住の高齢者約四〇〇名が尾張町(現・銀座五丁目)のカフェー・ライオンから南へ筵を敷き、それに続いて京橋区吏員とその家族約四二〇名、小学生四〇八六名、専修学生五六九名、尋常夜学生七七名の児童・生徒が並び、市民も加わって沿道を埋めた。引き続いておこなわれた奉祝の音楽大行進は、日本橋から京橋へと進み、銀座へと入るころには観客の数は増し、奉祝の気分は絶頂に達したと、新聞は報じている。観客からは紅白のテープが投げられ、銀座のある楽器店では音楽団に合わせて合唱で送ったという。夜には株式取引所関係者三〇〇〇人の提灯行列もあり、終日、奉祝気分に沸いた。

反帝国主義闘争週間のデモ　昭和四年九月四日

中国における山東出兵、済南事件と日本の権益獲得の動きがある一方、昭和二年(一九二七)三月、東京の銀行に取付け騒ぎが起こり(金融恐慌)、経済界に暗雲が垂れこめていた。

これらの動きに反対する反帝国主義同盟では、昭和四年（一九二九）八月二十八日から九月四日にかけてを反帝国主義闘争週間とし、最終日に「俺達の利益にならない帝国主義戦争には反対だ！　東支鉄道をロシヤに返へせ！　支那から軍隊を戻せ！」をスローガンに、銀座から中国大使館、陸軍省へ向かってデモを計画した。この九月一日は関東大震災六周年に当たっていた。この計画に積極的に参加した関東出版労働組合では、一日の国際無産青年デーには多摩川で五〇名のピクニックを催し、デモの練習をやったり、三日の夜にはビラを市内の出版工場に貼ったりして四日に備えた。「四日の夜八時銀座松坂屋の前に突如現われろ」という指令の下に行動を開始したが、警視庁特高課は、関東大震災六周年に際し朝鮮人や中国人も参加した左翼団体が銀座街頭で示威活動をするという情報をえていて、築地および北紺屋署の署員約二〇〇名を出して警戒にあたっていた。午後七時半にいたり参加者が、銀座松屋、松坂屋付近の横丁暗がりに三々五々集合し、ビラを撒いて気勢を挙げたのに対して警戒中の警察官が規制したが、表通りに流れ出た一団が革命歌を歌い、午後九時ごろにはその数四〇〇名ほどの大集団になり、警察官と各所で小競り合いとなり、結局この時検挙された数九五名にのぼり、デモは失敗に終わった（『大阪毎日新聞』、『東京朝日新聞』ともに昭和四年九月五日および町田晃「銀座街頭のデモ」『戦旗』昭和五年二月）。

この日から一か月後の十月二十四日、アメリカ・ニューヨークのウォール街の株式取引所で起こった株価の暴落に端を発して大恐慌が起こっている（世界恐慌）。

帝都復興祭・広告行列・市民公徳行列　昭和五年三月二十六日

日露戦争勝利の記念音楽大行進から二週間後に帝都復興祭がおこなわれた。

大正十二年（一九二三）九月一日の関東大震災から六年六か月、昭和五年（一九三〇）三月二十六日を中心に帝都復興祭が盛大におこなわれた。六年六か月という復興の道程は長かったが、区画整理がおこなわれ、新しいビルが立ち並び、曲がりなりにも新生首都東京の姿が整った。

式典に先立ち、二十四日、天皇は復興状況を視察するため市内の巡幸をおこなった。首府東京の復興した姿を天下に知らしめる意味があった。巡幸の道筋は、皇居を出て馬場先門から宇田川町にいたり、新橋駅を抜け、新設の昭和通りを進み、三原橋のところでは七台の花電車が天覧に供され（二十四日、ここで豊島師範音楽団の演奏がおこなわれた）、和泉橋、須田町から湯島へ、上野公園から浅草へと進み、言問橋を渡り、隅田公園に沿い、厩橋を右に見て被害の大きかった地区を視察し震災記念堂に向かった。蔵前橋、浅草橋を渡り、両国橋に近い新築の東京市立千代田小学校の屋上から市内の復興状況を視察、再び復興橋の清洲橋を渡り、清澄公園を左に見て門前仲を右折して、永代橋を渡り、高橋に出、八丁堀四丁目交差点を左折して新大橋通りを進んだ。晴海通りに出、歌舞伎座前では重役俳優を中心に従業員全員が筵に座して迎えるなか、銀座四丁目交差点を右折して新装なった銀座通りを行進し、京橋二丁目を左折して鍛冶橋を渡り、馬場先門から皇居に入った。

銀座通聯合会では、天皇巡行を記念して新橋から京橋までの銀座通りの街灯を、従来の高さ一〇尺［約三メートル］であったものを二倍の二〇尺とし、燭光を三倍の三〇〇燭光のものを二個据え付けることとした。「菊の葉形と蛇の巻きついた鉄柱には橋を形どつた飾つけをなし、これを「祝復興」と染め抜きその上に日の丸の小国旗三本を絞つて交さする、更に街灯と街灯の中間には高さ二丈［約六メートル」直径二寸〔六センチ〕の桜の幹二百数十本を植ゑ、これにらん漫たる造花の桜花数千個をさかせて左近の桜、右近の橘に型どる」(『東京朝日新聞』昭和五年三月九日)といった趣向をほどこした。

この日、水上でのデモンストレーションもあった。東京遊船聯合会では、同会所属の遊船、網船一〇〇隻を永代橋下に集結させ、万灯提灯、幔幕などで装飾をほどこし、隅田川を徐航し、祝意を表した。

翌二十五日には、復興祭に協賛したかたちで広告行列がおこなわれるはずであった。銀座に社屋を構える広告会社正路喜社の呼びかけで、全国から参加団体一六三団体、仮装自動車一三四台が参加した。銀座には大手の弘報社、広告社、帝国通信社、日本電報通信社(のちの電通)があった。二十四日の天皇巡行の日は一天雲なき「天皇日和」であったが、翌朝雨となり、この日の行列は中止となった。翌二十六日、幸いなことに午前六時ごろより陽が照り出した。正路喜社広告祭は芝公園特設会場において神式で行われ、正路喜社専属のジャズバンドの演奏で「広告行進曲」が披露され、マネキン嬢が合唱した。行列は徒歩隊、仮装車、新聞社に分かれて行進し、上野公園が解散地点であった。新装なった新しい盛り場銀座でこそ広告の効果があがるというわけであった。

二十六日、皇居前広場において、天皇の臨席のもと、浜口首相、牛塚東京府知事、堀切東京市長、皇族、各国大公使など五万三〇〇〇人の参列者が集まるなか、祝賀式が開かれた。午前十時、式が終わって、まず四年生以上の小学生が手に手に小旗を持って各区それぞれに行進した。夜は東京市主催の青年団、中学校、青年訓練所の生徒たちが靖国神社、浜町公園、芝公園、上野公園に集合し、音楽隊を先頭にそれぞれ提灯をかざして皇居目指して行進した。祭りの期間中、七台の花電車が市内を走った。

東京の復興は進んだが、街は紙くず、痰唾などで汚れていた。東京朝日新聞社では、「復興にふさわしく帝都をきれいにしませう」、「交通の秩序を守りませう」の標語を掲げて「市民公徳運動」を提唱し、市内の清掃を呼びかけた。式典に向けて市内各地で清掃がおこなわれた。二十六日には午後一時、上野公園から「復、興、帝、都、に、ふ、さ、は、し、く、帝、都、を、き、れ、い、に、し、ま、せ、う」の標語を一字六尺（約一・八メートル）の大きなプラカードに仕立てて行進、須田町、日本橋と進み、パレードが午後二時四十分銀座にさしかかったとき、その行進はクライマックスに達した。『東京朝日新聞』は翌日の紙面で次のように報じている。

人道といはず車道といはず商店の窓、ビルヂングの二階三階屋上まで十重二十重は愚か幾十重にも文字通り復興市民老若男女で埋まつてこの意義深い大行進を歓呼の声で迎へ送る、延々十町の行進隊は疲れも見せず進んでゆくと、行列に敬意を表した市民はビルヂングの上から商店の窓から、あるひは五色のテープを投げ、あるひは盛んな拍手を送る――かうして大行列は銀座を過ぎ芝口から桜田本郷町を経て日比谷交さ点――馬場先門へと行進し、こゝでも数万の人波の中を大行進の終点二重橋へと進んだ。

一方、陸軍軍楽隊を先頭に、少年団、府立第一商業を始め京橋

「帝都復興祭 銀座通 市民の雑踏」絵はがき 個人蔵

商業、化学工業の地味な姿の学生音楽隊、真紅のマント姿のパン屋永藤音楽隊、ビロード服にトルコ帽をかぶった豊島園少年音楽隊など一六音楽団が日比谷公会堂から繰り出し、桜田本郷町を経て芝口から昭和通りを進み、三原橋を左折して銀座通りにさしかかったその時に、東京朝日新聞社の公徳大行進と出くわしたので、観衆の熱狂は頂点に達し、音楽隊の奏楽もかき消されるようであったという。行進はさらに京橋、二重橋へと進み、日比谷公園で解散となった。

東京市民あげての復興祭は、東京始まって以来の人出であった。もちろん正確な人数はわからないが、二十六日の東京鉄道局館内の省電(国電・JR)の乗客数は約一六〇万人、市電の乗客数は一七〇万人を数えた。ちなみに銀座に近い省電の新橋駅の乗客数は九万余人、有楽町駅のそれは七万六七〇四人であった。バスの利用や定期券の乗客を加えれば空前の数字になる。

二十七日付の『読売新聞』朝刊は、「祝福の

復興後の銀座　『大東京写真帖』(昭和5年)より

復興帝都 光彩華かな街頭に 歓喜最高潮へ」として、「光りの洪水、感激のどよめき——復興帝都の賑ひは、夜に入りクライマックスに達した、街頭をうづまく人の群れ、紅白の幔幕を揺るがすばかりの笑ひの爆発、輝かしきネオン・サインの紅と祝福をつける花火の音に三百万市民の歓喜はいやが上にも煽られて街頭へ──歓喜の渦中へと──かくて、道路といふ道路は、殆ど人波によつて奪はれて仕舞つた。殊に提灯行列の道筋から丸ノ内一帯にかけては無慮百万、御大典当時を遥かに凌ぎ、午後八時となり北紺屋警察の調べによると芝口から京橋までに七十万人は動いた」といい、まさに空前の殺人的雑踏ぶりを伝えている。

二十四、二十五、二十六の三日間、東京はお祭り気分に沸いた。銀座はその中心にあったといってよい。行進が終わっても、銀座の賑わいは深夜まで続いた。警視庁の計らいでこの三日間、管下七九六〇軒のバー、カフェーに営業時間を二時間延長して午前二時まで営業を許可した。

二十六日、銀座二丁目西側の米田屋洋服店は、この日臨時休業、社長柴田三之助の日記に「東京市復興祝賀会があった。幸い晴温無風で、店も臨時休業をした。銀座通りは朝から人出が盛んだったが、十時に車馬交通遮断となり午後から人空前の賑わいとなった。／二時半から広告祭・仮装行列が約一時間半に亙り続行、行列・各音楽隊行進が相次いだ。銀座の三之助宅へも親類・知人の見物客空前のひしめきで、三十三人の訪問客が「よく見えた」と言って満足して帰って行った」（柴田和子『銀座の米田屋洋服店』平成四年、MBC21）と記している。再建中の松屋デパートの足場に鈴なりになって見物する危険な光景も見られた（吉岡三貴「帝都復興祭における行列と音について──広告行列に焦点を当てて」）。東京市民は辛苦に満ちた六年半の復興への営みのひとつの帰結として、その思いをこのイヴェントにぶつけたのであった。

銀座八丁の成立

関東大震災後の区画整理がおこなわれる過程で、銀座の町名が大きく変わった。それまで銀座の町名は銀座一丁目から銀座四丁目までしかなかった。昭和五年（一九三〇）三月に大々的な町名変更がおこなわれ、銀座一丁目から銀座八丁目と銀座西一丁目から銀座西八丁目に統合された。いわゆる「銀座八丁」の成立である。武田麟太郎は昭和九年に『銀座八丁』を書いている。この町名変更で江戸時代から続いた馴染みの町名が消滅した。消滅した町名を京橋際から挙げると、三十間堀一～三丁目、南紺屋町、弓町、新肴町、弥左衛門町、鎗屋町、西紺屋町、晴海通りを越えて、三十間堀二～三丁目、元数寄屋町一～四丁目、尾張町一～二丁目、竹川町、滝山町、出雲町、南金六町、宗十郎町、日吉町、南鍋町一～二丁目、南佐柄木町、加賀町、八官町、丸屋町、山城町、山下町と、じつにたくさんの町名が消滅した。地元の住民にとっては使い慣れた愛着のある町名が消滅するという寂しさはあったが、外部の人間や行政の立場からすると利便性が高まった。

その後、昭和二十六年（一九五一）八月、木挽町一～八丁目が銀座東一～八丁目となり、銀座西、銀座、銀座東を合わせて「銀座二十四丁」ということばも生まれた。井上友一郎の小説に『銀座二十四帖』（昭和三十年、新潮社）がある。そして昭和四十三年十月、銀座西が銀座となり、翌年四月に銀座東が銀座八丁に統合された。「大銀座」時代の到来である。

昭和恐慌下の銀座

昭和二年（一九二七）三月、片岡直温《なおはる》大蔵大臣が議会において「とうとう東京の渡辺銀行が破綻した」と失言したことから、銀行の取り付け騒ぎが全国に広がった。それを契機に金融恐慌が起こった。昭和四年十月にはアメリカのニューヨーク・ウォール街の株式は暴落して世界大恐慌がはじまった。翌年日本経済はその影響をまともに受け、未曽有の昭和恐慌となった。金融は杜絶し、多くの企業が倒産し、街に失業者があふれた。銀座の商店にも恐慌は直撃した。

昭和六年二月二十二日の『東京朝日新聞』は、「カラ金庫を抱へて銀座商人は悩む　家賃や地代の滞納が如実に物語るこの不景気」という見出しを掲げ、銀座商人の内情を報じている。

帝都一流地として誇る銀座商人等は金庫を空にして苦しみぬいてゐるものが多い――即ち深刻な社会相の一断面とも見られる地代や家賃の直下から延滞問題にからむ調停裁判は最近春に入ると共にます〳〵暗い影を投げ始めてゐる。東京区裁判所の窓に映つたこの近頃の大東京の姿は全くいたましくも惨めなもので銀座や日本橋辺の一流どころの商店が続々と地代の滞納や立退命令をくつて四苦八苦の遣り繰り算段にあへいでゐることは実際想像以上で、（中略）銀座の某一流商店が場所柄だけに二万円からの地代をためてしまつてどうにも遣繰がつかずに裁判所へ持ち込まれた例もある。京橋、日本橋方面の調停所管である京橋弓町の区裁判所出張所でも「銀座通りでこの地代を満足に払つてゐる者はほとんどないといつてもいゝ位で、地代や家賃の滞納はまた全市でもその額は筆頭であらう」と語つてゐる位だ。（中略）

次に昨今の銀座街の各商店の不況を税金の上から見ると、京橋税務署の所得税第三期分の如き大きい所に滞納続出で、京橋税務署全管内の滞納総ロ四百三十件のうち銀座だけで九十一《ママ》件からあり、滞納総額二万三千円に対し銀座九十二件の分が一万二千四百円で半分以上を占めてゐる。この九十二件の内約十件は現在差押へ処分にあつてゐる。

そのうちには時価坪三千円もする土地を持つ地主が地代があがらず一期分千四百円を納めないでゐるものもあるし、僅か二十円足らずの税金が納められないやうなのが銀座街にあるとはうそのやうな事実だ。

昭和五年三月の東京市の調査で、失業者総数は七万四七二一人、その内訳は給料生活者一万七一三九人、労働者二万五五三〇人、熟練労働者三万二〇五二人で、家族を加えると三〇万人にのぼる。官民挙げての震災復興記念行事の奉祝気分の後には、不況にあえぐ銀座商人の姿があったのである。

洋行帰り

不景気が銀座を覆う一方で、この頃、海外で修業した人たちがあいついで銀座通りに店を出している。明治三十年代後半頃から渡米ブームが起こった。アメリカでは一八六九年に大陸横断鉄道が完成し、西部開拓が進み、また産業革命を達成して好景気に沸いた時期に、清国や日本からの移民、移住が急増した。アメリカへ行けば仕事はいくらでもある、働きながら学校で学ぶチャンスもある、賃金も高いことが魅力であった。

昭和八年に銀座五丁目で靴の専門店を開いた東條鱐《たかし》は、その半生をまとめた『私の春秋』（昭和四十一年、東條鱐伝上梓の会）の中で「銀座には、米国帰りで一応成功をみた知人が少なくなかった。冨士アイス社長の太田さん、大阪ビルのレインボーグリルの岡村君、オリンピック社長の佐藤さん、その銀座五丁目店長望月（積善）君など、みんながみんな、米国での体験に物をいわせ、斬新な米国式の洋食で非常に繁盛しているので、めいめいの生々しい体験や意見などを軒並み聞かしてもらったが、大いに参考になった」（同復刻版、昭和四十六年、同）と述べている。

東條は明治二十一年に長野県安曇郡穂高町生まれ。井口喜源治の研成義塾に学ぶ。明治三十九年に渡米、苺の栽培、浪曲師の興行、グロサリー経営などを経験し、昭和二年に日本での新規事業の開拓のため一旦帰国し、銀座で米国帰りの知人の成功例を知り、帰国を決意。昭和五年に帰国、昭和八年銀座五丁目に靴の専門店「ワシントン靴店」を開業した。正札販売、アフターサービスに徹し、銀座を代表する靴専門店となった。

オリンピックは「昭和三年の開店です。アメリカのシアトルでレストラン修業をした三人の青年が、銀座に新しいレストランを作ろうという意気に燃えて、モダーンな店を出しました。シアトルで修業していたころ、いつもオリンピアという山を見ては、故郷を偲び、困苦に耐えることを誓ったことから、新しい店の名をオリンピックと」（「おしゃべりコーナー　オリンピック」『銀座百点』昭和四十五年五月号）したという。場所は銀座二丁目東側。

太田永福は明治末、アメリカ西海岸のポートランドに渡り、日本人街でレストランを開き、大正九年に帰国、四年後に冨士アイスクリームを設立し、昭和八年十月に新築なった銀座四丁目の教文館ビルに喫茶店を開店した。

ほかにも、フランスに菓子製造の修業にいった門倉國輝は、昭和六年十一月、銀座通り西側六丁目角に「仏蘭西式喫茶店」コロンバンを開店（銀座裏通りには昭和四年ごろ出店）している。なお、もう少し早い例では、黒沢貞次郎が明治三十二年にアメリカに渡り、タイプライター製作の技術を習得して帰国、明治三十四年弥左衛門町で創業し、のちに銀座六丁目銀座通り西角に黒沢タイプライターの自社ビルを構えている。

復興した銀座街頭

昭和四年（一九二九）十二月発行の今和次郎編纂代表の『新版 大東京案内』（中央公論社）に震災復興期の銀座について次のように書いてある。やや誇張はあるが、復興期の銀座街頭をよくとらえている。

銀座——首都の心臓、時代レヴューの焦点。
夜、尾張町の角に立つて街上風景を見る、聞く。——電車のスパーク、自動車の警笛、オートバイの燐音《ばくおん》。——シヨーウインドーのきらめき、広告塔の明滅、交通整理ゴーストツプの青と赤。——人間の氾濫、男、男、女、女、男女、男女、ノツクスの帽子、アツシユのステツキ、セーラーパンツ、和服に断髪、ドンフアンキツドのハンドバツグ、膝までのスカート、脚、脚、フエルト、支那靴。——シヨツプガール、ダンスガール、ストリートガール、マツチガール、喫茶《テイ》ガール。——どこからか流れて来る蓄音機のリズムに合して唄ふモガモボの一団、「懐古恋想銀座柳《むかしこひしいぎんざのやなぎ》」——。

二年後の昭和六年に出た安藤更生著『銀座細見』（中公文庫版）には震災後の変化をよくとらえている。

今日では三越、松屋、松坂屋の三デパートが支店を出すようになった。改造、中央公論をはじめ大雑誌はいずれも争って銀座の記事を掲げる。新聞には銀座の消息を断たない。郊外へ行ってみると、ちょっと新しげな商売をしている家には、しばしば銀座堂、銀座亭、カフェ銀座などの名を見出す。このほか、銀座仕込、銀座好み、銀座風などの言葉は好んで郊外の商店で用いられる。（中略）

バラック時代の東京は、旧来の目抜きといわれる場所を多く失ってしまった。星座のように散在していた下町の目抜きは、多く未だ復興の力足らず平凡な町になってしまった。茅場町、小伝馬町、人形町、通町など前よりは寂れた。これらの欠乏感がすべて銀座へ集ったのである。現在の銀座の豪華はたしかにこれらの町々の分を併せていることは否めない。それと、銀座には大きな感じのいいカフェが前から多かった。震災によって傷められた人々の心の傷は、これに向って蛍が灯を慕うように集って来たのである。ギンブラは少数の好事家の通語ではなくして、流行語と化し、次第にその実質を大衆化して来たのである。安会社員が急激に侵入して来た。やがてその家族がはいって来た。銀座には未曽有の混乱が始った。柳と瓦斯は人々の記憶から消滅してしまった。「キング」と「現代」の読者が押し出して来たのだ。三越、白木の客が京橋を渡って来た。

両著はそれぞれ続けて具体的に店名を挙げて街並みを紹介しているが、ここでは割愛して「銀座通り商店街の変遷一覧2」を掲げる。

銀座通り商店街の変遷一覧2

昭和五年十二月二十日現在（安藤更生『銀座細見』より）

銀座一丁目

東側◆日本火災建築地、茶 池田園、絵画 玉木家、東京美術館、骨董 大好堂、ブラジレイロ、美人座、時計 蜂屋、カフエバッカス、ラジオ 田辺、時計 石井、つゞれ屋、日本蓄音機支店、ユニオン、佐々木つやふきん、エハガキ 益川、眼鏡 金田、時計 伊勢伊、支那料理 アスター、陶雅堂、洋品 吾妻屋、書画 伊藤、金ぷら 大新、帽子 トラヤ

西側◆川崎第百銀行支店、帯源（二階 麻雀 銀風荘）、旭電気、陶器 小柳、洋服 さとう、三光堂、鞄 谷沢、貴金属 山崎、簞笥 鷲塚、日東蓄音器、敷物 睦屋、洋服 三新、安田銀行支店

銀座二丁目

東側◆仏具 安田商店、毛織 石丸、時計 服部、カフエ銀座会館、カフエクロネコ跡、洋食 オリンピック、硝子 酒井、カフエキリン、金物 菊秀、三共薬局

西側◆金庫 山田、鞄 天地堂、バンコク、文具 英章堂、プレイガイド、大橋食堂、シンガーミシン、時計 平野、呉服 越後屋建築場、足袋 海老屋、雑誌 大成堂、明治屋、柴田絨店、洋服 米田屋、陶器 川本、大倉組

銀座三丁目

東側◆靴鞄 アオキ、カフエナ、、玩具 大黒屋、眼鏡 松島、明治製菓、婦人子供服スヾコー、靴 篠原、伊東屋、松屋呉服店

西側◆洋紙 細川、ナショナル登録器、十字屋、東京瓦斯陳列場、銀座堂、洋服学校売店、シャツ 大和、エハガキ 加藤、筆墨香 松沢、洋傘 池田屋、時計 玉屋、カフエ日輪、洋雑貨 三枝、野村銀行支店

銀座四丁目

東側◆山口銀行支店、玩具 金太郎、ゑり久、食堂 丸見屋、洋品 田屋、宝来パン、宝飾 佐野正、神谷ネル、近藤書店、松村金銀店、三越

西側◆教文館、運動具 栗本、洋服 新川、洋傘 柏屋、赤瓢箪、食料 三河屋、御木本、山野楽器、木村屋、服部建築場

銀座五丁目（尾張町一丁目）

東側◆カフエライオン、美濃常、ハッピーシガー、牛鳥 早川亭、十一屋、モスリン 藤屋、鞄 折山、時計 大勝堂、呉服 増見屋、洋品 関口、千疋屋分店、フタバ、時計 全勝堂、漆器 水沢、白牡丹、中屋シャツ、第一銀行支店

西側◆昭和銀行支店、足袋 佐野屋、鳩居堂、煙草 須田、カフエ松月、食料 大黒屋、オリムピック、やまさん、呉服 太丸屋、ほかけ寿司、エハガキ 美佐古堂、洋品 日華堂、カフエタイガア、ブレッツ・ホスピタル・ファーマシー、婦人帽子 千代田、マツダランプ

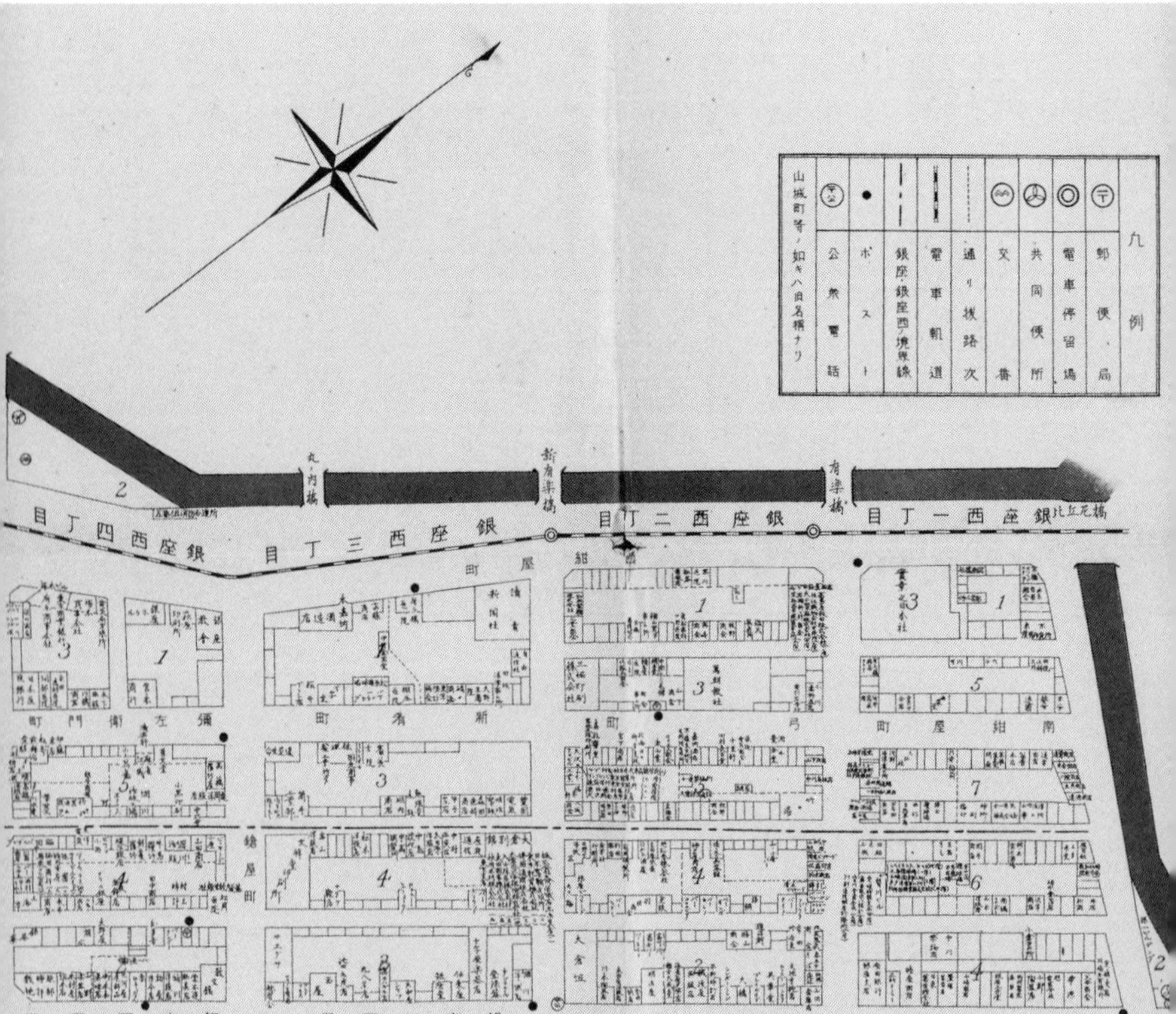

『復興大銀座地図』（部分）昭和5年3月　中央区立郷土天文館蔵

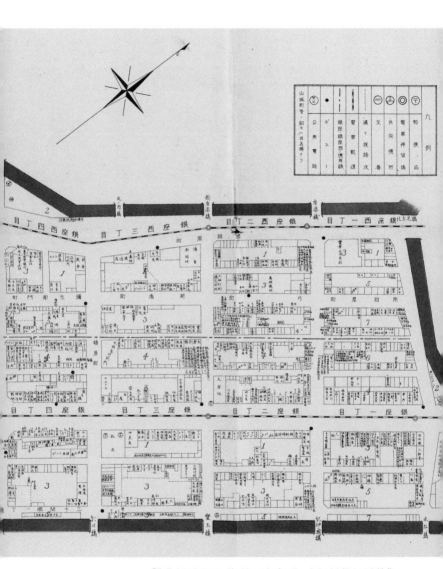

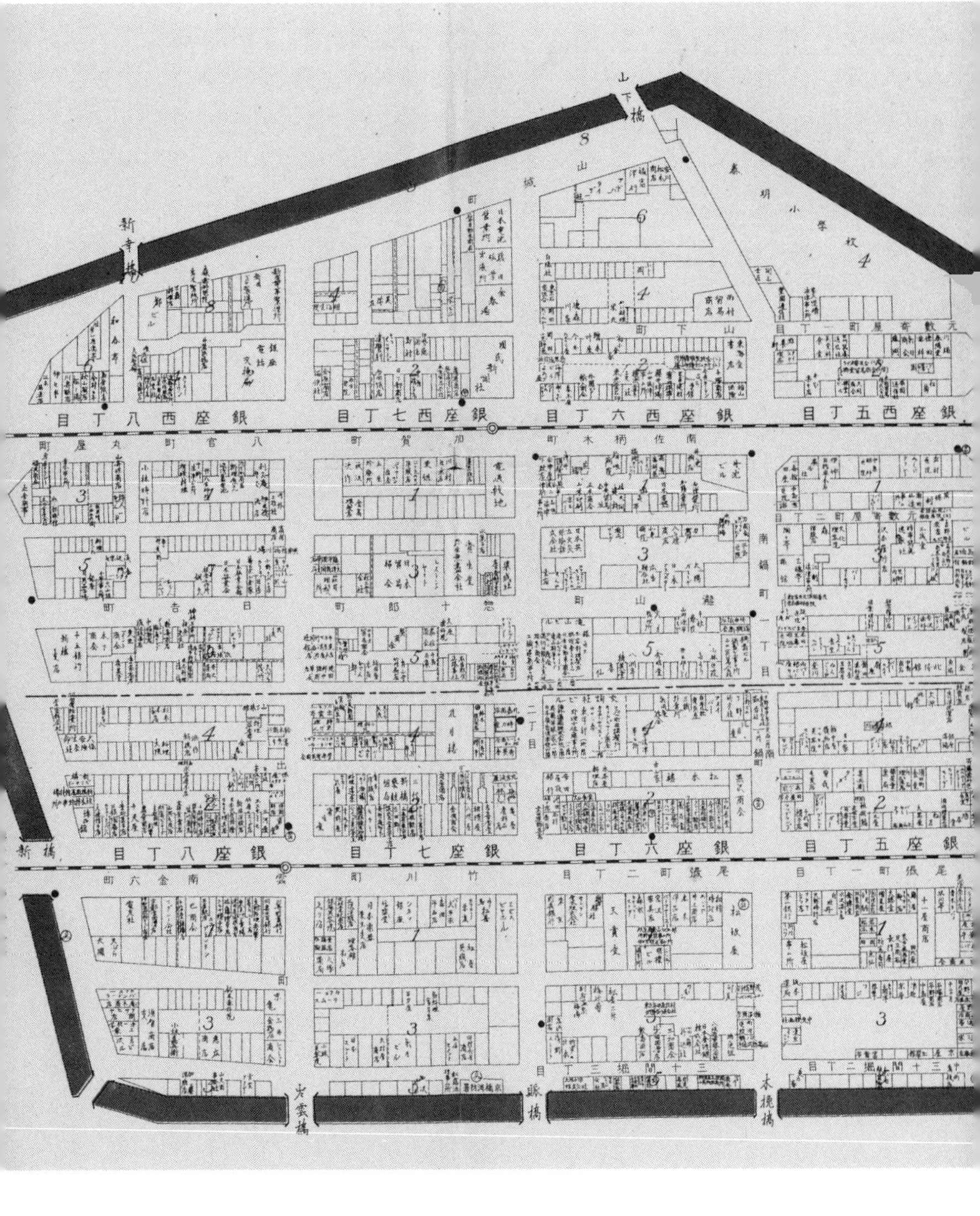
山下橋
山城町
泰明小学校
新幸橋
山下町
元数寄屋町一丁目
銀座西八丁目
銀座西七丁目
銀座西六丁目
銀座西五丁目
丸屋町
八官町
加賀町
南佐柄木町
元数寄屋町二丁目
南鍋町一丁目
日吉町
惣十郎町
滝山町
南鍋町二丁目
新橋
銀座八丁目
銀座七丁目
銀座六丁目
銀座五丁目
出雲町
南金六町
竹川町
尾張町二丁目
尾張町一丁目
三十間堀三丁目
三十間堀二丁目
出雲橋
木挽橋

銀座六丁目（尾張町二丁目）

東側◆松坂屋、村松時計、カゴヤ、洋品 本木、バーファースト、家具 宮沢、森永売店、天賞堂、書籍 紀伊国屋、サンデン電気、東京貯蓄支店

西側◆黒沢商店、小松食堂、エハガキ 湯浅、敷物 今井、眼鏡 岩崎、靴 ヨシノヤ、洋菓子 不二家、義昌堂、煙草 菊水、日本ダイヤモンド、郵便局、鞄 桑原、扇子 久保田、ウーロン、洋傘 高橋、銀座食堂、喫茶 コロンバン、糸 久野屋、洋品 三浦屋、錦綾堂、洋服 沢田、美濃常支店、毛糸 すずらん

銀座七丁目（竹川町）

東側◆銀座ビヤホール、牛肉 松喜、バー 朱雀、太平楽、洋品 森田、聖公会新生館、売地、シネマギンザ、洋品 信盛堂、日本楽器、洋服 三沢、玩具 新井、美容 早川君子、ゑり治

西側◆亀屋、食料 相模屋、美術 八咫家、靴 林、写真機 金城、エハガキ 大宝館、金具 森宮、茶 宇治園、菓子 ヨシムラ、靴 高橋、大阪ずし、立田野、菓子 筑紫堂、そば 長寿庵、モナミ、眼鏡 加藤、美容 ハリーウッド、すみや、煙草 肥前屋、バーレッドテエプ、資生堂

銀座八丁目（出雲町・南金六町）

東側◆川崎第百銀行支店、支那料理 秀華、レース 菱川、有賀撮影場、東京パン、江副建築場、空き地、帽子 トラヤ、カフエプランタン、靴 三倉、風呂 巴商会、額 十字堂、リグレー、宇都宮回漕店、ストック商会、電友社、てんぷら 天国

西側◆資生堂パーラー、糸 三河屋、エスキーモ、モスリン 竹屋、洋服 新田、共同火災保険、玩具 カキヌマ、足袋 しばや、運動具 ニッポン、時計 小林、万年筆 田中屋、袋物 佐竹、文祥堂、毛皮 山岡、支那料理 彩華、洋傘 万屋、千疋屋、菓子 青柳、三銀、大徳、博品館

柳の復活　柳植樹祭とやなぎ祭

大正十二年（一九二三）の関東大震災後も、銀座通りにイチョウが植えられたが、各方面の運動が実って昭和七年（一九三二）春に京橋から新橋までと、数寄屋橋から三原橋までの間に、二九四本の柳が復活した。二九四本の柳は朝日新聞社が東京市に贈ったものだった。柳の寄贈話は、柳を贈ります、それではありがたく頂戴いたします、とすんなり決まったわけではなかった。地元銀座の銀座通聯合会側は柳の復活を強く希望するも

柳の植樹祭の様子　下村海南『南船北馬』昭和7年より

のの、背の低い柳ではお断りするということだった。東京市もまた、イチョウを街路樹によいとして植えたのだから、地元の熱烈な希望があれば格別、ただちに賛成いたしかねる、というものだった。結局話はまとまったが、関東大震災後、復興局が並木を作るために東京付近の良い柳を全部集めたあとだったこともあって、柳集めは難航した。街路樹に適した「六角堂」と「繭玉」という品種を苦労して全国から集めた。

二月十六日に銀座四丁目角、三越前で柳の植樹祭が柳を寄贈した朝日新聞社の副社長下村海南はじめ、永田青嵐市長、大野緑一郎警視総監、地元関係者らが集まるなか執りおこなわれた。まず副社長下村海南の話を聞こう。

外では満洲の野《や》に上海の街《まち》に大砲の音が響いてる、内では第三次普選の総選挙があます所僅に四日といふとてもあわただしい二月の十六日。

所は東京の目抜の銀座の四つつじ、百足《むかで》のやうにつながつてる自動車、いゝなごのやうに群れてる老若男女、ゴー・ストツプを合図に、時も午前の十時すぎ、電車のきしる音、自動車の爆音、さてはなたれる人の波、あのあわたゞしい銀座の交叉点三越百貨店前の一角。（中略）

人道よりの一と所に土が掘り下られ、傍《かたはら》には餅花《もちはな》をつけた満艦飾の柳が一株、これに面して神だながしつらへられ、真白の水干衣《すゐかんきぬ》をつけた神官が大麻切麻《おほあさきりあさ》をとりてはらひをすます、吾等うや〳〵しく真土を布き、樹を立て真土を覆ひ水をそゝげば、日枝《ひえ》神社の宮司うや〳〵しく祝詞《のりと》を高らかにこそは読み上げてる。

「銀座の柳」、『南船北馬』昭和七年、四条書房

そして三月二十七日に「銀座柳復活祭」が朝日講堂でおこなわれた。下村海南朝日新聞社副社長の贈呈の辞、目録贈呈、永田秀次郎市長の挨拶に続いて、土岐善麿、西条八十、川路柳虹、久米正雄らが銀座を語った。第二部に入り、「東京行進曲」(西条八十作詞・中山晋平作曲)、「銀座セレナーデ」(西条八十作詞・佐々紅華作曲)、「銀座の柳」(西条八十作詞・中山晋平作曲)の演奏や、新橋芸妓たちの東《あずま》踊りが披露された。この様子はJOAKにより中継放送された。「東京行進曲」では「昔恋しい　銀座の柳」と歌われ、「銀座の柳」では「植えてうれしい　銀座の柳」と歌われた。

下村海南は前掲『南船北馬』の中で以上のことを記しているが、合わせて、「懐旧銀座の柳」の歌を詠んでいる。

人力車製造本家秋葉の店の車がならぶ銀座の四つ辻
馬車馬の斃れし腹の大きなるあへぎをてらす真夏日の光
精錡水の看板立てた店先にひげしごき居りし岸田吟香
赤羽織天狗煙草の松平が赤馬車かける並樹のやなぎ
人力車十あまりならぶ橋詰の真夏しづけき銀座の柳
鶴仙の寄席がはねたかカラコロと煉瓦地にしばし足音が続く
縁日で押しつけられた植木鉢片手にぶら〳〵銀座をかへる

歌の出来はともかく、柳が醸す関東大震災前の銀座の風情がよく描写されている。

作詞者西条八十は席上、「昔恋しい銀座の柳といふのは私が附けた題ではなく、此文句は私の作つた東京行進曲といふナンセンスな唄の冒頭にある文句で、あの唄はなんとなく無暗に流行つてしまひましたが、そんなに流行ると知つたらもう少し何とか気を附けて書くのでした」と前置きをしながら、銀座の歌の作詞の背景を、「昔と変らない往来とか、或は田畑とかさういふものを持つて居ない私達都会の人間に取つては、恐らくあの銀座の街頭に埃を浴びて悄然として立つて居た柳が、都会の中の最も強い自然の印象を私等の頭に投げて居たのであらう」と語っている。そして震災後の荒れ果てた銀座を見て書いたという「銀座哀唱」という詩を朗読している（『詩を想ふ心』昭和十一年、新陽社）。

橋も柳も焼け失せて
夢の銀座となりにけり、
そゞろ佗しくさまよへば
潰《つ》えし甍に秋日照る。

吾児のために紅き靴
購《か》ひたる店は何処ならむ、
灯火明き珈琲店に
見し美女《たをやめ》のかげも無く。

夕となりて糠雨の

焦げし歩道をぬらすとき
われは哀れに偲ぶかな
雪ふるころのこの街を。

（以下略）

永井荷風はこの日、オリンピクで食事をとり、帰途東京朝日新聞社前にて銀座の「柳復活紀念祭」と書いた掲示を見て「かゝる事に復活といふ宗教上の語を用るも之を見て怪しみ笑ふものなし。言語の乱るゝは人心の乱れたるを証するものなり」（『断腸亭日乗』昭和七年三月二十五日）とここでも嘆いている。荷風は祭り事には無関心であった。

そして四月、「第一回柳まつり」が銀座通聯合会主催で開催され、以後毎年おこなわれるようになった。昭和十二年（一九三七）四月には、柳まつりは銀座まつり（後述）と名称をかえ、祭りの範囲を拡大した。

銀座通りは、街路灯が昭和五年ごろに大型の電気灯にかえられたが、太平洋戦争が烈しくなり、銀座通りの街路灯は鉄材不足にあたり金属供出の対象とされ、昭和十八年四月三日服部時計店前で献納式をおこない、撤去された。代わりに粗末な木柱電灯（一〇〇ワット）が設置されたが、それも昭和二十年の空襲によって九割方焼失した。柳も焼失、戦後しばらくの間、街路灯も柳もなきに等しい状態であった。

昭和二十三年（一九四八）に銀座通聯合会によって柳が補植され、ついで同二十五年に大々的な補修がおこなわれ、懸賞で公募したデザインの白熱灯の街路灯が設置され、コンクリート平板を敷き詰めた。同三十七年八月、銀座通りの舗装があずき色に変わり、晴海通りの柳六〇本が撤去された。

なお、昭和四十二年十二月、銀座通りから都電が撤去され、それにともない翌年大改修がおこなわれた。ポイントは、歩道下に共同溝を設け、電気配線、ガス管、上下水道、電話線をひとつにまとめ、歩道の幅を少し広げ、歩道には都電の敷石を利用して御影石を敷き詰めた。街路樹は惜しまれつつも柳をやめてバラ科の小灌木シャリンバイを植え、見通しをよくした。また、街路灯のデザインを一新し、角型鉄柱ガス灯風とし、光源は女性の肌に美しく映えるメタルハイドランプを採用した（「銀座通り景観整備検討委員会資料」銀座通連合会開発委員会委員三枝進稿）。

平成十六年（二〇〇四）にイチイの木に変わり、そして平成三十一年四月、オリンピック開催に向けてイチイにかえてカツラの高木に植えかえられた。

第5部

戦時体制下の銀座通り

戦時体制下の銀座

昭和六年（一九三一）九月十八日、中国奉天郊外の柳条湖の鉄路を関東軍が爆破するという柳条湖事件が起った。関東軍はこれを張学良の仕業としてただちに奉天を占領し、ついで全面的な攻撃に移り、満州事変に突入した。政府は不拡大を表明したが、関東軍はそれを無視し、中国東北部に占領地を拡大した。そしてその手先に独立運動を働きかけ、翌年三月一日に建国を宣言し、その後、清朝最後の皇帝溥儀を執政とした。国内では十月事件、血盟団事件、五・一五事件など軍部、右翼による激化事件が起こり、政党内閣が倒れた。このあと成立した斎藤実内閣は満州国を承認し、戦線はさらに拡大した。これに対して国際連盟は二月二十九日、リットン卿を団長とする調査団を日本に派遣し、日本、中国、満州の現地調査を開始した。調査団は日本の侵略を認め、日本軍の撤兵を求める報告書を出した。日本はこれを拒否し、昭和八年三月国際連盟を脱退し、翌九年三月、溥儀は満州国皇帝の地位についた。

この頃から戦争の影が市民生活に現れるようになった。時代の動きに敏感な永井荷風は、七年三月四日の日記に「銀座通商店の硝子戸には日本軍上海攻撃の写真を掲げし処多し、蓄音機販売店にては盛に軍歌を吹奏す、時に満街の灯火一斉に輝きはじめ全市挙つて戦捷の光栄に酔はむとするもの丶如し、思ふに吾国は永久に言論学芸の楽土には在らず、吾国民は今日に至るも猶往古の如く一番槍の功名を競ひ死を顧ざる特種の気風を有す、亦奇なりと謂ふべし」（『断腸亭日乗』）と、戦勝にうかれ、軍事色に流される風潮を嘆いている。また三月十日の日記には、「此夕銀座通平日よりも賑にて、三田の学生断髪の女子を伴ひ酔歩するもの尠からず。是陸軍紀念祭の当日なるが故なりと云ふ。近年種々なる祭日増加したれば殆記憶するに遑あらず。二月十一日は紀元節の外更に建国祭と称するもの出来たるが如き其一例なり。此等の新祭日はいづれも殊更に国家の権威を人民に示さんがために挙行せらるゝやの嫌あり。我国家の何たるかは今更祭日を増加してこれを示すにも及ばざるべし」（同上）とも言っている。

昭和七年四月二十五日には、明治十五年に発布された軍人勅諭が発布されてから五〇年の記念式典が皇居前で開かれ、午後陸海軍軍楽隊が日本橋三越前から銀座、新橋を経て日比谷へ向かって演奏行進をおこなっている。軍人勅諭は、西南戦争、竹橋事件、自由民権運動の激化にともない軍人の動揺をおさえ、忠節、礼儀、武勇、信義、質素を誓わせたもので、太平洋戦争終結まで軍人が守るべきバックボーンとされた。

昭和七年暮れ、銀座パレスと銀座会館の女給三〇〇名が一人一円を出し合ってトラック一台分の慰問袋を陸軍省に届けている。満州の戦線に送られるものであり、銀座にも戦争の影を落とし始めた。

このような情勢のもとで、翌八年八月九日、政府ははじめて関東地方防空大演習を実施した。本格的な灯火管制をおこない、「非常時」意識を鼓吹するものであった。住民に「防空思想」を徹底させるために、街頭にはポスターが貼られた。上空には飛行機が飛びかい、警報の伝達や灯火の管制が繰り返された。翌九年九月一日、新宿の淀橋浄水場と中央電話局に爆弾が投下されたという想定で大規模な防空訓練をおこなった。この日の銀座は、「不夜城銀座、今夜ばかりは伊達の誇りも文化の粋もあつたものではない。見なれた者の眼に「はて、こゝは銀座尾張町」と判断させるだけのものだ。夜を知らぬ虚栄の町も日暮れと共に夜を見出したまま寝込んでしまつてゐる」という情景で、銀座は漆黒の闇に包まれた（『東京朝日新聞』昭和九年九月二日）。

地下鉄銀座駅開業　昭和九年三月三日

東京の地下鉄敷設の計画は、大正六年（一九一七）七月、早川徳次らの東京軽便地下鉄道株式会社（翌年、東京地下鉄道株式会社に社名変更）による品川―新橋―上野―浅草間の地下鉄の認可申請に始まる。しかし大正十二年の関東大震災のため、まず浅草―上野間に限定し、大正十四年九月着工、昭和二年（一九二七）十二月に完成、これがわが国最初の地下鉄となった。その後、万世橋（五年一月）、神田（六年十一月）、三越前（七年四月）、京橋（同十二月）と工事は進み、銀座に達したのは昭和九年三月三日で、新橋には三か月後の昭和九年六月二十一日であった。これにより浅草―新橋の運行が始まり、浅草辺りから銀座へのアクセスが一段と便利になった。

中野、高円寺方面からは省線による連絡があったが、井の頭線、東横線の乗客が都心の銀座、日本橋へ来るときの不便さを解消するために、渋谷―新橋間の地下鉄が計画され、東京高速鉄道株式会社により着工され、昭和十四年一月に完成し、渋谷―浅草間全線が開通した。地下鉄駅が当時大衆化しつつあった百貨店に直結あるいは近くにできたために、大量の集客が可能となった。浅草の松屋（昭和六年開業）、日本橋の三越本店（江戸時代）、銀座の松坂屋（大正十三年）、松屋（大正十四年）および三越（昭和五年）には近郊からの顧客が増えた。この時、銀座商店街の人々は百貨店に客が奪われるのではないかと反対の声があがったが、一時的に顧客減があったものの、銀座の商店街にも顧客が増えるという相乗効果をもたらした。

アメリカ大リーグ選抜チーム歓迎パレード　昭和九年十一月二日

このように戦雲たちこめるなか、昭和九年（一九三四）十一月二日、読売新聞社の招待でコニー・マック監督率いるベーブ・ルースらアメリカ大リーグ選抜チームが来日した。横浜港に上陸した一行は横浜市民の大歓迎を受け、ただちに臨時列車をしたてて東京に向かい、午後二時過ぎに東京駅に降り立った。東京駅は群衆が早朝から詰めかけ、到着するころには群衆で埋まった。歓迎の挨拶を受けたあと、ベーブ・ルース、ルー・ゲーリックら一行を乗せた車を先頭に東京駅をあとにし、和田倉門―二重橋―馬場先門―京橋交差点―銀座通り―新橋のコースをパレードした。『読売新聞』号外（十一月二日）は写真を大きく載せ、つぎのように伝えている。

京橋を出た一行の車が銀座へさしかゝると興奮した市民たちはドツと犇めき合ひつゝ、口々に「ルース〳〵」と呼びながら死にもの狂ひになつてルースの車に殺到、ステップに飛びのりバンパーにつかまつて放さばこそ、ルースは早くも覚えた「バンザアイ」を叫びながら右手をあげ、左手をふりながら歓呼に応へ続けたが、更に二丁目、三丁目へかゝるに従つて市民の波濤はいよ〳〵激烈、両側の各ビル、商店からは色とり〳〵のテープが無数に投げられる、五色の紙片が花吹雪と降り注ぐ。

そのため銀座通りの一切の交通機関が止まるほどだった。一行はさらに進み、芝口から田村町の交差点を右折して宿舎の帝国ホテルに達した。夜は日比谷公園の野外音楽堂で歓迎会が開かれた。

ベーブ・ルースをはじめルー・ゲーリック、ジミー・フォックスらの有力選手を擁するアメリカ選抜チームに対し、スタルヒン、三原脩、水原茂、沢村栄治らで構成する選抜日本チームが一六試合おこない、結果はすべての試合に負けた。十一月二十日、静岡・草薙球場で十七歳の沢村栄治投手が見せた力投は、今でも語り草に。なお、ベーブ・ルースたちは試合の合間にカフェーのサロン「春」に顔を出し、その美人揃いに驚いている。またいっしょに来日した夫人と令嬢も銀座でショッピングを楽しんでいる。

十二月一日、一行は東京駅で盛大な見送りを受けて帰国の途についた。帰国に際してベーブ・ルースは一行を代表して挨拶をしている。「一ヶ月にわたる滞在中に受けた熱烈な好意と至れり尽せりの歓待とは、ニッポンの明媚な風光と共に私達の生涯を通じて最も感銘深く忘れ難いものでした。またニッポンの野球界の想像以上の普及と強さも故国への語り草です。私達の今回の来朝が、もしニッポンの野球界の向上に寄与し、同時に日米親善の上に何らかのよい結果をのこしたとしたら私達の喜びはこれに過ぎるものとてありません。私達一同は、もしチヤンスがありましたら必ずまたニッポンを訪れたいと思つてゐます。では、皆さんさようなら」(『読売新聞』昭和九年十二月二日)と述べているが、七年後には日米はたがいに戦うことになり、再度の来日はなかった。

銀座の野球といえば、時代が明治から大正に変わるころ、銀座に野球チームができて、「晨朝野球大会」がおこなわれていた。三枝(現・ギンザのサヱグサ)、明治屋、亀屋(食料品輸入商)、服部時計店(現・和光)、天賞堂に帝国ホテルが加わって覇を競った。この大会は人気を呼んで銀座以外からもチームが参加するようになったという。場所は日比谷公園野外音楽堂の前、名前のように早朝の試合で、夏は午前五時半、冬は六時に試合開始、試合が終わると、汗を拭って出勤ということのようだった(松本幸輝久『銀座物語』昭和六十一年および『銀座GINZAの物語』平成四年、以上、三信図書)。銀座二丁目の米田屋洋服店でも野球チームをつくり、勝鬨の渡しを渡って月島の広場で銀座の商店チームと試合をおこなっている（前掲『銀座の米田屋洋服店』平成四年、ＭＢＣ21）。

このように銀座には野球愛好家が多かったわけで、ベーブ・ルース一行のパレードを熱烈に歓迎したことが想像される。

中央卸売市場（築地市場）開場　昭和十年二月十一日（青果部）同年十一月二十三日（水産物部）

平成三十年（二〇一八）十月に築地の東京中央卸売市場、通称築地魚河岸が現地改築などの議論の末、豊洲に移転した。

江戸の初期、日本橋の袂に魚河岸が設けられ、その後京橋袂の大根河岸《だいこがし》には青物市場が設けられ、大正十二年（一九二三）の関東大震災で壊滅するまで、江戸、東京の食を支えたことはよく知られている。日本橋川の北側、日本橋から江戸橋にいたる河岸地が鮮魚を扱う魚河岸であった。江戸が東京になって、人口が増えると鮮魚の取扱量も増え、雑踏が激しくなると同時に、塵芥や悪臭などの衛生問題も生じるようになり、明治二十年代に入ると、東京の市区改正事業の議題に取り上げられ、移転問題が議論されるようになった。移転については問屋と仲買との間で利害の対立があり、かつ権利問題もからんでなかなか決まらなかった。それを解決したのが関東大震災であった。

日本橋袂の魚河岸も京橋袂（大根河岸）の青物市場も全滅した。青物市場はそのまま営業を続けたが、日本橋の魚河岸はそこでの営業を禁止されたため、応急に芝浦で営業を再開した。大正十二年十一月に中央卸売市場法が施行され、それまでの問屋と仲買の相対取引から公営の競りによる取引に変わり、最終的に海軍施設があった築地の地に中央卸売市場が誕生した。

築地の中央卸売市場が竣工したのは昭和八年（一九三三）十二月であったが、移転問題のごたごたが続いて、開場したのは昭和十年二月十一日であった。ところがこの日開場式に参加したのは青果部だけだった。「市内七四組合の八百屋さん一八組合の果物屋さんたち二千余名は楽隊を先頭に組合旗を押し立て〻河岸筋を一巡して、これつきりで滅びる大江戸三百年の伝統の大根河岸の名をなつかしんだうへ昭和通、市場迄を練つて新装の市場にくり込んだ」（『読売新聞』昭和十年二月十一日）。代々続く青物問屋の主人は「行く者も涙、見送る者も涙、泣き別れの形で、自分たち揺籃の地を去って築地に入った。その日はあいにく雨が降っていて、いっそうの哀愁を誘った」（藤浦富太郎『明治の宵 円朝・菊五郎・大根河岸』昭和五十三年、光風社書店）と回想している。

いっぽう水産部の人たちはというと、この段階でも話はまとまらず、十一月二十三日にずれ込んだ。この日、汐留駅からの引き込み線の東京市場駅も開業し、改めて水産部の開業式がおこなわれ、魚類、青物の一大集散地としての八三年の歩みが始まった。

政府・皇室の周年行事

ここらで銀座が舞台となった政府、皇室の周年行事についてまとめておこう。まずは一月八日の「陸軍始」。明治四年（一八七一）一月に天皇が皇居本丸跡において在京の藩兵を集めて閲兵した講武始が始まりで、皇室の行事の一つとなった。翌五年に陸軍、海軍を分離して一月八日を陸軍始と定め、観兵式をおこなうこととした。そして一月九日を海軍始の日としたが、海軍始の日はのちに廃止されている。宮城前でおこなわれる式典の後、青山練兵場あるいは代々木練兵場で天皇の観閲がおこなわれた。天皇が喪に服したり、病気で中止されることもあったが、観兵式は昭和二十年（一九四五）まで続けられた。観兵式後、市内（銀座）を行進するようになるのは昭和十七年からであると思われる。

三月十日の陸軍記念日――政府は明治三十九年（一九〇六）一月二十五日に、奉天の会戦で日本陸軍が勝利した三月十日を陸軍記念日と定めた。個々の会戦の記念日があったが、ばらばらではその思いが薄れるという理由から奉天の会戦勝利の日に決めたのであった。以後式典は毎年おこなわれてきたが、すでに述べたように、昭和三年に初めて軍楽隊の奏楽行進が始まった。以後軍楽隊の行進が恒例のものになったことについてはすでに述べた。

四月二十九日の天長節――天長節は天皇誕生日を祝う祝日であるので、天皇の代替わりごとに祝日が変わっている。明治天皇の時は十一月三日、大正天皇の時は八月三十一日、昭和天皇の時は四月二十九日であった。祭事のあとに軍隊の市中行進はほとんどなかったが、昭和十七年（一九四二）には戦車隊二〇〇台が、十八年には三〇〇台が市内行進をしている。

五月二十七日の海軍記念日――政府は、明治三十九年三月十九日に、日露戦争でロシアのバルチック艦隊を撃破して勝利を収めた五月二十七日を海軍記念日と定めた。海軍の根拠地が横須賀にあったが、海兵隊による東京での市中行進は昭和十年から同十八年まで続いた。

こうして見ると、満州事変以後、中国への進出が進むなか、国民の戦意高揚を図るため軍隊の市中行進がおこなわれるようになり、昭和十年代にはいると恒例行事となり、戦局が不利に転じる昭和十八年になると、戦意を鼓舞するために陸軍始や天長節の日にも市中行進がおこなわれた。本土決戦が叫ばれる同十九年にも戦意高揚のため市中行進はおこなわれている。以下周年でおこなわれる軍隊の行進についてはいくつかに絞って見てゆくこととする。

日露戦争勝利三十周年記念　昭和十年三月十日

昭和十年（一九三五）は日露戦争勝利三十周年にあたり記念の式典が靖国神社外苑でおこなわれ、午後二時から陸軍軍楽隊の行進が新しくできた行進曲「大陸軍」を奏しながら、九段下を出、大正通り（現・靖国通り）を経て須田町―日本橋―銀座の街々を行進、沿道は国旗に彩られ、陸軍色で埋まった。

満州国皇帝溥儀奉迎　昭和十年四月六日

満州事変に端を発して、満州国の建国にいたる経緯についてはすでに述べた。昭和七年（一九三二）三月、建国に際して清朝最後の皇帝溥儀が満州国執政の地位につき、ついで昭和九年三月に帝政になり、皇帝となった。

その一年後の昭和十年四月六日、溥儀は満州国皇帝として来日することになった。皇帝の随員は八三名、そのうち日本が送り込んだ日本人官僚が二四名にのぼった（『満洲国皇帝陛下東京市奉迎志』昭和十一年、東京市)。東京駅前に大奉迎門が建てられ、東京は歓迎ムードに包まれたが、とくに銀座は際立っていた。三月十四日の『東京朝日新聞』は「銀座の装飾豪華版」という見出しでその準備段階の歓迎振りを報じている。

四月一日から十五日迄『銀座八丁』を日満色と桜花と柳とで埋めよう——といふ趣向。
銀座尾張町の四つ角、銀座一丁目、八丁目の両入口の人道八ヶ所には桃山式朱塗の美麗な奉迎門を建て、また街の辻々二十四ヶ所に杉葉の奉迎アーチを作り街頭には紅白の幔幕を張り百四十本の造花の桜を植ゑて一本六千輪とし、合計八十四万輪の花を競はせ電球もつけて夜桜気分をだし、柳には朱塗の雪洞《ぼんぼり》二百五十灯を配し短冊をぶら下げ
又銀座商店一万人の従業員は日満国旗のマークを胸間に飾り盟邦の皇帝陛下奉迎の喜びを極度に現さうといふのだ。

市内では飾り付けられた花電車一〇台が市内を巡行した。七日、夜に入って人出はますます増える一方で「銀座は動けぬ、銀座八丁一往復が三時間のどうにも仕様のない長い行程、浅草も、上野も、新宿も盛り場という盛り場は日の丸の国旗と五色の満州国旗、奉迎の提灯をちりばめた真黒い人渦の物凄さだ。花電車が通る予定道路の両側はこれまた一歩も動きのとれない人垣」で埋まったという(『東京朝日新聞』昭和十年四月八日)。
宮中での歓迎式典をはじめ、九日には代々木練兵場において観兵式がおこなわれ、翌十日には歌舞伎座において東京市の奉迎式がおこなわれ、宿所の赤坂離宮から歌舞伎座にいたる沿道には、四谷、赤坂、

麹町、芝、京橋の各区の小学校の生徒、職員一万数千人が往路、復路を奉迎した。一般市民のためには、公園、神社の境内に大きなラジオを設置して会場の様子を中継した。夜は中学校、実業補習学校の生徒、青年団員を明治神宮外苑、靖国神社境内、日比谷公園、芝公園に集め、提灯行列が市内各地で繰り広げられた。国威を示す満州国皇帝の歓迎行事に小学生をはじめ中学校、青年団などの若者がこの時も動員された。

永井荷風は銀座を挙げての奉祝には無関心であった。東郷元帥の孫娘の失踪事件に関心を示し、また、淫楽に耽っていたが、四月六日の日記には、銀座へ食事に行く途中、「日比谷の四辻にて花電車の過るに会う。雨中これを見るもの堵の如し」とただそれだけを記し、以下約九文字抹消している。「堵の如し」というのは観客が垣根のごとく群集している様をいう。抹消部分にはおそらく冷ややかな感想を記していたのであろう。

二・二六事件　昭和十一年二月二十六日

日本を震撼させた陸軍将校のクーデター事件である二・二六事件では東京に戒厳令が布かれた。銀座は直接騒乱の場とはならなかったが、事件現場に隣接する銀座には非常線が張られ、鎮圧軍が駐屯し、一時沈黙の街と化した。

昭和十一年（一九三六）二月二十六日早朝、野中四郎、安藤輝三らの青年将校が村中孝次、磯部浅一ら退役将校とともに、一四〇〇名もの兵を率いて首相官邸、警視庁などを襲撃して、内大臣斎藤実、大蔵大臣高橋是清、教育総監渡辺錠太郎を殺害し、侍従長鈴木貫太郎に重傷を負わせた。時の首相岡田啓介は危うく難を逃れた。そして首相官邸、陸軍省、参謀本部、国会議事堂など永田町一帯を占拠した。数寄屋橋袂の東京朝日新聞社も蜂起部隊によって襲撃された。数寄屋橋や有楽町駅に非常線が張られ、機関銃がすえられ、通行が禁止された。

二月二十四日、二十五日、二十六日と雪が降り続いた。四、五〇センチ積もったろうか。高等女学校の一年生だった銀座生まれの浜田千鶴子は、この日授業は早めに終わり、帰宅を言い渡された。千鶴子が降りた有楽町駅のホームは人気がなく、シィーンとしていたという。改札口を出ると、剣付き鉄砲の憲兵に誰何され、くわしく行き先を聞かれ、二丁目の家に飛んで帰った。

新橋袂の天ぷら屋天国の娘露木志津子の家に鎮圧部隊の兵隊たちが駐屯した。「「家族の

二・二六事件 新橋々上の混乱『二二六画報』(昭和11年、東京朝日新聞社)より

寝起きはよろしい。営業はやめ、店を明け渡せ」ということで、一家は奥の住居部分でひっそりしていた。結局三日間閉店した。兵隊たちは新橋を中心に警備していたのだろうが、店に宿泊したものか、店で食事を提供したものか、志津子に記憶はない。店前に歩哨が二人、剣付き鉄砲で立ち、広い食堂の真ん中あたりに将校が五、六人屯している」状況であった。（長谷川佳編著『銀座には川と橋があった』昭和五十九年、芸立出版）

銀座通りの七丁目西側にあった相模屋食料品店の息子関戸慎一郎は、泰明小学校六年生であった。学校に登校すると、すぐ家に帰るように言われた。

帰り途、数寄屋橋を通ると橋の上には機関銃が据えてあり、兵隊が銃の先に剣を着けてものものしく立っている。警官もそのまわりで長い棒をもって時間と共に増えた弥次馬と化した通行人を整理している。私は人波に押されて日本劇場の地下へ入れられてしまった。どうなっているのか、どうなるのか恐ろしかった。警察の質問に答えて漸く地上に出ると、日劇の隣にあった朝日新聞社の社屋のガラスは、めちゃくちゃに割られ銃剣をもった兵隊が出入りしていた。

平和博物館を創る会編『銀座と戦争』昭和六十一年、平和のアトリエ

資生堂の「ミス・シセイドウ」の立入英子は、出勤のため家を出ようとしているときに、会社から「不穏な情勢のため、しばらく自宅で待機せよ」という電報を受け取った。立入英子の自宅近くに住む二年先輩は決起部隊に新兵として参加し、鎮圧後、家に帰ることも許されずに満州送りとなったという（小宮重美「駒井玲子とミス・シセイドウ」『おいでるみん』VOL.20、平成十八年、資生堂企業文化部）。

その夜、普段は銀ぶらで賑わう銀座通りは人影もなく、不気味な沈黙に包まれていた。

事件発生の六日前二月二十日夜、決起部隊のひとり陸軍歩兵第一連隊中尉であった栗原安秀は、決起に思いを寄せる退役軍人の前陸軍少将斎藤瀏と銀座六丁目交詢社裏の日本料理屋「水茶屋」で会い、こう切り出した。「これから、私が何を言っても、また何をすると言っても留めないと約束して欲しい」、さらに「金が欲しい。至急用意して欲しい」と。斎藤は栗原らが決起することを知っていた。翌日、斎藤は用意した金（一〇〇〇円と思われる）を渡している。そして事件後、反乱軍を援助した廉で禁固五年の刑に処せられ、位階勲功をはく奪されている（斎藤瀏『二・二六』昭和二十六年、改造社）。

そして二日前の二月二十四日夜、外堀通りの電通並びにあるカフェー「ランチェラ」に栗原安秀は、近衛歩兵第三連隊の中橋基明ら七名を連れてやってきた。栗原はここの常連で、いつもは午後八時頃に来るのにその日は五時頃やってきた。当時、ここの女給であったお春こと瀬尾春が出迎えた。普段女給たちが着替えをしたり食事をとったりする奥の小部屋を貸してくれと頼み、そこでなにやら密談が始まった。かなり時間が経ち、お春がお茶を持って行き、ドアを開けると、そこの何人かはギョッとして振り返ったという。机には地図が広げられていた。二日後に迫る二・二六事件の政府要人の襲撃決行の密議に違いなかった。

栗原が指揮したのは首相官邸で、時の首相岡田啓介の身代わりになったのは岡田の義弟松尾伝蔵であった。岡田は女中に助けられて官邸を脱出して無事だった。警護の警官四名がここで殉死している。栗原らはその後、朝日新聞社を襲撃し、占拠した。鎮圧部隊は数寄屋橋公園に陣を構え、相対峙して一触即発の状態だった。栗原と連れ立って来ていた中橋は、近衛歩兵第三連隊の兵士約一四〇名を率いて、大蔵大臣高橋是清の私邸を襲撃し、大臣を射殺している。

「ランチェラ」のお春（後にカフェー「らどんな」の経営者になる）は、二十五日は雪が深く、麴町区の万平ホテルに泊まった。翌朝、ロビーに降りて行ったところ、入り口のドアが烈しい音をたてて開き、軍隊がなだれ込んできた。何事が起こったかわからなかったが、お春は新聞の号外で事件発生を知り、栗原が首相官邸を襲ったことも知った。お春は後に憲兵から厳しく事情聴取を受けている（大下英治『銀座らどんな物語』平成四年、講談社）。

蜂起部隊は陸軍中枢を動かすことによって国家改造をなしとげようとするものであった。二十八日になって蜂起部隊は反乱軍とされ、鎮圧が開始され、翌日事態は沈静化した。

反乱軍の将校と銀座のカフェー。銀座のカフェーは将校たちの遊楽の場であり、かつ反乱決行の謀議・連絡の場であったのである。

慶應の学生で築地小劇場に出入りしていた手束正一は、銀座八丁目の喫茶店「きゅうぺる」の常連で、同じく常連の永井荷風とは何度も顔を合わせている。二十六日の夜、永井荷風に会ったという。きゅうぺるの客は手束と荷風で、店の主人夫妻と四人だけだった。この場面については、すでに拙著『銀座カフェー興亡史』（平凡社）で述べているが、ここでも触れておこう。

昭和十一年二月二十六日いわゆる二・二六事件の日は、雪であった。試験が中止になって日比谷から桜田門、赤坂など反乱軍の占領の場所をめぐって、私が「キュウペル」についた時は、夜の八時頃であった。その時私のほかに誰もいなかった。そこに永井荷風が入って来た。戦前の彼の特徴である、ソフト帽をかぶって、ステッキを持ち、ストーブの私のそばに腰をおろした。そして、おやじさんと呼んで、めずらしく大きな声で二・二六事件の軍の横暴なやりかたを非難し始めた。そして強い調子で、日本の将来についての不安と、軍部への憤りを強い調子で語った。いくたびか、この店で荷風氏に逢ったが、このような怒りと憤りとを見せたのは初めてであった。聞き手は、主人夫妻と私と三人だけであった。外は静かで、ガスストーブが赤々と燃えていたのを覚えている。

手束正一「銀座の「キュウペル」と二・二六の夜の永井荷風」『年輪』No.12

ところが、永井荷風の日記『断腸亭日乗』の昭和十一年二月二十六日の項をみると、電話で騒動を知ったが、「市中騒擾の光景を見に行きたくは思へど降雪と寒気とをおそれ門を出でず。風呂焚きて浴す」とあり、荷風は外出していない。荷風は日記に「きゅうぺる」を「久辺留」、「久辺児」、「茶店久辺留」、「喫茶店久辺留」、「茶館久辺留」とさまざまな字を当てているが、この頃、頻繁にきゅうぺるに顔を出している。昭和十一年に入ってからは、一月二日、六日、八日、十五日、十九日、二十二日、三十日、二月一日、十日、十二日、二十一日、二十二日という具合である。二十六日には寄っていないが、翌二十七日、二十八日、二十九日と連日顔を出している。二十七日の項に「三越にて惣菜を購ひ茶店久辺留に至る。居合す人々のはなしにて岡田斎藤等の虐殺せられし光景の大略及暴動軍人の動静を知り得たり」と書いている。また、荷風の取り巻きのひとり、広瀬千香の『思ひ出雑多帖』(平成二年、日本古書通信社)によると、「翌二十七日夜、例の茶房へ出かけてみると、意外に多勢の顔振れが集つてゐる。虎ノ門先きの荷風まで、チャンと来合せてゐるのには、どんな裏道を通つて来られたのかと、一驚されたた」とあり、大勢の常連客が集まっていたことがわかる。手束がここで荷風と会い二・二六事件の感想を聞いたことは、強烈な印象として残ったであろうし、荷風の日記も間違いないと思われる。謎である。

日本を震撼させたこの事件以後、世の中は重い空気に包まれた。三月二十四日にはメーデーが禁止され、中国での戦線が拡大すると、民衆の示威行動は規制され、街頭から消えていった。

昭和十六年十月に発覚したスパイ事件で有名なゾルゲ事件も諜報活動の舞台は銀座であった。ゾルゲ事件については拙著『銀座カフェー興亡史』で触れている。

二・二六事件はいわばクーデター未遂事件であり、首謀者の青年将校たちは反乱罪で死刑となり、その指揮のもと実行部隊に参加した将兵たちは資生堂の小宮重美の証言にあるように、実家に立ち寄ることもなく満州に送られている。

上海事変五周年記念行進　昭和十二年二月二十八日

この日の朝、横須賀海軍陸戦隊が祝賀行進のために上京、新橋駅に降り立った二個中隊四〇〇人は、大軍艦旗を先頭に軍艦マーチに合わせて新橋を渡り銀座通りに出ると、店々の窓から五色のテープが飛び、紙吹雪が舞った。行進は日本橋を渡り、室町三丁目から左に折れて靖国神社に参拝し、宮城へ向かった。

翌二十九日には、銀座通聯合会と二之部、三之部の両聯合会の約三〇〇〇人の銀座の住人が午後音楽隊を先頭に銀座を出発して数寄屋橋を通って皇居前で万歳三唱し、ついで靖国神社に参拝して解散している。

銀座まつりの誕生　昭和十二年四月一日

銀座通聯合会は、昭和七年（一九三二）以来続いてきた「柳まつり」を昭和十二年から「銀座まつり」と名前を変えたことについてはすでに触れたが、昭和十五年開催予定のオリンピックならびに万国博覧会をひかえ、「世界の銀座」を目指し、規模を拡大することに決定し、これまでの銀座通りだけのお祭り騒ぎとせずに、「銀座開発の恩人」由利公正を顕彰し、オール銀座の祭りとして一～八丁目の全町が参加することとし、まつりの期間を一日から十日までとした。

四月一日、一点の雲もない絶好の春日和にめぐまれて、由利公正の顕彰式で「銀座まつり」の幕が開かれた。由利は煉瓦街建設時の東京府知事。建設途中で府知事を罷免されるが、銀座の住人は銀座の恩人として顕彰したのである。式は京橋際銀座一丁目の空き地（第一会場）において朝野の名士約三〇〇名が参列しておこなわれ、式後、場内の模擬店で酒肴がふるまわれ、東喜代駒一座の「漫劇」の余興が演じられた。

銀座通りと、三原橋―数寄屋橋大通りにある一六〇本の街路灯には緑と白の布を巻いて桜花をちりばめ、二組の五つ継ぎ祇園提灯が、日の丸と通聯合会の小旗数本を配されて提げられ、全銀座三〇〇本の若芽に萌えた柳のかたわらには優雅な雪洞が点り、東西銀座裏通りには可愛らしい小型の五つ継ぎ祇園提灯が並べられた。夜ともなれば灯に映えて正に銀座全町は紅模様の不夜城と化したという。この銀座まつりは東京市民の強い関心を集め、銀座まつり初日から銀座に押し寄せたという。

銀座美術協会同人が描いた洋画が各商店の飾り窓に飾られ、舗道展が催され、銀座一丁目京橋際の空き地を第一会場、銀座四丁目三原橋近くの富士製紙の空き地を第二会場、銀座七丁目銀座シネマ隣の空き地を第三会場とし、ビクター、ポリドール、コロムビアの各社も協力し、ジャズ、流行歌、独唱、奇術、各種の演芸が上演された。また作詞稲田龍夫、作曲杵屋六左衛門の「銀座祭りの唄」もできて、花柳寿輔の振り付けで上演された。

一、桜咲く月踊りの四月、人もはなやぐ都の春に、銀座まつりの景気を添へて
　銀座八丁春の風、銀座まつりは賑やかに、ほんによい街賑やかに（繰返し）
二、東京銀座は世界の銀座、昼夜につゞく繁昌に、植ゑた桜も華やかに（繰返し）
三、暮れて柳の夜の街行けば、ネオンサインの光の色も五色に七色、十二に映えて（繰返し）

折から新橋演舞場では春の「東をどり」が開催中で、一景に銀座まつりを取り入れ、まつりを盛り上げた。このように「柳まつり」を「銀座まつり」にかえて祭一色に染まった銀座であったが、翌十三年の「銀座まつり」は盧溝橋事件に端を発した日中戦争への突入により中止となった。行事を中止してその費用を中国戦線で負傷した傷病兵の慰問費に充てることとし、四月、陸軍の第一、第二病院および横須賀海軍病院を慰問している。

これ以後、銀座を挙げての祭り事はなくなった。

神風号記録達成記念　昭和十二年四月十日

東京朝日新聞社は、イギリス国王ジョージ六世の戴冠式を記念して、東京―ロンドン間の親善飛行を企画、飛行機は陸軍が遠距離高速偵察機として三菱重工に試作させたばかりの機体を使い決行した。搭乗員は、朝日新聞社航空部員の飯沼正明操縦士と塚越賢爾機関士が選ばれた。神風号と命名され、昭和十二年（一九三七）四月六日午前二時十二分に立川飛行場を出発し、各国を経由しながら目的地のロンドンに九日午後三時三十分に無事着陸した。飛行時間九四時間一七分五七秒という欧亜連絡飛行の国際記録を樹立して日本の航空機技術の高さを示した。銀座通聯合会では翌十日早朝、銀座四丁目交差点をはじめ二〇か所に「祝神風号成功」と書かれた赤地に白の大旗を掲げ、その成功を祝った。それはちょうど銀座まつりのフィナーレを飾るものであった。なお、銀座の町会では八月に海軍の軍用機「大銀座号」の建設資金を献納している。

神風の名はやがて戦争末期、敵艦に体当たりして帰らぬ「神風特別攻撃隊」に受け継がれることになる。

これより二年前の昭和十年八月二十五日、銀座の女給さんたちが煙草の銀紙を集めてそれを資金にして制作された飛行機「銀座柳号」（サムソン機）の贈呈式が洲崎飛行場においておこなわれている。これは「空軍の第二線たる民間航空の発展」を目指して設立された大日本義勇飛行会が全国に呼び掛け、これに応じて銀座飲食業組合が献納したものであった。式終了後の余興として同会のアフロ機を飛ばし、上空で鹿島舞踏研究所の生徒がパラシュートをつけて舞い降りるという趣向であった。ところがパラシュートが飛行機に引っ掛かり降下できない状態となった。操縦士が気づき強い振動をあたえたところ、機体から離れたが、地上一〇〇メートルあたりで開き、隅田川の筏にたたきつけられ気絶し、近くの聖路加病院に担ぎこまれた。さいわい全治四、五日の療養ですんだという。また、同じ時期に京橋区飲食業組合でも「京祥号」を献納している（竹崎武泰『我等の飛行隊　空は危し』大日本義勇飛行会国民義勇飛行隊編成部編、昭和十二年）。

盧溝橋事件勃発記念日　昭和十二年七月七日

五月二十七日は恒例の海軍記念日である。昭和十二年（一九三七）という年は、昭和六年の満州事変勃発以降、満州国の建国を宣言し、中国戦線を拡大する一方、国際連盟から脱退し国際的な孤立を深めていた年であり、戦意高揚のため例年になく規模の大きな記念日となった。

この日、九段の水交社で天皇臨席のもと記念祝賀会が開かれ、午前十時より海軍陸戦隊が軍楽隊を先頭に銀座通りから日本橋をへて靖国神社で参拝し、宮城前を通って日比谷公園まで行進した。同時刻に横須賀と木更津の海軍航空隊百数十機が上空に飛来した。日比谷公会堂では、午後一時から日本飛行少年団・東京聯合婦人会主催の「海軍記念日母の会」、午後六時から海軍協会主催の「海軍記念日の夕」が、九段軍人会館では学生国防研究会聯盟主催の「国防の夕」が催されている。

七月七日深夜、盧溝橋で起こった日中両軍の衝突事件をきっかけに日中の全面戦争に突入し、七月二十八日に日本軍は華北において総攻撃を開始した。戦線は拡大し、十二月十三日には南京を攻略した。新聞各紙は連日その経過を報道した。そんななかにこんな記事がある。七月十五日の『東京朝日新聞』は、「女性軍も負けず」という見出しで、「銀座街頭に立つた千人針の一青年に続いて十四日午後から同じ赤心をこめた千人針女性群の一隊が銀座四丁目角に現れて人目をひいてゐた。――これは或店の女給店員さん達十五人が休息時間を利用して街頭に立つた姿」であったと報じている。千人針を求めて辻々に立つ婦人の姿が目に付くようになった。千人針というのは、出征する兵隊の武運長久を願って一メートルほどの白布に、千人の人に赤い糸で結び目をつくってもらうことで、この頃流行り出し、街頭で結び目を呼び掛ける婦人の姿が目立つようになった。五銭硬貨や一〇銭硬貨を縫い付けてもらうこともあった。五銭は死線を越える、一〇銭は苦戦を越えるという理由である。

ところが事変後、「千人針が尾張町の角あたりに溢れてゐたのも、ほんの一時であつた。もうあまり見当らない。一週間ほど前に、また急に千人針がふへて、おやと思つたが、たゞ一日二日だけだつた。戦争だと云つて、あらゆるところがひつくりかへるものぢやない」、また出征兵士を送る「見送人を満載したトラックが電車どほりを疾駆してゆく。載つてゐる人達は、万歳！万歳！と声をかぎりに両側に向つて叫んでゐる。ところが、往来のひとびとは、眼をそつちにこそやるが、それだけで、手をあげ、叫び返して応じるといふのでもない」（大森義太郎「事変下の銀座　いつもどほりの銀座」『銀座』昭和十二年十一月号）という状況であった。

なお、大森義太郎は、マルクス経済学者、大正十三年（一九二四）に東京帝国大学助教授となったが、昭和三年に五・一五事件に関連して東大を辞職した。この随想を書いた直後（十二月）に人民戦線事件で日本無産党委員長加藤勘十、同書記長鈴木茂三郎と、その理論的指導者と目された山川均、向坂逸郎らとともに検挙されている（四〇〇余名にのぼる）。

ラジオのニュースの時間ともなれば、ラウドスピーカーの設備のある商店の前には人だかりができ、戦況報告に聞き入り、また、銀座の子供たちはおもちゃの防毒マスクをかぶり、路地裏で遊ぶ姿が見られるようになった。

そして銀座の街のあちこちで出征兵士を送る風景が目に付くようになった。

　米田屋洋服店・柴田羅紗店からも出征兵士がだんだんと出て行った。国家から赤紙の召集令状が来ると、指定の日に指定の場所に行き、軍隊に加わらなければならない。兵役忌避は犯罪で、監獄行きだった。

　働き手が兵隊に取られると、家庭でも職場でも大弱りだったが、軍人としてお国のために戦うのは名誉なこととされたので、近所の人は集まって手に手に日の丸の小旗を振り、「万歳、万歳」「おめでとうございます」と祝って歓呼の声で出征兵士を送り出した。

　佐野忠吉の長男、孝吉も米田屋からお国に召された。木下育造が出征するときは、近所のよしみでカフェー・黒猫の女給たちも国防婦人会の襷をかけて見送りに来た。武治社長は筆に墨をたっぷり含ませて祝いの言葉を大きな垂れ幕の上に書き、それを米田屋ビルの五階から吊るした。

　高橋清、加納静克、藤田宏一とどんどん召集されて、洋服部からも羅紗部からも櫛の歯が欠けるように従業員は減っていった。店は風船がしぼむように小さくなって、戦争の渦の中へと巻き込まれて行く。

柴田和子『銀座の米田屋洋服店』

　昭和十二年十月十三日の永井荷風の日記に「銀座辺住人中出征する者既に二百五十余人に達すと云ふ」と記している。年代は少し降るが、昭和十五年十一月二十日の日記には西銀座商店の主人の話として、「銀座西側だけにて徴兵に出るもの今年は百七拾人あり」と記している。働き手の壮年男子が銀座から消えていく様がよくわかる。

南京陥落祝賀音楽行進・提灯行列　昭和十二年十二月十二～十四日

長江の流域、華南の中心都市南京は、国民政府の首都であった。昭和十二年（一九三七）七月、盧溝橋事件をきっかけに日中全面戦争に突入した。日本軍は二個師団を増派し、上海、南京の攻略を目指した。当初は苦戦を強いられた日本軍はあらたに軍を投入して優位に立ち、十二月九日南京城を包囲し、翌十日総攻撃を開始し激戦の末、十三日に南京は陥落した。

東京では、すでに七日の段階で戦勝気分に沸いていた。八日の『東京朝日新聞』は「けふこそ世界歴史に一頁をかざる首都陥落を予想して七日朝帝都の祝勝気分は先づ銀座街頭から爆発した」と記し、陥落前から「祝南京陥落」、「祝皇軍大勝」の幟や垂れ幕を掲げ、デパートでは「歳暮大売出し」を「祝勝大売出し」にかえて幟を出す様子を伝えている。銀座にかぎらず日本橋、神田、上野、浅草、新宿、渋谷などの盛り場や辻々に「祝南京陥落」の大旗、小旗が掲げられ、紅白の提灯がネオンの夜空に輝いたという。

十日午後九時ごろ、日本軍が南京の城門を破ったとの報を新聞号外（『東京朝日新聞』）で知った赤坂の某ダンスホール（「フロリダ・ダンスホール」か）では、「踊つてゐた約三百のお客やダンサー連は期せずして一斉に万歳を高唱、続いて十一時からダンサー連は祝南京陥落愛国婦人会赤坂分会と大書した旗を先頭に手に手に提灯を持つて、折からの細雨を衝いて自動車で海軍省を訪れ」（『東京朝日新聞』昭和十二年十二月十一日）ている。

日本軍は城門を破り、勝敗が決定的となった十一日、東京朝日新聞社、全関東吹奏楽団聯盟、日本飛行少年団の共催で南京陥落祝賀音楽行進が靖国神社に集結しておこなわれた。参拝のあと、靖国神社を出発、神保町―須田町―岩本町を右折して昭和通りを進み、江戸橋を経て三原橋のところを右折し、銀座四丁目、数寄屋橋を抜け、日比谷で右折し馬場先門から二重橋前で吹奏し、最後は日比谷公園で解散となった。夜は市内中学校、青年学校、青年団、防護団、在郷軍人会、国防・愛国婦人会の人たちが市内五か所から宮城を目指し、提灯行列をおこなった。

十六日、最高学府の東京帝国大学（現・東京大学）では、開学以来はじめてこの種の祝祭行事に参加した。昭和十二年十二月十七日の『読売新聞』は、その様子を次のように伝えている。

これまで超然主義に徹底してきた東京帝大の各学部全学生を祝勝の旗翻へる街に行進させた。帝大にとつてまさに創設以来の画期的な「大学の行動」―この朝モーニングに威儀を正した全職員、制服制帽に身を固めた全学生は続々と南京陥落祝賀式場にあてられた構内運動場に集合、安田講堂寄りに設けられた中央演壇には紅白の幔幕を張り、檣《しょう》頭高くへんぽんと翻へる日章旗と軍艦旗の下で定刻九時半医学部助教授長井維理氏の指揮する学生ブラスバンドの演奏する荘重な「君が代マーチ」の吹奏裡に式ははじまつた。全員の君が代斉唱のゝち、長与総長起つて朗々と式辞を述べ、文教に身を奉ずる教職員および最高学府に学ぶ学徒の使命を力強く高調、終つて同総長の発声で「天皇陛下万歳」と「陸海軍万歳」を三唱して式を閉ぢた。かくて正十時、ここに画期的大行進が開始され、竹内学生課長、配属将校長、秋山大佐の先頭で法、経、文、工、理、農、経済学部の順序で各学部長それぞれ引率の下に力強き若人の大行進は地元本郷町民の狂喜して見送る裡に正門から本郷三丁目、お茶の水へと□□〔二文字不明〕長蛇の列をつくり一路宮城前へ行進を開始した。はじめは帝大ブラスバンドの「我等の軍隊」「軍艦マーチ」を先頭に華々しく行進する予定であつたが、帝大は矢張り帝大らしく――といふ意見に随《したが》つてバンドは中止、たゞ黒一色の制服姿の学生群が列を正し粛々と行進して却つて厳粛な祝勝気分を街に漲らし同十一時二重橋前に到着、全員最敬礼で恭しく皇居を遥拝、これより行進はさらに九段靖国神社へ向ひ、十一時半同社拝殿前に整列のうへ戦没将兵の英霊にしばし黙禱を捧げて解散した。

同大学では、明治三十八年の旅順港陥落の際の祝賀会に参加したことはあるが、教職員、学生がこぞってこの種の祝勝行事に参加するのは初めてのことで、まさに事件といってよかった。この日、経済学部の教授土方成美は、新聞記者に「本学も時局に超然たり得ず」と語っている。

なお、昭和十二年十二月二十九日の『東京朝日新聞』は、内務省の方針としてダンスホールの実情が我が国の醇風美俗を破壊し、何ら益するところがないというので、全国のダンスホールを断乎閉鎖させることに決定した模様だと報じた。その時東京のダンスホールは、和泉橋、帝都、ユニオン、新橋、フロリダ、日米、銀座、欧華など八ホールがあり、そこに働くダンサー約六五〇名、楽士その他従業員二〇〇名ほど、その他に専属ダンサーのいない教授所五〇か所、ダンス教師二二〇〜三〇名など合計一〇〇〇余名を数えたという。その後、閉鎖があいついだが、昭和十五年十月三十一日をもって一斉に強制閉鎖された。当日各ホールは超満員であったという。

大蔵省は金の使用制限を通達するなど、国民生活への引き締めをはかった。民間でも自粛ムードが広がり、クリスマスの飾り付けもなく、カフェー、ホテルや興行場もクリスマス行事を返上した。

なお、南京攻略戦では、中国の兵士ならびに民間人に対する虐殺事件があったことで知られているが、十二月三十日の『東京朝日新聞』には、「上海特電二十九日発」として「上海軍午後六時発表」の数字を報道している。それによると、「詳細なる調査によれば遺棄死体のみを以てするも八万四千の多きに達し」、日本軍の死者は約八〇〇名、戦傷者は約四〇〇〇名にのぼったと報じている。また、昭和十四年発行の陸軍省情報部編『支那事変下に再び陸軍記念日を迎へて』によれば、いつの時点からの数値か明記はないが、「上海、湖東両会戦及南京攻略戦に於ける敵の損害は莫大で其の遺棄屍体だけでも二十一万七千に達した」と述べている。事の真相はわからないが、巨大な数字の犠牲者がでたことは間違いない。

昭和十二年を振り返ると、この年は、日中戦争の勃発という日本の流れを大きく変えた一年であった。緒戦の勝利に沸き、銃後の生活が叫ばれ、戦時色が一段と強まった年であった。この年以後、銀座を舞台に繰り広げられる祝祭行事は戦時色一色となっていった。

明けて昭和十三年四月、政府は国家総動員法を成立させ、五月に施行した。戦争に全力を集中できるように人的、物的資源を統制運用する戦時統制法である。これにより労務・物資・資金・施設・事業・物価・出版など国民生活のあらゆる面を統制するものであった。法案審議の過程で政府の一説明員にすぎなかった佐藤賢了中佐の「黙れ事件」があり、自由主義と議会政治を守ろうとする尾崎行雄、斎藤隆夫、浜田国松らの反対もあったが、混乱のうちに国家総動員法は成立した。これ以後、その名のとおり戦争遂行のために国民に負担を強い、規制も強化された。その一つ、新聞報道も検閲が強化され、自由に紙面を編集することが不可能となった。

ヒットラー・ユーゲント来日　昭和十三年八月十六日

昭和十三年（一九三八）四月十日に灯火管制規則が発布され、八月四日から一四日間実施された。街路灯、ネオンサインはもちろん、室内灯も外部に漏れないように統制された。空襲にそなえ警報サイレンを六秒間隔で一〇回鳴らすことにした。銀座の街路灯、ネオンも消え、東京は漆黒の闇夜に包まれた。その最中の八月十六日にドイツから青少年団「ヒットラー・ユーゲント」が来日した。ドイツにおいてアドルフ・ヒットラーが政権をとったのは、昭和八年一月であった。ドイツでは昭和十一年末に「ヒットラー・ユーゲント法」の成立によりヒットラー・ユーゲントは国家の公式な青少年団体となり、十歳から十八歳の青少年全員の加入が義務づけられることとなった。日本との間に日独防共協定を締結し、同盟の強化をはかる一環として青少年相互訪問をおこなった。日本からは昭和十三年五月に青少年をドイツに派遣したのに対し、ドイツはヒットラー・ユーゲントを日本に派遣したのであった。

ヒットラー・ユーゲントの一行三〇名は、十六日横浜港に上陸し、その日のうちに東京に向かい、東京駅前広場に設けられた歓迎式に臨んだ。大日本少年団聯盟、帝国少年団協会、東京市青年団、女子青年団、海洋少年団などの少年たち約二五〇〇人の歓迎を受け、その後、皇居、明治神宮、靖国神社を回り、ドイツ大使館に挨拶をして宿所の第一ホテルに入った。一行は銀座に出て鈴虫の虫かごを買うなど夜店を楽しんでいる。それから三か月間、日本各地を巡り帰国している。

昭和十五年九月には日独伊三国同盟を結び、曖昧だった協力関係を改め、アジアにおける日本の指導的地位及びヨーロッパにおける独伊の指導的地位を相互に確認し、他国からの攻撃に対して相互に協力するとして枢軸国の体制を整えた。

鉄牛大行進（戦車軍事行進）　昭和十四年一月八日

昭和十四年（一九三九）一月に勅令で「警防団令」が施行されて消防団と防護団を統合して警防団を編成し、民間の力を警防、消防、防空の組織に繰り込んだ。本部、警護部、灯火管制部、交通整理部、消防部、防毒部、救護部、工作配給部の八部に編成され、軍事パレードがおこなわれる時には動員され、警備に当たることになった。

上海事変に始まり、南京占領、徐州・武漢占領へと進み、国内は戦勝気分に沸いた。これら戦線で活躍したのが戦車隊であった。東京朝日新聞社では、機械化兵器の知識普及を目的に、陸軍省後援、機械化兵器協会協賛のもとに「戦車大展覧会」を一月八日から十五日まで靖国神社において開催した。遊就館には戦死者の肖像写真、遺品等を展示し、境内は戦線に使用された戦車をはじめ、各国の戦車五十数台で埋め尽くされた。

八日の陸軍始の日、代々木練兵場の大観兵式に集結した戦車数十台が午後一時、行進を開始し、青山六丁目で待機していた戦車と合流、約一五〇台となった一団が約六キロメートルにわたる隊列を組み、麻布霞町―六本木―赤坂―溜池を行進し、日比谷にいたり小休止し、隊伍を整えて数寄屋橋東京朝日新聞社前を進んだ。数時間前から集まった群衆は「旗を振る、帽子を振る、襟巻を振る――日劇のダンシングチーム八十名感極まつて飛出して来て万歳を叫ぶ」といった状況であった。パレードは銀座四丁目交差点を右折して新橋を渡り、昭和通りを進み、三原橋のところで左折してふたたび銀座四丁目交差点にいたり、右折して銀座通りを京橋―日本橋―須田町―駿河台下―神保町を抜け、靖国神社にいたるというものであった。銀座通り一〜八丁目をなんとしても通さなければならないという意図が見え、異例のコース取りであった。それだけ銀座通りが国威宣揚のための唯一恰好の場であったことの証左であった。銀座通りでは耳をもつんざく轟音の中、各ビルからテープ、花びらが舞い、デパートの店員たちはテープや花束を投げ、群衆は車道にまではみ出して万歳を唱えた。新聞は、戦車隊は「歓呼のトンネル」を行くと表現している（『東京朝日新聞』昭和十四年一月七〜九日）。国民が戦場を身近に感じる一日であった。

昭和十四年五月二十二日は、「青少年学徒ニ賜ハリタル勅語」が下賜された日であった。この日は銀座街頭を行進することはなかったが、皇居前広場において天皇の出席を仰ぎ、分列行進をおこない、その後二手に分かれて、靖国神社と明治神宮に向けて行進をおこなった。

ついで五月二十七日の海軍記念日には実戦さながらに竹芝桟橋あたりで陸と海の二隊に分かれて、陸は隅田川に沿い、水上は竹芝沖から隅田川の両国橋にかけて川をさかのぼり、浜町公園に上陸するというデモンストレーションをおこなった。演習が終わって陸戦隊三〇〇名が浜町公園を出発、明治座前―人形町―水天宮―茅場町―日本橋に出て、靖国神社へ寄り参拝し、さらに九段下―神保町―須田町―本石町―日本橋―京橋―銀座―日劇前―馬場先門―宮城―日比谷公園という大行進をおこなった。

七月七日の日中戦争勃発の記念日もとくに示威行進はなかったが、戦地に思いを致し自粛ムードが覆

昭和14年の銀座通　中央区立京橋図書館蔵

った。この日、飲食店、料理屋、待合、遊郭、カフェー、バーなどは自粛して一日臨時休業とし、劇場、映画館などは午後七時閉館となり、夜のネオンは七時半で消えた。新聞は「強制されざる灯火管制」と表現した。そして九月一日、この日から毎月一日を興亜奉公日とし、「全国民ハ挙《こぞ》ツテ戦場ノ労苦ヲ偲ビ自粛自省之ヲ実際生活ノ上ニ具現スルト共ニ興亜ノ大業ヲ翼賛シテ一億一心奉公ノ誠ヲ効シ強力日本建設ニ向ツテ邁進シ以テ恒久実践ノ源泉タラシムル日」とされた。国旗掲揚・宮城遥拝・神社参拝・勤労奉仕などがおこなわれた。さらに待合・カフェー・バー・料理屋は休業となり、銀座からネオンが消えた。

昭和五年の帝都復興祭のとき、市街地の復興は進んだが、街は紙くず、痰唾などで汚れていた状況に目をつけた東京朝日新聞社は、「復興にふさわしく帝都をきれいにしませう」、「交通の秩序を守りませう」の標語を掲げて「市民公徳運動」を提唱し、市内の清掃を呼びかけたことは既述の通りである。それから一〇年、東京市民のマナーは向上したとはいえなかった。

昭和十五年一月二十七日の午後二時半から三時半の一時間、風景協会、銀座通聯合会、東京聯合会などが協力して銀座八丁の表通りに捨てられた「紙くず」調べをおこなっている。銀座四丁目交差点を起点に、京橋、新橋方向へ西側、東側四班に分かれて調査をした結果、キャラメルの空き箱九二、煙草の箱二三一、煙草の吸殻九〇九、マッチの棒六五〇、スナップ写真のカード三二〇、レジスターの領収書八九、その他の紙くず一七〇四、合計三九九五個、ほかに痰の吐き捨てが一三四件あったという。煙草屋の前には煙草の空き箱が、吸殻は百貨店前に多く、天下のメインストリートを誇る銀座通りはこの有様である。風が吹けば紙くずが舞い上がり、かなり不潔な街であった様子がうかがえる。当時の日本人の公共マナーはこの程度であったのであろう（柳原緑風「近頃銀座覚え帳」『銀座』昭和十五年三月、銀座社）。

昭和十五年正月の門松は、銀座三、四丁目町会の提唱で廃止となり、門松なしの迎春となった。

陸軍記念日行進　昭和十五年三月十日

この日「近衛師団各部隊、それに府下男子中等学校生徒一万数千が参加して午前四時半代々木を中心とする暁闇の地区に壮烈な市街戦を展開しつゝ五方面より防衛軍の堅陣代々木原頭に肉薄、空軍もこれに協力して空陸立体戦を展開して陽光燦たる午前八時半に至つて幕を閉ぢれば、続いて十時から同じく代々木原頭に近衛師団歩・騎・砲・工等各部隊、戦車第二聯隊、戦車学校、航空部隊参加の近代科学戦を展開して十万の観衆を完全に魅了した」（『東京朝日新聞』昭和十五年三月十一日、題号が『朝日新聞』となるのは同年九月一日から）という。

いっぽう九段の軍人会館では、同じ十時から九段の偕行社主催の記念式典がおこなわれた。午後零時半からは宮城前を出発した戸山学校軍楽隊、青年ラッパ隊は日比谷から新橋、さらに銀座にかかったのは一時半ごろ、春の銀座は旗と人の波で沿道は埋まった。続いて午後一時半に代々木を出発した機械化部隊の豆戦車を先頭に献納戦車、重戦車、牽引高射砲など約一〇〇台が轟々と邁進し、国産自動車隊、学生自動車聯盟の各民間部隊が約三〇台、地方青年団自転車隊二〇〇〇台がこれに続いて銀座街頭に現れた。銀座はまさに戦車街道と化し、「尾張町交叉点や五丁目辺では煙幕の奇襲もあつて戦争気分も満点」（同上）と伝えている。実戦さながらの光景であった。

愛馬行進　昭和十五年四月七日

政府は、昭和十四年（一九三九）に四月七日を「愛馬の日」と定めた。馬は軍事上の重要な輸送手段として日清戦争以来、戦争のたびごとに動員され、使役された。全国から農耕馬や荷役馬が動員され、東京の新橋、銀座、上野、浅草を走っていた馬車鉄道の馬も徴発された。馬車鉄道の馬は痩せ馬の評判が高ったが、当時の軍馬は一般に能力が低く、そのため日露戦争の時に馬政局を設け、馬の改良に乗り出している。

昭和十五年四月七日、陸軍、文部、農林、厚生の各省および内閣情報局の後援で帝国馬匹、日本乗馬、日本競馬の三協会主催のもと、戦地、国内を挙げて馬事振興の意識を高めるための行事が繰り広げられた。全国の寺院では一斉に戦没馬の慰霊をおこなった。東京では日比谷公園において各種行事が繰り広げられた。明治神宮前に集結した軍馬一〇〇〇頭が午後一時軍楽隊を先頭に出発、溜池から銀座に出て、靖国神社をめざして行進した。この日はちょうど日曜日に当たり、花見の行楽客と重なり、大変な人出となった。この時も小学校の児童五〇〇〇人ほどが動員されている。「愛馬進軍歌」が発売されたのは昭和十四年一月。

そして翌十六年の愛馬の日にも銀座街頭を行進している。

海軍記念日大行進　昭和十五年五月二十七日

この日、横須賀鎮守府編成の聯合陸戦隊が新橋に到着、軍楽隊五〇名を先頭に銃隊一個大隊、走行自動車、小型のタンク、さらに少年航空兵も参加して、京橋―日本橋―須田町―小川町を経て靖国神社へ向かった。銀座では、日の丸と銀座通聯合会が用意した軍艦旗を両手に持って、人々が大通りの両側を埋め尽くした。万歳、万歳が連呼され、商店からは軍艦マーチが流れ、君が代が流れた。百貨店の屋上からは七色のテープがなげられ、空には海軍機一〇〇機が轟音を響かせて通り過ぎた。

四年後にオリンピックと万国博覧会を控えた昭和十一年十月、銀座通聯合会では、銀座通りから林立する電柱と路面電車を撤去し、雑多に彩る夜のネオンを統一し、さらに震災後のバラック建築を本建築に建て替えることを決議し、早速同月から銀座通り総延長九三七間（一六八六メートル）から間口一間につき毎月一円を徴収することとした（『東京朝日新聞』昭和十一年十月六日）。オリンピックの主会場は最初月島にとの話があったが、のちに駒沢に決まり、万国博覧会会場は晴海に決まり、準備が進んでいた。そして銀座と月島、晴海をつなぐ勝鬨橋（勝どき橋）の建設と晴海会場の整備が始まっていた。しかし翌年、日中戦争の勃発によりオリンピックと万国博覧会ともに開催を返上することとなった。勝鬨橋は物資と人員不足から工期が遅れ、昭和十五年の開橋となり、銀座通りの街並みの整備も実現されないまま終わった。

紀元二千六百年祭　昭和十五年十一月十～十四日

昭和十五年（一九四〇）は神武天皇紀元でいうと二千六百年に当たる。

昭和十五年という年は、九月に日独伊三国同盟が結ばれ、翌十月には大政翼賛会が発足、その最下部組織として隣組制度が生まれた。国民生活では、七月七日奢侈品等製造販売制限規則（七七禁令）が施行され、宝石、貴金属などのぜいたく品の製造販売が禁止された。とくに銀座は高級志向の専門店が多かったため「虚栄の市」といわれるようになった。銀座の貴金属店では「指輪を国内で買ってはいけないとなると、店の品物は宝石と地金の価値しかない物になります。（中略）それに金、銀、銅の美術装飾品も駄目、時計も五十円以下、帯止めも三十円以下となれば今陳列してゐるもの丶三分の二は御法度です。今後は丈夫で簡素な大衆品を作るんですネ。唯宝石類が闇に消えなければよいが」といい、鼈甲屋では「笄《こうがい》又は簪、帯止めにして三十円、眼鏡の縁にして十五円だから最下級品です。職人も我々も何とか食いつなげる程度です。しかし古い歴史を持つ青貝細工や蒔絵の名人達はどうなるでせうか」（『東京朝日新聞』昭和十五年七月六日）と嘆きの声がきこえる。

警察署経済保安係の警察官が銀座街頭に出て、

七・七禁令の看板　福田勝治『銀座』（昭和14年）より

違反がないか監視に当たっている。銀座商店街に与えたその影響は大きかった。「贅沢は敵だ」の看板が立てられ、銀座街頭で「お袖を短くいたしませう」、「パーマネントはやめませう」運動が始まった。物資の配給制度が始まったのもこの時期だ。銀座では、砂糖、マッチの配給は六月一日、木炭の配給は十一月一日、米の配給は翌年四月一日に始まった（三田村鳶魚編『伸び行く銀座』昭和十七年、銀座二丁目町会）。

一方、労働組合や新協劇団・新築地劇団などは解散に追い込まれた。大正十三年（一九二四）六月に新劇の実験劇場として開場、数々の話題作を上演してきた築地小劇場は国民劇場と改称させられた。

紀元二千六百年は戦時色が強まるなか、国威高揚のため最大限に利用された。紀元二千六百年の奉祝行事や事業の計画は、一〇年前にさかのぼり、昭和五年十月に祝典準備委員会を発足させた。翌年にはオリンピック東京誘致に成功し、合わせて万国博覧会開催も決まり、準備が進められたが、日中戦争の勃発により、開催を返上したことについてはすでに述べたところである。国際的に日本をアピールする機会はなくなり、奉祝行事は国を挙げてのものとなった。

永井荷風は十月二日の日記に「秋の日くもりて静なり。銀座の柳猶青し。尾張町四辻の電柱にラヂオ放送機を取附け流行軍歌の放送をなせり。銀座通はさながらレビユウの舞台となり通行の婦女子は踊子の行列を見るに異ならず。亦一大奇観なり。桜田門外の堀端には妙齢の女学生群をなし砂礫を運搬す」と、十一月十一日には「表通は花電車を見むとする群集雑踏し、尾張町四辻辺殆歩むこと能はず。裏通に出るに乱酔せる学生隊をなして横行し、数人づゝ相抱いて放歌し乱舞するさま醜陋《しゅうろう》［心がけが卑しく穢らわしい］見るに絶えず。南鍋町四角の辺最甚し」と記している。

太平洋戦争勃発　昭和十六年十二月八日

日米交渉が決裂して、十二月八日午前三時（ワシントン時間十二月七日午後一時）に最後通牒を手交することが決まっていたが、タイピングに手間取り、ハワイ真珠湾攻撃後の手交となった。日本軍の真珠湾空襲は三時一九分開始、それより一時間前の二時一五分にマレー半島のコタバルに奇襲上陸している。太平洋戦争はハワイの真珠湾攻撃一時間前にマレー半島のコタバルへの奇襲上陸をもって開始された。国民がそれを知るのは戦後のことである。

明けて昭和十七年一月二日、激戦が続いていたフィリピン戦線において日本軍はマニラを占領した。この日、政府はこれまで興亜奉公日としていたのを大詔奉戴日とすることに決定した。大詔つまり昭和十六年十二月八日の宣戦布告の詔勅発布の日をもって大詔奉戴日とし、以後毎月八日をこれに当てた。「挙国戦争完遂ノ源泉タラシムル日」とされ、戦時色は一段と強まった。それまでの興亜奉公日は昭和十四年八月に制定、翌九月一日から毎月一日に実施されていた。

一月六日にはマニラ戦線で活躍した飛行隊の威力を誇示するための編隊飛行をおこなった。午前九時三十一分羽田飛行場を飛び立った海軍機（海鷲）五〇〇機は、空を覆い、四分後銀座上空に到達、銀座八丁の歩道を埋め尽くした市民は身じろぎもせずに空を見上げていたという。この日、時間を置いて陸軍機（陸鷲）五〇〇機も示威飛行した。

二日後の八日には、代々木練兵場において「陸軍始」の大観兵式がおこなわれ、式後、戦車隊が渋谷—青山一丁目—赤坂見附—平河町—新橋と進み、ここから昭和通りに入り、三原橋を経て岩本町へと進んだ。

緒戦の勝利を機に国民の戦意向上をはかったのであるが、いっぽうで国民の生活への締め付けはますます厳しくなっていった。翌九日、警視庁は銀座の料亭を狙い撃ちにして、魚類、野菜の闇取引を摘発した。銀座の名のある料亭三七店が摘発され、罰金刑に処された。警視庁は「とりあえず銀座から」始めたとしているが、いつものようにアナウンス効果を狙ったものであった。銀座はそのような街であった。

昭和14年陸軍記念日の行進 『読売新聞』より

十二月二十三日、大政翼賛会傘下の興亜写真報国会の推進班が銀座街頭において「アメリカ風潮」を記録するための撮影をおこなっているのもその一つであった。
「「英米撃つべし」と、蓆旗を立て、在郷軍人の行進する街頭には、依然として商店の看板に、飾窓に、商品に英米の植民地然たる英語が、氾濫してゐるではないか。国家の隆替を、この一戦に賭ける米英との決戦下に、得々として往来闊歩するメリケン化したる若い女性の、あの毒毒しい化粧、ライオンのごときパーマネント髪、膝頭まで露出した短いスカートは、なんたる態であらうか」とかねてから痛憤していた防衛総司令部の大坪義勢中佐が、「大詔渙発を拝するや、街頭から、生活からアメリカ風潮を抹殺すべく、これが記録撮影について、本会推進班の出動を」促したことが発端であった。憲兵司令部、警視庁交通係、風紀係との打ち合わせの過程で、「決戦体制下の今日、民心に動揺不安を与へてはとの懸念から」難色を示す向きもあったが、結局決行することとなり、さらに所轄の築地警察署保安係との折衝の結果、銀座二丁目アオキ靴店角より新橋までの表通りと決定し、当時早稲田大学教授であった考現学の権威今和次郎（この時、大政翼賛会の調査員をしていた）の指導のもとに撮影をおこなうことにした。撮影に参加したのは腕自慢の興亜写真報国会の素人写真家二十余名、「喫茶店、洋裁、理髪、美容、洋品各店頭などのアメリカかぶれしたポスター、看板から街頭に散見するアメリカ映画女優ばりのあくどい洋装女や帽子、靴、ショール、化粧の方法までを狙つて撮影」（『朝日新聞』昭和十七年二月十四日）した。

午前十一時、撮影開始となったが、今は姿を現さなかった。「大学教授は、政治運動は出来ないことになつてゐるので、大学当局に対する問題もあり、同僚の注意もあつて」不参加という一幕があった。撮影の様子は翌日の新聞各紙に報じられた。「抹殺せよアメリカ臭　銀座街頭にカメラ放列」（朝日）、「街に敵性風俗横行――どこに戦争？　呆れた銀座街頭――カメラが描く恥ぢよ銃後」（読売）と銀座は糾弾された（「大東亜戦下銀座街頭に於るアメリカ風潮記録撮影記」『日輪』昭和十七年二月）。

この撮影会を記録した興亜写真報国会の機関誌『日輪』は撮影記録を載せ、今和次郎「考現学とアメリカ風潮」、室伏高信「アメリカニズムとその侵略」、新居格「アメリカニズムとモダニズム」を掲載し、アメリカ風潮に警鐘を鳴らしている。銀座街頭で拾ったアメリカ風潮として髪については電髪（パーマネント）をやり玉にあげ、靴下は「化粧股引」という文字をあて、肉色は禁ずべきだとする。百貨店などで使われているマネキン人形もいまだ西洋人の顔をしているのはよろしくない。そして街に氾濫している洋文字の看板は外国の植民地のようでよろしくないと指摘している。さらに「街頭で、意外に感じたことは、撮影される当人達に、カメラを向けると、かへつて得意になることだつた。最もひどいだらうと予想してゐたカフエー、喫茶店の女子が、かへつて、自粛した容姿だつたことは、うれしかつた」とコメントしている。緒戦の段階では、業界単位で服装の指導があって規制は徹底されていたのであろうが、一般の女性の間では大胆に洋装をして銀座を闊歩する姿が見られたのである。その後しばらくして国防婦人会の婦人たちが街頭で「パーマネントはやめましょう」と呼びかけることになる。「銀座に享楽を求めようとするその心情こそは、決戦下の日本から、我らが抹殺せんとする、アメリカ風潮そのもの」（同上）だったのである。

戦捷第一次祝賀大東亜戦争士気昂揚大音楽行進　昭和十七年二月十八日

昭和十六年（一九四一）十二月八日、マレー半島のコタバルに奇襲上陸し、時を置かず、日本軍はマレー半島を南下し、翌年一月十一日にはクアラルンプールを、三十一日にはマレー半島の最南端ジョホールバルを占領した。英国軍の軍事拠点であり、東南アジアの要衝であるシンガポールの攻略は、日本軍の緒戦における最大の目標であった。日本軍はジョホールバルで準備を整え、二月八日深夜、ジョホールル水道の渡河を開始したが、英国軍の頑強な抵抗にあって苦戦の末、渡河に成功し、英国軍の最大の軍事拠点ブキテマ高地における戦いに勝利した。十五日、ついに英国軍は降伏を申し出て、ブキテマ高地に近いフォード自動車工場においてマレー英国軍司令官パーシバルと山下司令官（中将）と会見して、英国軍の降伏が決まった。

国内では二月十五日からシンガポールにおいて入城式がある十八日にいたる期間を「戦捷第一次祝賀

の日」と定め、武道会や講演会など各種の催しをおこない、十八日には大政翼賛会、東京府、東京市、大日本興亜会、府下新聞通信社共催による国民大会を日比谷公園で開催し、大東亜戦争士気昂揚大音楽行進をおこなった。開催にあたり三原則を設け、一、増産を阻害しないこと、二、資材を濫費しないこと、三、防空に隙を生ぜしめないこと、とし、提灯行列はしないこととした。和洋の一七の音楽隊約五〇〇〇人が日比谷公園において出発式をおこない、陸軍軍楽隊を先頭に、小学生（小学校は昭和十六年三月、国民学校に改称）の音楽隊、吹奏楽、ラッパ鼓隊、鼓笛隊、詩吟・ハーモニカ・尺八などさまざまな楽隊が続き、沿道に歓呼して迎える市民に応えながら田村町から新橋駅北口、銀座四丁目へ、もう一隊は日比谷から数寄屋橋を進んで、銀座四丁目で合流し、京橋、鍛冶橋、市役所前、馬場先門から二重橋へと向かった。この行進に参加した東京産業報国会は青年隊三〇〇〇名を動員し、「夫々職場ノ実情ニ即応シタル祝賀行事ヲ計劃実施スル様」に通牒をだしている（『産業報国運動概要』昭和十七年、東京産業報国会）。

日本において緒戦の勝利で沸き返っていた二月十八日、シンガポールでは、中国人に対する粛清が始まろうとしていた。中国人を敵性民族と見ていた日本軍は、二十一日、治安確保のためと称して、市内数か所に十八歳から五十歳の中国人男性全員を集め、共産主義者、反日主義者、イギリス協力者などを探し出して処罰したのである。疑いが晴れた人は帰宅を許されたが、共産主義者、反日主義者などとみなされた人たちは、そのままトラックに載せられてシンガポール島東海岸やセントーサ島などに運ばれ、虐殺されたのである。現在セントーサ島は観光地として人気が高いし、東海岸はチャンギー空港から市内に入る高速道路沿いにある。大検証といわれ、その数は日本軍関係者の間では約五〇〇〇人とされているが、シンガポールでは一九九八年（平成十）の段階で四万〜五万人が殺されたというのが定着しているようだ（林博史『裁かれた戦争犯罪』平成十年、岩波書店）。

三月十日の第三七回陸軍記念日にはジャバ陥落に沸くなか、陸軍軍楽隊の大演奏行進がおこなわれた。軍楽隊一五〇名、近衛師団ラッパ隊一〇〇名が京橋を起点に午後三時、「速歩行進曲」、「分列行進曲」を奏でながら、銀座四丁目―数寄屋橋―日比谷―宮城まで行進している。そして、四月七日の愛馬の日には、陸軍部隊の軍馬五〇〇頭、民間各種団体の三二〇頭が正午上野公園に集合して陸軍軍楽隊の先導で功労軍馬を先頭にして末広町―万世橋―昭和通り―江戸橋―白木屋―京橋―銀座―新橋―田村町を経て日比谷公園で解散している。

その後、日本軍はフィリピン、ビルマ（現・ミャンマー）、インドネシアへと兵を進めたが、戦局は十七年六月のミッドウェー海戦の敗北を転機に劣勢となった。

昭和十八年の状況

政府は戦争気分を鼓舞するために一月八日の陸軍始の日に青山練兵場で開かれた観兵式のあと二隊に分け、銀座を通る一隊は渋谷―古川橋―小山町―金杉町―新橋―銀座―京橋―茅場町―新大橋―菊川―緑町へと行進した。二月一日、日本軍はガダルカナル島を撤退した。この時の戦闘で戦死者・餓死者二万五〇〇〇人を数えたという。二月十五日をかぎりに資生堂の美容室が閉鎖され、六年に及ぶ電髪業から撤退して貸事務所となった。上流階級の婦人や令嬢を顧客にもつ一流の美容室として多くの客が利用していたが、店を閉じ、一二台の電髪機は鉄類として献納している。翌三月十日の陸軍記念日には陸軍軍楽隊が靖国神社前から神田—日本橋—銀座四丁目を右折して日本劇場前で軍歌演奏し、有楽町から馬場先門に出て宮城前まで行進した。

街路灯の献納　中央区立京橋図書館蔵

四月十八日にはソロモン群島上空で聯合艦隊司令長官山本五十六が戦死、日本は太平洋上の制空・制海権をほとんど失った。五月二十七日の海軍記念日には海軍飛行少年兵二個大隊が東京駅から宮城前―靖国神社―須田町―日本橋―銀座―日比谷公園と行進している。五月二十九日にはアリューシャン列島のアッツ島にアメリカ軍が上陸して日本軍守備隊二五〇〇人が玉砕し、戦局は大きく変わった。国内では戦勝を祝う雰囲気はなくなり、予定していた第二次、第三次戦捷大祝賀大会はおこなわれることなく、国をあげての祝賀行事としてはシンガポール占領時の行事が最後のものとなった。

銀座では四月三日に銀座通り一四三本、三原橋通り一四本の街路灯を撤去し、金属の回収に応じている。六月に入ると、昭和通りの中央分離帯や延焼を防ぐために建物を撤去した後の空き地も、ビル（米田屋ビル）の屋上も菜園となった。銀座通りの歩道に避難壕が掘られたのもこのころである。

昭和十九年の状況

昭和十九年（一九四四）に入り、日本軍の劣勢は深刻化する。二月までの南東方面の日本軍の損害は、死者一三万人、艦艇・船舶一一五隻、飛行機八〇〇〇機に及んだ。六月十五日には米軍がマリアナ群島のサイパン島に上陸、守備隊三万人が玉砕、この戦闘で住民一万人も犠牲となった。四日後の十九日にはマリアナ沖の海戦で航空母艦・飛行機の大半を失う。二月二十五日、政府は本土決戦にそなえて「決戦非常措置要綱」を決め、学徒動員や女子挺身隊の強化、疎開の奨励、旅行の制限、高級享楽の停止などを相次いで打ち出した。永井荷風の『断腸亭日乗』一月十日の項に「銀座界隈何業によらず閉店するもの日を追うて多くなれり。興亜共栄など云ふ事は斯くの如き荒廃のさまをいふものなるべし」と記している。

いっぽうこのような情勢下に恒例の行事は規模を拡大しておこなわれている。陸軍始の一月八日、恒例の観兵式が代々木練兵場においておこなわれた後、機甲部隊の戦車が三隊に分かれて行進している。渋谷―目黒―五反田―品川―新橋―銀座―築地―永代―本所緑町、青山六丁目―飯倉―桜田門―銀座―須田町―本所緑町、山谷口―新宿―早稲田―本郷―上野―駒形―本所緑町の三コースであった。銀座だけ二隊が通過している。

三月五日、警視庁が高級料亭、待合、芸妓屋、バー、酒店の営業停止を命じている。十日の第三九回陸軍記念日は西太平洋上の島々から撤退を余儀なくさせられていた情勢下に、戦意高揚のため例年になく大規模のものとなった。

払暁、東京師団の将兵が靖国神社に参拝したのをはじめ、大政翼賛会の各支部での各種行事がおこなわれるなか、午後二時、戸山学校軍楽隊の「軍楽隊騎乗大行進」が靖国神社を出発、白馬に跨った山口軍楽隊長の指揮のもと、歩兵演奏部隊の演奏につづき槍騎兵、武装騎兵、機関銃・速射砲隊などの三〇〇名の行進が須田町―日本橋―銀座へと進み、銀座四丁目を右折して朝日新聞社前に到着。新聞社前では、数寄屋橋上から電車道路を埋め尽くした民衆の万歳の唱和のなか、「愛馬行進曲」、テンポの速い「攻撃」が演奏され、ついで小山教官の指揮で「愛国行進曲」が満場で唱和され、ふたたび隊伍を組んで宮城前へと行進した。この日は天候に恵まれたが、雨天や警報発令のときは中止することになっていた。また、この日、東京劇場で「軍需増産郷軍蹶起大会」、日比谷公会堂で「都民総力発揚大会」、共立講堂では「少国民総進軍大会」、東京都美術館では「陸軍美術展」、多摩川園では「大東亜戦争捕獲兵器展」などが催されている。

四月二十九日の天長節には昭和天皇の誕生日を祝って、代々木練兵場において観兵式がおこなわれ、式後、三隊に分かれて戦車行進がおこなわれた。銀座に向かった一隊は渋谷から芝公園―銀座―日本橋を抜け、浅草橋へ隊列を組んで行進した。途中、銀座三越前で小休止し、歓迎陣から花束をもらい、お茶の接待を受けた。

これらの行事は、戦意を鼓舞するためであったが、市民の間には戦勝気分はなくなっていた。東条内閣は七月十八日、サイパン島陥落、マリアナ沖海戦の敗北の責任をとるかたちで総辞職する。

『銀座は緑なりき』(武田勝彦・田中康子共著、昭和六十三年、六興出版)の著者武田は、戦争末期の変わり果てた銀座を次のように書いている。

防空壕が出来たり、防火用水槽を揃えたりすることで、銀座は最盛期の風格を失ってしまった。戦局が不利になり、統制が厳しくなるにつれて、休業したり、廃業する店もふえてきた。私が一人で銀座を歩きまわれる年頃になった時が、まさにこの衰亡期であった。コーヒーを飲むどころではない。愛らしい女学生と肩を並べて歩く妄想すら浮ばなかった。行列を見ると、何を売っているかを確認する前に、まず並んでみる野良犬のような人間になっていた。二丁目東の立田野は十九年に廃業した。銀座会館は軍の倉庫になっていた。向いの今のカプリは不二家であったが、これは明治屋と共に強制疎開に引っかかっていた。廃屋のような店が銀座に出現したのは、十九年の秋ではなかったろうか。

共著者の田中の店、キンタロウも十九年十一月には休業に追い込まれた。この頃、「強制疎開」と称して延焼を防ぐために家屋を間引いて空き地をつくった。銀座通り裏の木造家屋は強制的に壊された。その空き地に菜園が生まれた。四丁目に生まれた田中はこの頃、東京中で推進されていた家庭菜園の体験をしている。「銀座に農園があったのよ。胡麻もとれたわ。もぎ立てのトマトが美味しかったのよ」と、回想している。今の王子製紙の駐車場が彼女のいう銀座農園になっていた。四丁目の三越の真裏である。

空襲下の銀座

当時文学報国会に勤めていた作家の高見順は、昭和二十年（一九四五）一月の日記に次のように書き留めている。

> 一月十日
> 銀座通りには夜店が出ている。夜店も明りが目立つた。明りはそれだけといつていい。自分たちは京橋へ歩いて行つた。以前から出ていたゾッキ本の露店が今でも出ている。なつかしかつた。三十銭、五十銭という木札も以前のままだ。（中略）
> 五時五十五分の熱海行に乗る。

有楽町あたりへ来ると、銀座の方の真つくらなビルの上に何かキラキラ光つているのが眼を射つた。電光ニュースだつた。読もうとおもつたが、汽車がつれなく走り去つて読めない。読売の電光ニュースだ。以前は周囲が明るかつたため電光が今のように強くは感じられなかつた。今はどこもかしこも真つくらだ。こんな真つくらな街のなかで果して電光ニュースを見ている人があるのだろうかと思う。以前は六時といえば銀座の出盛りの頃だつたが、今はほとんど人がいない。

一月十四日

「天国」も休みだつた。前の「銀座パレス」の扉に「日本重工業株式会社」と書いてある。三昧堂（註＝三昧堂書店）をのぞく。本がまるでなく、棚がガラガラ。

銀座通りを、不良のような恰好をした学生が数人ずつ、群をなして歩いている。またこういうのが出て来たらしい。女の連れのあるのもある。女も不良じみている。

眉をひそめた。だがまたやがて、――銀座は不思議なところだと思つた。銀座はもはや昔の銀座ではない。昔日の銀座の魅力といつたものを具体的に構成していたものは、もはや何もない。残つているのは単に道路だけだ。汚い、うすよごれた道路だけだ。しかもなお若い男女が銀座を慕つてやつてきている。若い男女の華やいだ遊び場所として依然として銀座が選ばれている。もうそんな華やいだ場所ではないのに、――遊び場所としてはどこだつていいのに、――もはやどことも変りのない銀座だのに、――しかもなお銀座が選ばれている。

銀座は滅びないと思われた。昔の夢を追つて、昔の華やかさを夢みてここへ来るのかも知れないが、昔の夢は失われていてもやはり銀座には何かあるにちがいない。

高見順『敗戦日記』昭和三十四年、文藝春秋新社

昭和二十年の新春はまだ電光ニュースが光り、銀座通りに夜店が出ていた。若い男女が群れていたが、どこもかしこも店を閉めていた。これから一と月たたず銀座はアメリカ空軍による初空襲に見舞われた。

日本本土が連日のようにアメリカ空軍の空襲に見舞われるのは、昭和十九年七月にマリアナ諸島のサイパン島が陥落して以降のことで、アメリカはそこに空海軍の基地を整備し、長距離爆撃機B29が来襲することとなった。すでに昭和十七年四月十八日の東京初空襲以来、東京の各地で空襲の被害を出していたが、銀座が初めて空襲の被害をうけたのは、昭和二十年一月二十七日であった。この日の空襲は日本橋区の茅場町、京橋区の銀座、築地、京橋、入舟、八丁堀など広範囲に及んだが、銀座における被害は銀座一丁目、銀座西二・四・五・六丁目、銀座四・五丁目であった。

銀座四丁目交差点の都電軌道上と鳩居堂前の地下鉄降り口が着弾によって水道本管が切断され、水が奔流となって地下鉄構内に流れ込み、犠牲者を出した。その中に東京師範学校の入学試験を終えたばかりの青年もいた（平和博物館を創る会編『ぼくの街に爆弾が落ちた　銀座・その戦争の時代』平成六年、平和のアトリエ）。また数寄屋橋近くの泰明小学校に着弾し、勤務中の女教員四名が即死している。この時、職員室には女教師六名がいた。一命を取り留めた、中居富美代は、「校舎の壁をザーッと爆弾がなぜて落下してくる気配を感じたのです。反射的に、机の下にもぐりこんだ瞬間からあとは、もう何もわかりませんでした。気を失っていたのです。どのくらい時間が経ったかわかりませんが、気が付くと、私の上に職員室の中のいろいろな物が、積み重なっていました。私は無我夢中でそこから這い出しました。右腕は動かず、顔からからだ中血だらけでした。部屋の中といえば、何もかもが、攪拌機でひっかきまわ

したようになっていました。橋本先生が飛んできて、出入口まで這い出した私を助け出したのです。その後、担架で聖路加病院へ運ばれ」（『右手の白い包帯　中居富美代先生、そして銀座・戦争』平成四年、平和のアトリエ）、とその状況を証言している。この空襲で銀座では死者一七名、重軽傷者約四九名を出した（東京空襲を記録する会編『東京大空襲』第三巻、昭和四十八年）。

作家の邦枝完二は、「空襲日記」（『銀座開化』昭和三十一年、文藝春秋新社）の中で、一月二十七日から四日後の三十一日に藤沢から仕事で上京してきて、銀座の惨状を綴っている。

帰途、銀座の災害地を過ぐ。尾張町の交叉点に佇てば、服部一軒を残して教文館までの西側その跡をとゞめず。硝子の破片小砂利の如く道路を埋めて惨たり。数寄屋橋外は第一書房より昼夜銀行、更に左折して旧弓町のあたりまで完全なる家屋は一軒もあるなし。爆弾の川へ落ちたりとて朝日新聞社は一枚の窓硝子をも留めず。日本劇場と朝日の中間道路に落下せる爆弾は、多数の人命を奪ひたりといふ。当日の惨想ふべし。泰明国民学校亦直撃弾を受けしにや、附近の港屋、料理店辰巳などゝ共に焼け落ちて影なし。骨董屋本多春雄の店舗は、鉄扉もろともに傾きて用をなさず。徒らに硝子の破片山積せるのみ。心まつたく暗し。

あゝ何たる大激変ぞや。大東亜戦争の開始されし後と雖も銀座は常に帝都の中心としてその文化を誇り、道往く人は或は柳絮《りゅうじょ》の波を愉しみ、或はウヰンドの飾りつけに慰安を覚えて、生活の裕ならんことを希ひしものなるに、この一年余以前より俄に暗き影の襲ひ来るありて、銀座はまつたく昔日の面影を失ひ、人に生気なく、街に活気なき有様を見るに至れるが、しかも今回のB29の爆撃は根こそぎ銀座をくつがへすに至れり。

「尾張町の交叉点」はいうまでもなく銀座四丁目の交差点であり、「弓町」は銀座二丁目、「服部」は服部時計店、現和光である。「日本劇場と朝日（新聞社）」は現在の有楽町マリオンのところにあった。「柳絮」は綿毛に包まれた柳の種のことである。一瞬にして有楽町一帯と銀座の中心部が廃墟と化した様子がわかる。そして邦枝完二は「国破れて山河在り。何としても勝たねばならぬ戦争だけに、敵を知らずして作戦を開始したる軍当局の明なきを悲しむや切なり。これ独り余のみならんや」と追記している。

文藝春秋社の取締役だった永井龍男は、東京大空襲のあった三月十日の九日前の三月一日、会社の帰り、幼い娘のために雛祭りのみやげを買おうと銀座に寄った。

昭和二十年の三月一日、内幸町の大阪ビル一号館を出た私は、昼過ぎ新内幸橋を渡って銀座へ出た。社務などというものは、出征社員の家族に給与を届ける以外になにもなかった。世の中全体が、もう成るようにしかならぬ時代であった。

親というものは妙なもので、私の娘二人はまだ幼く、二日後の雛の節句に、なにか買って帰ってやるものはないかと、まわり道をする気になった。そんな物のかけらもないことは百も承知していながら、万一に心をかけていた。

タイプライターの黒沢商店の角のところで、桃の花を売っていた。黒沢だってどこだって、開けている店など一軒もなく、扉戸《シャッター》の外に一人ポツンと、お爺さんが束ねた桃の枝を売っていた。私はそれを求め、新橋から横須賀線へ乗ったが、ふくらみかけた蕾の、ちょっとしたはずみにもこぼれるのが、鎌倉へ着くまでとても心配であった。

永井龍男『雑談　衣食住』昭和四十八年、講談社

銀座は死の街といってよい状況であった。

三月九日未明から十日にかけて東京下町を襲った大空襲では、死者数は深川区（江東区）、本所区（墨田区）、城東区（江東区）、浅草区（台東区）、向島区（墨田区）、日本橋区（中央区）の順に多く、一〇万人以上と推定されている。銀座は銀座一、二丁目と銀座西一、二丁目がほぼ全滅した。二丁目にあった米田ビルでは迫りくる火の手をみながら、三丁目の鐘紡ビルの所に荷物を運び出し、退避していた。火は一軒おいて隣の越後屋ビルに移り、かろうじてそこで鎮火した。東側はオリンピック手前で鎮火した。全焼家屋三一三戸、罹災者数一〇二五人であった。この大空襲は、アメリカが三月十日の陸軍記念日に合わせて空爆をおこなったともいわれる。三月十日は第四十回陸軍記念日であった。この日も士気高揚のため陸軍軍楽隊が行進したが、焼け跡の沿道の人は黙々と歩くのみで「みんなぼろぼろで、聴く余裕などなかった」という（『毎日新聞』平成二十七年三月九日）。

さらに空襲は五月二十四日、ついで二十五日にあった。二十四日の空襲は木挽町七、八丁目（現・銀座七、八丁目）に被害をもたらした。五月二十五日の夜の空襲は銀座最後の空襲だった。二十五日午後十時半頃、東京上空へ侵入したＢ29は二五〇機、都心に残っていた建物に狙いをつけ低空から絨緞攻撃を加えた。銀座最大の空襲となった。この空襲で三越、松屋、松坂屋の各デパート、歌舞伎座、読売新聞社、泰明小学校なども炎上し、相次ぐ空襲と家屋の強制疎開によって銀座は廃墟と化した。一面焼け野原となり、数寄屋橋の橋の上から勝鬨橋が見え、遠く日本橋の白木屋百貨店のビルがよく見えたという。

このようにして銀座は廃墟と化し、戦争は終わった。

あとがき

本書の執筆にあたり銀座の出来事を報じた新聞を多用した。新聞記事の利用については、誤記、誤報、誇大記事、時に捏造記事などその信憑性《しんぴょうせい》の有無が指摘されるところである。当時の新聞記者も、今の新聞記者も巷の情報を足で書く、つまり出来事の現場に身を置いて、その見聞、考察を記事に仕上げることにかわりはないが、当時の新聞記者は、現在の情報化社会のように瞬時に複数の情報を得て、検証する手段を持たなかった。出来事の現場に立ち会い、その見聞を新聞社に持ち帰り、それぞれの見識で記事に仕上げ、植字工にまわし、組みあがった版型を印刷機・輪転機にかけて新聞が誕生する。記事は通常、編集長が眼を通すことになっている。紙面づくりはこの時代はとくに時間に追われる作業であった。当時の新聞を読みこんでいくと誤記が目に付くところである。その点において正確さに劣るといわれがちであるが、その時代の関心度、記者の思いが表に出た記事は、その時代の雰囲気がよく伝わってくる。複数の新聞を併読することにより、また、のちの時代の資料で検証することにより事実を突き止めることができる。本書においてそれがどこまでできたかわからないが、その試みはしたつもりである。

前著『銀座カフェー興亡史』（平凡社）も本書も、日本の敗戦の時点で終わっている。明治天皇の東幸《とうこう》から数えて敗戦まで七七年、アジア太平洋戦争終結から数えて今年（二〇二〇年）でちょうど七五年になる。近代以降の銀座の歴史にとって、昭和二十年という年は、ちょうど中間に位置する。明治五年の銀座大火後、ゼロから出発した近代銀座の歴史のなかで、大正十二年の関東大震災と、昭和二十年の相次ぐ空襲により銀座は壊滅したが、いずれも逞しく復興した。つまり銀座近代史、約一五〇年の後半の歴史も廃墟のなかからの再出発であった。窮乏のなかの再建、朝鮮戦争の特需景気、昭和三十〜四十年代の高度経済成長、昭和四十八年の石油ショック以降の低迷と、戦後の経済変動のなかで銀座は成長を続けてきた。波乱に富んだ戦後の歴史、歴史の襞のなかで奮闘した人びとの営みについて書き残しておきたいところではあるが、今の私にとっては、「思いはあれど道遠し」である。

前著に引き続き、すでに解散した銀座文化史学会の旧メンバーの方々には今回もお世話になった。また、サヱグサ文化資料室には資料閲覧の便宜をはかっていただき、あらためてお礼申し上げます。最後に、編集の労をとっていただいた平凡社の日下部行洋氏に深甚なる感謝の意を表します。

野口孝一

令和二年二月

野口孝一（のぐち・こういち）

近代都市史。一九三三年、横浜生まれ。東京都立大学大学院人文科学研究科修士課程（日本史専攻）修了。中央区立郷土天文館勤務。東京都文化功労者。「中央区史編纂」、「銀座の街研究会」メンバー。主な著書に『日本橋——東京の経済史』（日経新書）、『明治の銀座職人話』（編著、青蛙房）、『銀座物語——煉瓦街を探訪する』（中公新書）、『銀座カフェー興亡史』（平凡社）ほか。

銀座、祝祭と騒乱　銀座通りの近代史

二〇二〇年三月一三日　初版第一刷発行

著者　野口孝一

発行者　下中美都

発行所　株式会社平凡社
〒一〇一-〇〇五一　東京都千代田区神田神保町三-二九
電話　〇三-三二三〇-六五八四（編集）
　　　〇三-三二三〇-六五七三（営業）
振替　〇〇一八〇-〇-二九六三九
平凡社ホームページ　https://www.heibonsha.co.jp/

印刷・製本　中央精版印刷株式会社

ISBN 978-4-582-83833-6　NDC分類番号213.61
四六判（19.4cm）　総ページ304